"十二五"职业教育国家规划教材
经全国职业教育教材审定委员会审定

U0733666

汽车使用性能与检测

第二版

主　编　胡　宁

编　者　（排名不分先后）

陈志恒　　唐春锋

李战伟　　鞠东辉

华东师范大学出版社

图书在版编目（CIP）数据

汽车使用性能与检测／胡宁主编. —2版. —上海：
华东师范大学出版社，2014.1
ISBN 978-7-5675-1594-9

Ⅰ.①汽… Ⅱ.①胡… Ⅲ.①汽车—性能检测—高等
职业教育—教材 Ⅳ.①U472.9

中国版本图书馆CIP数据核字（2014）第006733号

汽车使用性能与检测（第二版）

主　　编　　胡　宁
项目编辑　　孙小帆
审读编辑　　丁　倩
特约编辑　　王琳琳
封面设计　　顾　欣
责任印制　　张久荣

出版发行　　华东师范大学出版社
社　　址　　上海市中山北路3663号　邮编 200062
网　　址　　www.ecnupress.com.cn
电　　话　　021-60821666 行政传真 021-62572105
客服电话　　021-62865537 门市（邮购）电话 021-62869887
地　　址　　上海市中山北路3663号华东师范大学校内先锋路口
网　　店　　http://hdsdcbs.tmall.com

印 刷 者　　上海出版印刷有限公司
开　　本　　787×1092　16开
印　　张　　13
字　　数　　296千字
版　　次　　2014年1月第二版
印　　次　　2015年12月第二次
书　　号　　ISBN 978-7-5675-1594-9/U · 018
定　　价　　36.80元

出 版 人　　朱杰人

（如发现本版图书有印订质量问题，请寄回本社市场部调换或电话021-62865537联系）

总　序

我国汽车产销量全球第一，保有量仅次于美国。随着汽车工业的快速发展，汽车界提出了产品全生命周期管理（Product Lifecycle Management，PLM）的开发理念，加大了对人才，特别是高端技能型专门人才质量与数量的需求。2011年8月教育部出台的《关于推进高等职业教育改革，创新引领职业教育科学发展的若干意见》（教职成[2011]12号）明确指出，高等职业教育具有高等教育和职业教育双重属性，以培养生产、建设、服务、管理第一线的高端技能型专门人才为主要任务，并要求高等职业学校改革培养模式，增强学生的可持续发展能力。这无疑对高职高专院校教学理念与教学模式的创新调整提出了更高的要求。

发达国家的高等职业教育和高等专科教育模式不尽相同，包括国际劳工组织的"模块式技能培训（Modules of Employable Skills，MES）"、德国的"双元制（Dual Education System，DES）"、美国社区学院的"合作教育（Cooperative Education，CE）"、英国的"工读交替制（Sandwich Courses，SC）"及澳大利亚的"技术与继续教育（Technical and Further Education，TAFE）"人才培养模式等。这些模式反映了国际上高职高专人才培养的发展趋势，同时也为我国高职高专院校建立科学的人才培养模式提供了借鉴。

为适应新形势下高职高专汽车专业课教学的需要，推动教学模式与教学理念的发展，出版社组织上海十多所院校的骨干教师召开了"汽车类专业技能型教育规划教材"研讨会，确定了本套教材的编写指导思想和编写计划。本套教材充分考虑高职高专学生的特点和企业的需求，借鉴"DES"模式，紧紧围绕职业工作的需求，以技能训练为中心，设计教材结构与大纲；借鉴"MES"模式，采用任务驱动、项目导向的模式构建课程体系，使理论教学与技能训练有机结合、系统性与模块化有机结合；借鉴"CE"模式，结合远程化和网络化的先进教学手段，并配备教学课件、实训仿真软件与题库学习包等，使教学形式多样化。

该系列教材涵盖目前全国高等职业院校开设的大部分汽车类专业的基础课程和技能课程，体系完整，形式新颖，便于教学。经过各分册编者和主审的辛勤劳动，本系列教材即将陆续面世。我们希望通过本套教材的编写与推广，进一步提高高端技能型专门人才的培养水平，推动高职高专人才培养模式的改革，同时，也希望业内专家和同仁对本套教材提出指导性和建设性意见，以便在教学实践中不断完善和提高。

在本套教材编写过程中，得到了行业专家、各高职高专院校和企业家的支持与配合，在此表示诚挚的谢意！

同济大学汽车学院　吴光强教授、博士生导师

2013年10月于上海

前　言

　　汽车性能指标体系反映了汽车使用技术性能，体现了汽车运用过程中的综合能力，是深入了解汽车产品的技术基础。掌握汽车性能的基本概念，对于系统了解汽车产品具有重要意义。以评价汽车使用性能为目的的汽车性能检测技术已经成为汽车技术服务工作中的基础，为此，汽车性能的检测也成为汽车专业人才从事相关技术服务必备的基本功。

　　作为专业必修核心课程之一的《汽车使用性能与检测》，围绕国家对在用汽车相关安全检测和综合性能检测的规定，以理实一体的方式，通过各种检测工作项目，比较系统地介绍了汽车使用性能的基本概念、评价方式和影响因素等，以及在不解体情况下，借助专门检测仪器设备，检测汽车各种技术状况的基本方法、检测设备结构原理和检测标准规范依据等。

　　本书主要内容包括汽车性能试验与检测基础知识、汽车性能线外检测、汽车动力性能与检测、汽车燃油经济性能与检测、汽车安全性能与检测、汽车环保性能与检测、汽车其他性能检测等项目。编写时注重理论与实践能力培养的结合，注重内容的实用性，力求将传授专业知识与培养专业操作技能相结合。选材上注重体现高职教育特点，关注学生认知规律。

　　全书立足于高职汽车专业主要从事的汽车服务业的岗位需求，以汽车和发动机基本理论为知识导入，让学生在工作过程中了解汽车基本性能及其检测方式，并通过相关知识拓展内容了解汽车新技术，加深对汽车性能的理解，满足学生职业发展的需要。各项目均设有学习目标、导入、知识准备、任务实施和知识拓展等内容，以及相应的项目小结和测试题目，以帮助学生掌握各教学部分的学习重点和难点。

　　由于各院校教学实训装备不尽相同，在任务实施部分主要介绍了汽车各性能的基本检测方法，建议教师可以根据本校实际，编写相应的实训指导书，以细化完善仪器操作、测试等要求，并针对学生状况，丰富对学生的任务评价内容。

　　本书由上海工程技术大学胡宁任主编，并负责全书的统稿工作。其中项目一由鞠东辉编写、项目二由胡宁编写、项目三由李战伟编写、项目四由唐春锋编写、项目五由胡宁和唐春锋编写、项目六由陈志恒编写、项目七由胡宁编写。

　　在本书的编写过程中，参考了许多国内外公开出版的相关著述和文献资料，以及相关的设备操作手册或使用说明书，在统稿过程中，还得到华东师范大学出版社王琳琳编辑的鼎力相助，在此向著作者表示诚挚的谢意。

　　由于编者水平有限，书中难免存有不足之处，敬请读者和专家批评指正。

编　者

2013年10月

目 录

项目一 汽车性能试验与检测基础知识

项·目·概·述

　　数量庞大的汽车产品在为人类提供便利的同时，也带来了诸如尾气排放污染、交通事故、噪声污染等危害。无论在汽车开发还是使用环节，为了增加汽车的"利"，降低汽车的"弊"，需要不断提升和改善汽车的各种性能，并在使用中尽量保持其良好的性能状态。由于汽车是一种处于复杂使用环境中的机电产品，如欲在开发和使用的各个阶段评价其性能状态或水平，都离不开性能参数的测试。

　　汽车性能参数测试可以通过汽车性能试验或汽车使用性能检测获得。汽车性能试验以测试性能参数、验证设计目标、寻找改善性能的技术途径为目的，其中在新车研发阶段，试验包括动力性、燃油经济性、制动性、操纵稳定性、平顺性、可靠性和耐久性等各种指标。汽车使用性能检测则以了解车辆使用过程中性能维持水平，确保汽车行车安全为目的，主要针对在用车辆，设置在新车上牌照前、年检、大修竣工前等阶段进行。

　　汽车性能参数测试可以在实际使用环境中、专用试验场上或室内试验台上进行。新车研发试验需要测试各种性能参数，试验对象可以是整车、总成或零部件等，测试精度要求高，故装备投入成本也高。相对而言，汽车使用性能检测则较为简单，但是，它往往需要在短时间内能够完成对汽车的不解体检测。

　　本项目阐述汽车性能试验和汽车使用性能检测的概念、方法和设备。通过本项目学习，了解汽车使用性能参数测试方法，掌握在用汽车安全检测标准和营运车辆综合性能检测标准。

任务1 汽车性能试验

学习目标

1. 了解汽车性能试验的作用。
2. 了解汽车性能试验的类型。
3. 了解相关试验场地与试验内容。
4. 熟悉汽车各种使用性能。

导入

汽车性能是汽车品质优劣的表现，由于汽车结构复杂，使用环境多变，其性能往往难以通过计算准确获得。为了制造出品质优越的汽车产品，确保汽车使用过程中维持良好的性能状态，必须通过严格的参数测试，了解汽车的性能水平。那么，汽车有哪些性能？用怎样的方式评价呢？

知识准备

一、汽车使用性能及技术状况变化

汽车使用性能是指汽车在一定的使用条件下维持高效率工作的能力，主要包括动力性、燃油经济性、制动性、操纵稳定性、平顺性、环保性、通过性、可靠性与耐久性、使用便捷性等。

1. 汽车动力性

汽车作为一种高效的载人和运输工具，其效率高低在很大程度上取决于动力性。汽车动力性是指汽车在良好路面上维持较高平均车速行驶的能力，这种能力可以通过汽车的最高车速、加速能力和最大爬坡能力得以体现。

最高车速是指汽车在水平良好的路面上能够达到的最高行驶速度。

汽车的加速能力可以用加速时间或加速度衡量。由于汽车行驶需要挡位配合，所以测试汽车加速能力一般由原地起步连续换挡加速能力和高挡超车加速能力评定。原地起步加速能力指汽车由一挡（或二挡）起步，以恰当的换挡时机和最大加速度，将静止的汽车全力加速至某一高速所需的时间；超车加速能力是指汽车用最高挡或次高挡从某一车速全力

加速至另一较高车速所需时间（或加速度）。

汽车爬坡能力是指满载或者部分负载的汽车在良好路面上能够克服的最大坡度。

2. 汽车燃油经济性

汽车燃油经济性是指汽车以最少的燃油消耗完成单位运输工作量的能力，一般用每百公里燃油消耗量（L/100km）或单位体积燃油行驶的里程数（mile/gal）来评价，前者越小或后者越大，则燃油经济性越好。对于以运输任务为目的的营运车辆来说，单位运输量所消耗的燃油量至关重要，它间接反映了车辆的盈利能力。所以，这类车辆又常以百吨公里燃油消耗量（L/100t·km）或每千人公里燃油消耗量（L/kP·km）作为评价指标，该值越大，汽车的燃油经济性越差。

此外，汽车的燃油消耗还与行驶车速有密切的关系，在对车速进行约束的情况下，燃油消耗才具有可比意义。等速百公里油耗量是常用的一种评价指标，它指汽车在规定载荷下，以最高挡在水平良好的路面上等速行驶100km的燃油消耗量。复合有加速、减速和等速等典型工况的循环行驶油耗是另一种评价指标。

3. 汽车安全性能

汽车的安全性能包括主动安全性和被动安全性两部分，前者是指汽车避免事故发生的能力，后者则指当事故发生后对车内外人员的保护能力。

汽车主动安全性涉及到汽车诸多系统和性能，其中最为重要的便是汽车的制动性能。汽车制动性能是指汽车行驶过程中，能在短距离内迅速停车，并维持行驶方向的能力，以及在下长坡时维持合适的安全车速的能力。它既是确保行车安全的需要，也是发挥动力性的前提。制动性能的主要指标有制动效能、制动效能恒定性和制动时方向稳定性等。制动效能是汽车减速能力，用汽车的制动距离或制动减速度等评价；制动效能恒定性是连续大强度制动后制动效能保持能力，包括制动抗热衰退和抗水衰退性能；制动时方向稳定性指汽车制动时不发生跑偏、侧滑以及失去转向能力的性能。

汽车被动安全性又称碰撞安全性，指避免车辆在碰撞过程中，对车内外人体造成过大的伤害。它与车身技术和汽车安全约束系统等相关。

4. 汽车操纵稳定性

汽车的操纵稳定性是指在驾驶员不感到过分紧张、疲劳的条件下，汽车能够遵循驾驶者通过转向系及转向轮给定的方向行驶，且当遭遇外界干扰时，能够抵抗干扰而保持稳定行驶的能力。操控行驶中的车辆是根据行车环境对车辆进行连续调整的过程，它反映了人、车和环境之间的相互作用结果，一方面取决于驾车人对环境的判断能力和对车辆的操纵能力，另一方面也取决于车辆本身的可操控性能。

汽车的可操控性能是多方面能力的综合反映，主要包括影响驾驶疲劳的转向轻便性、跟随转向盘输入做出相应反应的操纵性和抵御环境干扰保持正常行驶的稳定性三个方面。汽车行驶状态复杂多变，与之相适应的操控性能可以归纳为低速状态下的转向特性、行驶参数稳定状态下的稳态转向特性和行驶参数非稳定状态下的瞬态转向特性。

5. 汽车舒适性

汽车舒适性指车内乘员的舒适感觉。提高舒适性有利于减少驾车者的疲劳，从而提高行车安全性。乘坐舒适感来自驾乘人员的心理和生理两个层面，驾驶室内部设计和环境因素直接作用于车内乘员感官，对心理产生影响；而汽车行驶中产生的振动又会作用于乘员身体，产生相应的生理感受，且这种感受常常占有主导地位。

汽车行驶平顺性是指汽车在一定速度范围内行驶时，保证驾乘人员不至于因车身振动引起不适和疲劳，保持运载货物完整无损的能力。它以汽车对不平地面的振动响应为基础，以人体对振动的感觉为评价依据，衡量汽车振动对人体造成的生理影响。

6. 环保性

汽车环保性是指汽车减少运行时对周边环境产生危害的能力，如汽车尾气排放物一氧化碳（CO）、二氧化碳（CO_2）、碳氢化合物（HC）、氮氧化物（NO_x）及发动机噪声、排气系统的噪声、风扇噪声、制动噪声和内饰材料、电子元器件等污染物对人和环境的影响。

7. 汽车通过性

汽车通过性是指汽车行驶过程中克服障碍的能力，包含机动性和越野性。前者主要指汽车穿越窄巷、回转掉头和停车接近等能力，后者则指汽车能否以足够高的平均车速通过坏路和无路地带及各种障碍的能力，包括爬陡坡、越壕沟、涉水路、过沼泽等能力。汽车通过性若按照其丧失通过能力的原因来分，可以区分为因路面支承能力的丧失而引起的支承通过性和因周边几何条件丧失而导致的几何通过性，如图1-1-1所示。

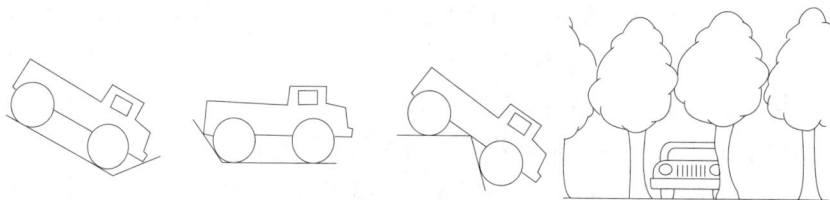

图 1-1-1 通过性失效形式

一般所说的汽车通过性主要指汽车通过坏路和无路地带的能力。它主要取决于车轮与地面接触的物理特性和汽车的结构特点，也与动力性、视野性和稳定性等相关。

8. 汽车可靠性与耐久性

汽车可靠性是汽车产品在规定的条件下和时间内实现规定功能的能力。它以汽车在使用过程中发生故障的概率来度量。汽车使用中出现的故障可以是零部件损坏导致的"硬故障"，也可以是性能逐渐衰退，下降到最低限度以下而出现的"软故障"。随着使用时间的延长，车辆的可靠性会逐渐下降。通常采用"故障频次"、"首次故障里程"和"平均故障间隔里程"等指标评价。

汽车耐久性是指汽车在规定的使用和维修条件下，达到某种技术或经济指标极限时，完成功能的能力。它是汽车使用寿命的度量。通常耐久性以汽车第一次大修里程的长短以及汽车从启用至报废的寿命长短等指标来衡量。

二、汽车性能试验

由于现代技术无法对汽车复杂的使用条件和工作状态进行精确的模拟分析，汽车设计

仍属于半经验的过程，而具有大投入特征的汽车生产因设计不当造成的后果极其严重，所以，汽车研发过程中的性能试验始终是十分重要的环节。

汽车性能试验可以分成产品开发性试验和生产质量控制试验两类，主要服务于汽车开发和生产过程中，检验开发结果、改进设计、产品公告和控制生产制造质量。前者主要包括：投产前为考核汽车设计目标的达成情况，寻求改善性能的途径而进行的性能试验；根据国家标准，考核汽车各种性能满足法规要求的公告试验。性能试验贯穿于整个汽车产品的开发周期，公告试验通常以一定数量的试验样车，按照国家标准的规定，完成指定性能项目的安全性、可靠性和耐久性试验，样车及其部件的累积试验里程可达百万公里以上。其间，会根据试验结果修改图纸，消除缺陷，再制造20—50辆进行更大规模的实际使用试验，以考核工艺的稳定性，然后才能投入生产。后者安排在汽车生产过程中，按年度或批量抽取一定数量的试验车辆，按照规定的程序进行检查性试验，以验证生产过程质量和产品一致性为目的。对于产量不大的汽车，如工矿用自卸车，因其主要部件大都是选用专业厂的现成产品，所以只对自制部件如车架进行台架应力测定和可靠性及耐久性试验，而整车的性能、适应性、可靠性和耐久性试验则在现场使用中进行。通过抽查产品，来考核生产质量，以便发现工艺上或材料上的问题并及时改正。

汽车试验可在实际使用环境中、专用试验场中或室内试验台架上进行。汽车试验场试验在专用试验场上对整车性能进行各种专门测试；试验室内试验则按照预定程序对汽车或其零部件、材料等进行测试，由于室内试验受环境影响较少，且可以借助计算机技术对现实环境进行模拟、循环和强化试验，从而缩短了试验周期，因此具有不可替代的作用。

根据试验对象的不同，也可将汽车试验分成整车试验和零部件试验。它们从不同的技术角度对汽车产品进行考核。典型的汽车试验均需要利用专门的试验设备，在特定的汽车试验场或试验室内完成。

1. 汽车试验场试验

汽车试验场是进行汽车性能试验必不可少的设施之一。它由高速试验路面[图1-1-2（a）]、性能试验路面[图1-1-2（b）]、越野试验路面[图1-1-2（c）]和可靠性试验路面[图1-1-2（d）]等组成，有的试验场中还有尘灰室、盐水池、淋水室和试验涉水性能的水池、试验转向特性用的圆形场地或专用广场、撞车试验场或试验室、横向风装置和测试方向稳定性的试验场，以及模拟-40—50℃气温和不同风速并装有转鼓试验台的全天候风洞试验室、无回声室和防电干扰室等。汽车在其中可以进行最高车速试验、加速能力试验、爬坡能力试验、燃油经济性试验、转向操纵性试验、行驶稳定性和平顺性试验、制动性试验、特种路面的通过性试验、混合有各种道路状况的可靠性耐久性试验等。在专用试验场中试验汽车易于保证安全，且试验的项目较多，范围较广，试验条件易于模拟和控制，试验结果的再现性和可比性好，车辆的保养维护和必要的修理以及试验人员休息都有较好的条件；还可以用加大载荷和专门设计的坏路面以进行"强化试验"，使汽车的零部件加速损坏，以缩短试验周期。因此，试验场试验是现代汽车试验的主要方法。

（a）

（b）

（c）

（d）

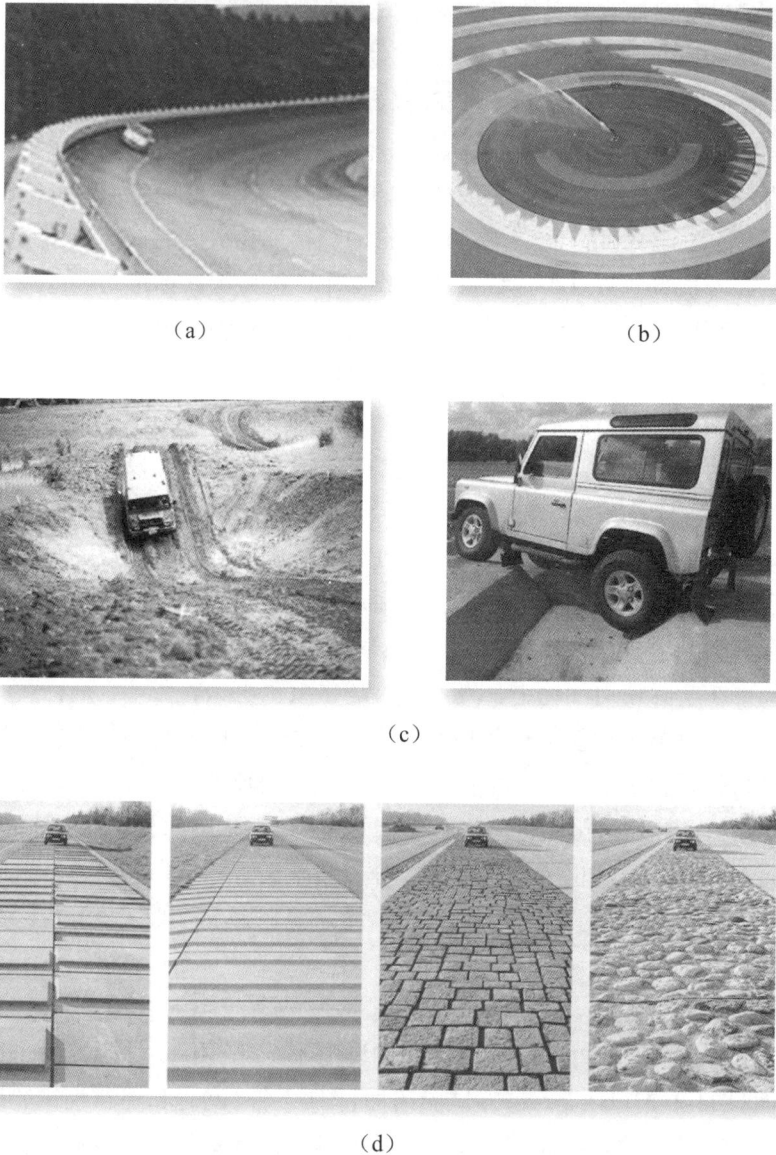

图 1-1-2 汽车试验场

由于汽车使用中所遇到的道路条件和气候条件复杂，它必须能够经受得起各种地域和气候环境的考验，因此，除了上述各种性能试验以外，汽车还需要接受各种气候环境的考验，其中包括气温高达50—60℃的热区试验和低至－40——50℃的寒区试验，以及特殊潮湿环境下的耐腐蚀试验等，用以考验汽车产品在高热、高寒、高湿、高盐等环境下整车及零部件的使用性能。如高热环境下汽车的制动性能和空调性能，高寒地区汽车的除霜能力、冷起动能力和驾驶室保温能力，高湿高盐环境下汽车零部件的耐腐蚀能力等。图1-1-3所示是汽车公司为了测试汽车在各种复杂的冰雪路面上的行驶特性，而专门在寒冷地区构筑的汽车试验场。

2．汽车室内试验

转鼓试验台是进行汽车试验所需要的典型室内模拟试验装置（图1-1-4），它用与驱动

轮接触的可旋转滚筒模拟地面与车轮的接触，用飞轮模拟汽车的惯性，加载装置模拟汽车行驶阻力，采用计算机对上述装置加以精确控制，再现汽车各种复杂的行驶工况，从而完成单纯依靠驾驶员所无法实现的试验。

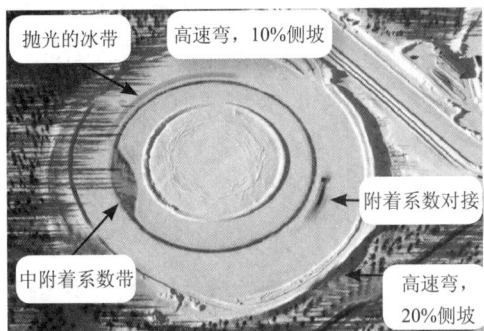

图 1-1-3 汽车的冬季试验场

图 1-1-4 试验室内的转鼓试验台

（1）风洞试验室

风洞试验室是研究、检验汽车空气动力特性的专用试验设施（图1-1-5）。在它的内部可以产生可控制的气流，通过精密的测试手段，测试出车身表面各种所需的参数，对于改善汽车空气动力稳定性、减少空气阻力、降低空气噪声、提高动力性，以及改进车内通风换气能力，都具有十分重要的意义。风洞试验主要是通过空气动力天平和车身表面压力分布，测出沿三个相互垂直方向作用在试验汽车上的力，获取作用在汽车车身上的空气阻力、升力和侧向力，以及通过车身表面的空气流场等。风洞试验可以在全尺寸的整车风洞中进行，也可以利用流体力学的相似理论，在缩小比例的模型风洞中完成。由于后者存在较大的试验误差，所以只适用于初步设计分析中。此外，当风洞内设置转鼓试验装置和各种环境模拟装置后，便可以在行驶状态下对严寒、高温、潮湿等工作条件下的汽车性能进行深入研究。

图 1-1-5 风洞试验室

图 1-1-6 噪声试验室

（2）噪声试验室

为了测试汽车内外噪声水平，需要建立专门的噪声试验室（图1-1-6），以避免环境噪声对试验结果的影响，以及声波在环境中反射所产生的干扰。配备转鼓试验装置的噪声试验室可以模拟测试汽车行进过程中各种系统所发出的噪声水平，还可以分析研究车内降低噪声的效果。

（3）碰撞试验室

碰撞试验是考核汽车安全性能的典型试验之一，需要在专门的试验室内完成[图1-1-7（a）]，试验室配备有给车辆加速的张紧机构、试验台车、安装有各种测试仪器的车内假人[图1-1-7（b）]、人工壁障和相关的测试设备组成的测试系统。考察汽车碰撞安全性能的试验主要分为前碰撞和侧碰撞两种。前者靠加速装置的作用将被试车辆速度提升至法定的碰撞车速，让其按要求的方式与壁障发生碰撞；后者则将活动壁障加速到一定速度后与静止的被试车辆相碰撞，借助高速摄像和各种测试仪器记录下碰撞过程中汽车吸收撞击能量的能力和变形过程，以及人体与车辆发生碰撞的力量，以此来评估汽车结构设计的合理性和人体在车内的安全程度。

（a）

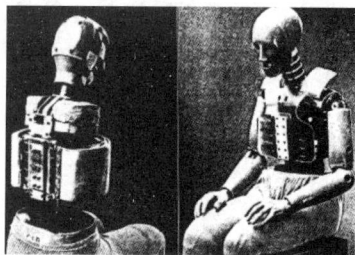
（b）

图 1-1-7 汽车的碰撞试验

（4）总成部件试验室

良好的整车性能是由众多部件的性能共同保证的，在汽车各种零部件总成开发过程中，离不开各种总成部件的试验，如测试轮胎性能的试验、测试发动机排气能力的试验、测试车厢密封性能的试验等，所有的试验都依赖于各种专门的试验装置（图1-1-8）。车总成部件试验室和整车性能试验室（场）构成了开发出高品质车辆的基石。

图 1-1-8 汽车总成试验装置

利用试验台可以进行具有强化效果的综合路面试验，对悬架进行加速模拟试验。这种方法和控制系统不但可用于零部件的试验，还可用于模拟道路振动情况的电子液压振动试验台（图1-1-9）。汽车在振动试验台上试验时，各车轮下均装有可发出不同频率和振幅的

液压振动头，以模拟各种不同道路的随机输入。

图 1-1-9 液压振动汽车试验台

任务实施

参观汽车制造厂的终端试验室，例如上海通用汽车公司、大众汽车公司的装配厂终端试验室，包括转鼓试验台、车轮定位试验台等。了解试验台试验项目、试验过程、汽车性能评价指标。写出试验报告。

知识拓展

新车安全评价规程——NCAP

为了客观地评价汽车安全性能，许多国家相继推出了新车安全评价规程——NCAP（New Car Assessment Program）。这种最早在美国开展并已经在欧洲、日本等发达国家运行多年的汽车安全试验评价规程，一般由政府或具有权威性的组织机构，按照比所在国家法规更严格的方法，对在市场上购买的新车型进行碰撞安全性能测试、评分和星级评定，并公之于众。它旨在向消费者提供公正、客观的车辆信息，促进企业按照更高的安全标准开发和生产产品，有效减少道路交通事故的伤害及损失。NCAP所具有的客观公正性使得它很快为消费者所认同，并直接影响了汽车在市场上的产品形象。所以，汽车生产企业普遍十分重视NCAP评价结果，甚至将这种评定结果当作产品开发的重要依据之一。

严格的试验条件是保证评价结果客观准确的重要前提，国外NCAP试验室普遍都具备高水平的测试设备和专业能力。由于各国汽车安全法规体系、道路交通事故统计和车辆状况等存在差异，因此，各国NCAP的组织方式、试验规程和评分方法不尽相同。

我国的NCAP简称C-NCAP，在吸取他国经验的基础上，结合自身汽车标准法规、道路交通实际情况和车型特征，确定了C-NCAP的试验和评分规则。与现有汽车正面和侧面碰撞的强制性国家标准相比，该规程在试验方法和试验项目上进行了改进和增添，使技术要求更加符合我国国情。

C-NCAP要求对一种车型进行车辆速度50km/h与刚性固定壁障100%重叠率的正面碰撞、车辆速度56km/h对可变形壁障40%重叠率的正面偏置碰撞、可变形移动壁障速度50km/h与车辆的侧面碰撞等三种碰撞试验（表1-1-1），每项试验满分为16分，三项试验总得分满分为48分。另外，对安全带提醒装置及侧气囊（及侧气帘）分别有2分和1分的加分，所以最高得分为51分。根据试验数据计算各项试验得分和总分，由总分多少参照表1-1-2的星级划分对试验车辆进行星级评价。

表 1-1-1 C-NCAP的三种规定碰撞

碰撞类型	说明
正面100%重叠刚性壁障碰撞试验	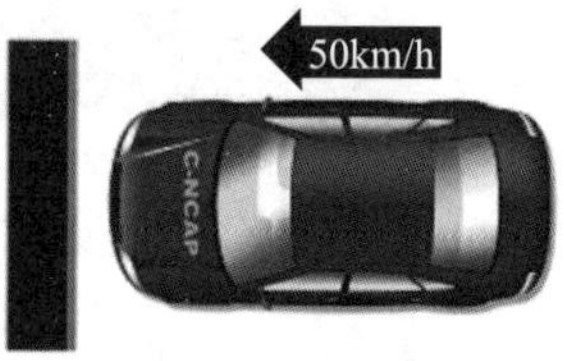
正面40%重叠可变形壁障碰撞试验	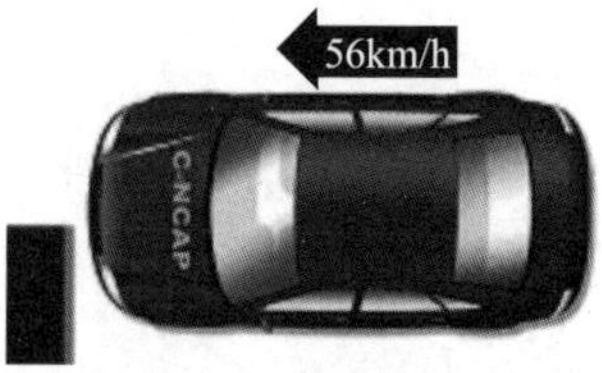
可变形移动壁障侧面碰撞试验	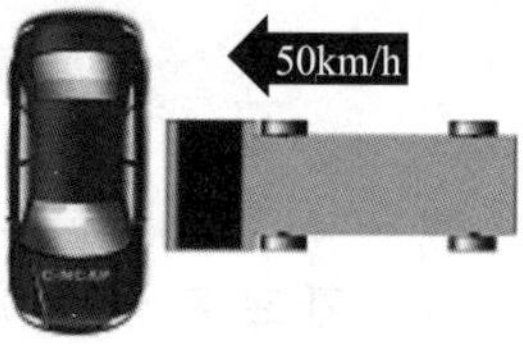

表 1-1-2 C-NCAP评分与星级对照表

总分	星级
≥50分	5+（★★★★★☆）
≥45且＜50分	5（★★★★★）
≥40且＜45分	4（★★★★）
≥30且＜40分	3（★★★）
≥15且＜30分	2（★★）
＜15分	1（★）

任务2 汽车使用性能检测

学·习·目·标

1. 了解汽车性能检测的作用。
2. 了解汽车性能检测的类型和相关术语。
3. 掌握汽车检测站的工位布置和工艺。
4. 掌握汽车性能检测相关政策、规范和标准。

导·入

定期体检对于每个人的身体健康都至关重要，通过体检可以对潜在的健康风险及时化解。汽车也是如此，由于诸多因素影响，使用中的汽车性能一直处于变化之中，它是否能满足国家标准法规的要求，是否需要修理，修理后的汽车状态是否已经恢复？这些都需要通过专门的检测加以判断。

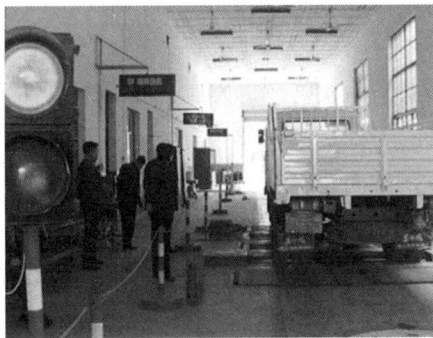

知·识·准·备

一、汽车技术状况变化与评定

由于零部件之间、零件与工作介质之间、汽车与环境之间的机械负荷、热负荷和化学等作用，引起磨损、腐蚀和退变等因素，在用汽车使用性能会随着使用时间的延长而发生改变，这种改变通过汽车技术状况表现出来。

汽车技术状况是指定量测得的表征某时刻汽车外观和性能参数值的总和。在用汽车技术状况下降主要表现为：动力性能下降、燃油和润滑油消耗量明显上升、排放指标恶化、制动性能变差、操纵灵敏度下降、故障率升高、行驶异响增多等。

使用中，气候、道路、交通环境等汽车运行条件，燃油和润滑油的品质，以及汽车使用的合理性等因素都将影响汽车技术状况的变化。为了加强营运车辆的技术管理，国家要求根据《营运车辆综合性能要求和检验方法》（GB 18565—2001），定期对营运车辆进行综合性能检测，并依据《营运车辆技术等级划分和评定要求》（JT/T 198—2004）对营运车辆的技术状况进行评定。标准依据车辆技术状况，从高到低将营运车辆技术等级分为一、二和三级，三级要求是车辆从事道路运输的门槛。

检测指标是表征汽车、汽车总成及机构技术状况的参数，它是在检测判断汽车技术状况时，所采用的一种与结构参数有关，而又能表征技术状况的可测量的物理或化学量。汽车检测指标包括工作过程参数、伴随过程参数和几何尺寸参数等。工作过程参数是汽车、总成或机构工作过程中输出的一些可供测量的参数，例如发动机功率、汽车燃油消耗量、制动距离或制动力等。伴随过程参数是伴随工作过程输出的一些可供测量的参数，例如振动、噪声、异响、温度等。这些参数可用来判断测量对象的局部信息和深入剖析复杂系统。汽车不工作时，无法测得上述两种参数。几何尺寸参数可提供总成或机构中配合零件之间或独立零件的技术状况，例如配合间隙、自由行程、圆度、径向圆跳动等。尽管这类参数提供的信息量有限，但却能表征检测对象的具体状态。

为了定量地评价汽车及总成系统的技术状况，建立能够提供比较尺度，统一检测操作方法和相应技术条件的检测标准是必要的。汽车性能检测评价标准从高到低分为四类，依次为国家标准、行业标准、地方标准和企业标准。低级别标准必须服从高级别标准，因此，低级别标准限值往往比高级别标准中的限值要求更加严格。

国家标准由国家制定，冠以中华人民共和国国家标准（GB）字样，如《营运车辆综合性能要求和检验方法》（GB 18565—2001）。国家标准一般由行业部委提出，由国家质量监督检验检疫总局发布，具有强制性和权威性。

行业标准又称为部委标准，是国家部级机关制定并发布的标准，在部委系统内或行业系统内贯彻执行，一般冠以中华人民共和国行业标准字样，如交通行业标准《汽车维护工艺规范》（JT/T 201—95），JT代表交通部颁布的行业标准，T表示标准为推荐性标准。行业标准在一定范围内具有强制性和权威性。

地方标准是省、市、县级地方政府制定并发布的标准，在地方范围内执行，在所辖区域内具有强制性和权威性，如北京市地方标准《装用点燃式发动机汽车排气污染物限值及检测方法》（DB 11/318—2005）等。

企业标准包括汽车制造厂推荐的标准、汽车运输企业和汽车维修企业内部制定的标准、检测仪器设备制造厂推荐的参考性标准三种类型。汽车制造厂推荐的标准是汽车制造厂在汽车使用说明书中公布的汽车使用性能参数、结构参数、调整数据和使用极限等，可以把它们作为诊断参数标准来使用。该类标准是汽车制造厂根据设计要求、制造水平，为保证汽车的使用性能和技术状况而制定的。汽车运输企业和维修企业的标准是汽车运输企业、汽车维修企业内部制定的标准，只在企业内部贯彻执行。企业标准须达到国家标准和上级标准的要求，同时允许超过国家标准和上级标准的要求。检测仪器设备制造厂推荐的参考性标准，是检测仪器设备制造厂在尚无国家标准和行业标准的情况下制定的，作为参考性标准，可以判断汽车、总成及机构的技术状况。

检测参数标准一般由初始值、许用值和极限值组成：（1）初始值相当于无故障新车和大修车诊断参数值的大小，往往是最佳值，可作为新车和大修车的诊断标准。当检测参数值处于初始值范围内时，表明检测对象技术状况良好，无需维修便可继续运行；（2）检测参数值若处在许用值范围内，表明检测对象技术状况虽发生变化，但尚属正常，无需修理，按要求维护即可继续运行；（3）检测参数值超过极限值，表明检测对象技术状况严重恶化，汽车须立即停驶进行修理。

二、汽车性能检测

国家交通部根据坚持预防为主，依靠科技进步和技术与经济结合的原则，确立了"定期检测、强制维护、视情修理"的在用汽车管理制度。定期检测包含两重含义：一是对所有从事运输经营的汽车，视其类型、新旧程度、使用条件和使用强度等，在车辆行驶一定里程或时间后，定期进行综合性能检测。通过这种检测，达到控制运输车辆技术状况的目的，同时也可监督车辆检测前的维修竣工质量。二是结合汽车二级维护定期进行诊断检测，以掌握汽车技术状况变化规律，确定是否需要在常规维护的同时附加修理作业项目，从而实现视情修理的目的。此项工作分别由道路运输管理机构组织的汽车综合性能检测和汽车维修企业在二级维护作业前的诊断检测落实。视情修理是随着现代汽车高科技特征和汽车检测技术的发展而提出的。根据车辆诊断检测后的技术评定，按不同作业范围和作业深度进行修理。

按照国家标准规定，我国在用汽车性能检测主要分为安全环保检测与综合性能检测两类。

安全环保检测是指对汽车实行定期或不定期安全运行和环境保护方面的检测，目的是在汽车不解体情况下建立安全和公害监控体系，确保车辆具有符合要求的外观容貌和良好的安全性能，限制汽车的环境污染程度，使其在安全、高效和低污染的状态下运行。

综合性能检测是汽车运输业车辆技术管理的主要内容之一，是科学技术进步与技术管理相结合的产物，是检查、鉴定车辆技术状况和维修质量的重要手段，是促进维修技术发展、实现视情修理的重要保证。

综合性能检测对在用营运汽车实行定期或不定期综合性能方面的检测，目的是在汽车不解体情况下，确定车辆的工作能力和技术状况，查明其故障或隐患部位及原因，对维修车辆实行质量监督，建立质量监控体系，确保车辆具有良好的安全性、可靠性、动力性、经济性、排气净化性和噪声污染性，以创造更大的经济效益和社会效益。检测的主要内容包括动力性、燃油经济性、安全性、使用可靠性、排气污染和噪声，以及整车装备完整性、防雨密封性等多种技术性能的组合。

三、汽车检测站

汽车性能检测站是受国家相关主管部门（如公安部或交通部）委托，按照国家有关法律、法规和标准规定，借助现代先进技术手段，对在用汽车实施不解体检测的专门机构。汽车检测站检测出车辆的各种参数，并诊断出可能存在的故障，为全面准确地评价汽车的使用性能和技术状况提供可靠的依据。

汽车性能检测站所用设备必须满足《汽车综合性能检测站能力的通用要求》（GB/T 17993—2005）、《机动车安全检测设备检定技术条件》（GB/T 11798.1-2001—11798.9-2001）、《机动车运行安全技术条件》（GB 7258—2012）、交通部《营运车辆技术等级划分和评定要求

（JT/T 198—2004）》等标准的相关规定。控制系统性能及其他要求达到《汽车检测站计算机控制系统技术规范》（JT/T 478—2002）的相关技术要求，满足《机动车安全检验项目和方法》（GA 468—2012）和国质检监（2006）379号《机动车安全技术检验机构常规检验资格许可技术条件》等最新标准和规定。

工位布置的依据符合《机动车运行安全技术条件》（GB 7258—2012）、《营运车辆综合性能要求和检验方法》（GB 18565—2001）、《汽车维护、检测、诊断技术规范》（GB/T 18344—2001）、《汽车检测站计算机控制系统技术规范》（JT/T 478—2002）和《营运车辆技术等级划分和评定要求》（JT/T 198—2004）的规定。

通常，检测站有一条或数条由计算机控制的检测线。检测线是将检测设备按一定的检测顺序组成的流水式检测工艺路线，它由诸多称之为工位的检测环节所组成，每一个检测工位上可以容纳一辆受检车辆进行一个或多个项目的测试。检测线通常可以分为集中式和分布式两类。集中式除登录资料由登录计算机完成以外，全线的检测流程、数据采集、处理、判定由主控计算机来完成，显示、打印、存储等功能由数据机完成，这种方式的优点是结构简单、价格低廉。分布式一般采用二级分布方式：一级为测控工位控制，各工位分布由工位计算机来完成本工位的控制、数据采集处理和通讯等任务；二级具有排列检测程序，负责全线调度、汇总、综合判定、打印结果、存贮管理和数据库管理等。

1. 汽车安全环保检测站

汽车安全环保检测站是经各地质量技术监督部门资格审核认定，受公安交通管理部门委托，依据《机动车运行安全技术条件》（GB 7258—2012）和《机动车安全技术检验项目和方法》（GB 21861—2008），对机动车实施安全技术检验的专门机构。其主要任务是按照国家规定的车检法规，定期检测车辆与安全环保有关的项目，以保证汽车安全行驶，并将污染降低到允许限度内。

安全环保检测站承担所有机动车的年检任务，即当车辆经公安部和交通管理机关注册登记并投入使用后，必须按时进入安全环保检测站进行年检。与此同时，它还承担新车注册登记时的初次检验，以及运输超高超宽货物、维修更换发动机总成或缸体、更换车架总成、车辆改装等临时性检验。

安全环保性能检测主要内容包括外观、车速表、侧滑、前照灯、喇叭声级、废气、烟度、轴重、制动等项目。

独立完整的汽车安全环保检测站应该包括停车场、清洗站、泵气站、维修车间、办公区和生活区等设施。它一般由一条至数条安全检测线组成。有两条以上安全检测线时，一般一条既可以检测商用车，又可以检测乘用车，另一条则专门用于检测乘用车和小型客车，有的还配备一条新规检测线(对新车登录、检测之用)和一条柴油车烟度检测线。

自动检测线采用工业控制计算机控制，包括进口数据采集卡、高速转换电路，测试精度高，重复性好，稳定性强。各系统之间具有较强通用性、稳定性和可靠性，具备齐全的数据库存储功能，在数据库中存储每辆车的各项数据，随时查询并统计按日检、月检、年检车数并打印报表。

根据检测站的级别，检测线的工位按单线或双线布置，工位数量按3—6个设置。三

位、四位、五位一体检测线，可实现全自动检测，无须人工干预，采用屏幕显示与语音提示两种方法。

安全环保检测线工位布置考虑到部分检测项目的顺序要求，以及检测车辆运行期间的排放问题，要求在检测绝大多数车辆时，保证不发生检测工位间的相互干涉；考虑检测节奏均衡，即要求各工位检测时间大致相等，不出现逆向引车情况。在分析各车型轴距、轮距、轴重等基础上，确定安检线设备的布置。安全环保检测线的工位布局可以采用如图1-2-1所示的方式。

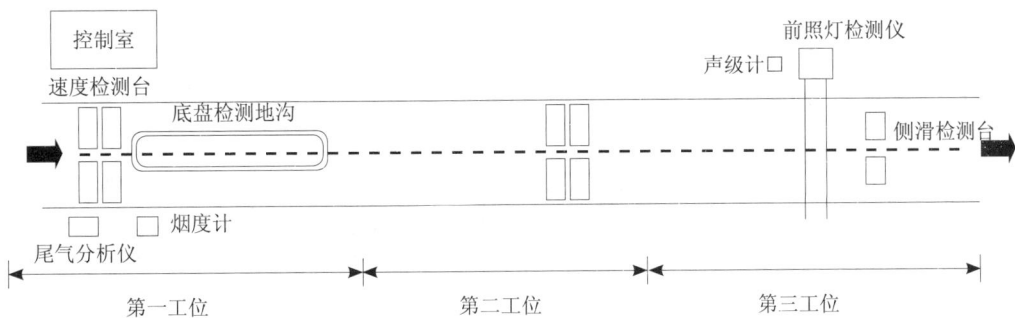

图 1-2-1 安全环保检测线工位布局示意图

2. 汽车综合性能检测站

汽车综合性能检测站是经各省交通运输管理机关审核认定，受各地道路运输管理部门委托，依据《营运车辆综合性能要求和检验方法》（GB 18565—2001）、《营运车辆技术等级划分和评定要求》（JT/T 198—2004）和《汽车维护、检测、诊断技术规范》（GB/T 18344—2001），对营运车辆进行技术等级评定、二级维护竣工质量检验的专门机构。

根据《汽车综合性能检测站能力的通用要求》（GB/T 17993—2005）的定义，汽车综合性能检测站是按照规定程序、方法，通过一系列技术操作行为，对在用汽车综合性能进行检测评价工作，并提供检测数据、报告的社会化服务机构。其服务功能主要有，对在用运输车辆的技术状况进行检测诊断；对汽车维修行业的维修车辆进行质量检测；接受委托，对车辆改装、改造、报废及其有关新工艺、新技术、新产品、科研成果等项目进行检测，提供检测结果；接受公安、环保、商检、计量和保险等部门的委托，为其进行有关项目的检测，提供检测结果。

根据检测站的职能，汽车综合性能检测站分为A、B、C三级。A级站能够检测车辆的制动、侧滑、灯光、转向、前轮定位、车速、车轮动平衡、底盘输出功率、燃油消耗、发动机功率和点火系状况，及异响、磨损、变形、裂纹、噪声、废气排放等状况；B级站能承担在用车辆技术状况和车辆维修质量的检测，即能检测车辆的制动、侧滑、灯光、转向、车轮动平衡、燃油消耗、发动机功率和点火系状况，及异响、变形、噪声、废气排放等状况；C级站则能承担在用车辆技术状况的检测，即能检测车辆的制动、侧滑、灯光、转向、车轮动平衡、燃料消耗、发动机功率及异响、噪声、废气排放等状况。

汽车综合检测线通常可以分为双线综合式检测线和全能综合式检测线。双线综合式是将汽车安全环保检测项目组成一条检测线，而汽车综合性能检测项目组成另一条检测线。全能综合式检测线设有包括安全环保检测项目和综合性能检测项目在内的比较齐全的检测工位。汽车综合性能检测站的建立应根据本地区的具体条件而定，依据经营类别、服务对象范围、生产规模、车型种类等条件，确定检测站的年检测量、检测工位数、设备及人员配备、检测车间面积和检测站总面积。汽车综合性能检测站工位布局主要考虑检测的方便性和工作效率，同时兼顾环境需要。可以采用如图1-2-2所示方式进行布局。

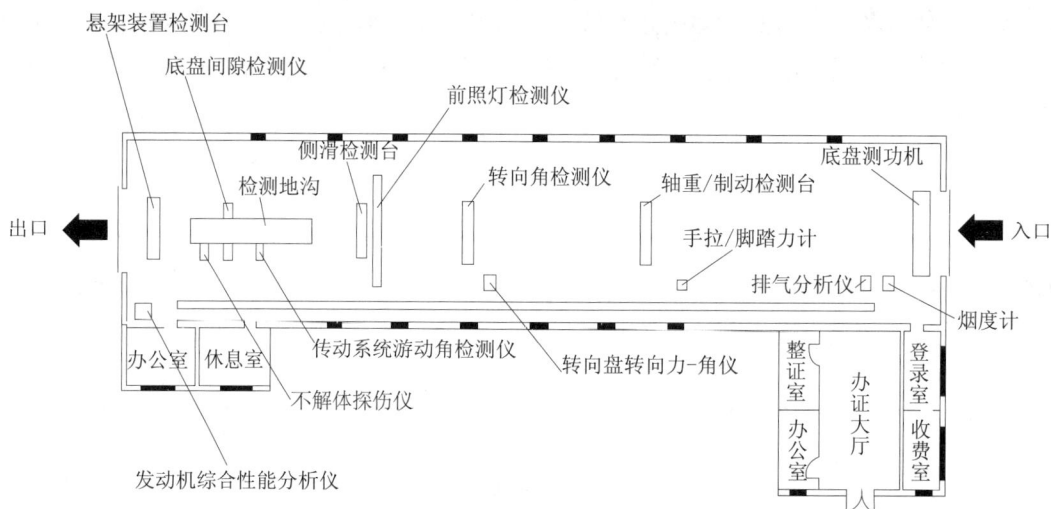

图 1-2-2 汽车综合性能检测站工位布局示意图

任务实施

参观汽车检测站或汽修企业、高校的汽车检测线，了解检测站的任务、设备、检测项目、操作过程、工位布置、工艺流程、相关标准和法规。写出实验报告。

知识拓展

汽车性能检测站计算机控制系统

汽车性能检测站计算机控制系统是将计算机应用技术和电子控制技术、网络通讯技术相结合，对测量、计算、判断、结果存储、传输和输出进行综合管理的智能化系统。在《汽车综合性能检测站能力的通用要求》（GB/T17993—2005）和《汽车检测站计算机控制系统技术规范》（JT/T 478—2002）中，对检测站计算机控制系统的功能提出了明确的要求。

计算机控制检测系统需要帮助完成车辆信息登录、规定项目与参数的受控自动检测、检测数据的自动传输与存档、检测报告与统计报表的自动生成、指定信息的查询、建立适用于检测车型的数据库和检测标准项目的参数限值数据库。该系统应该具有对人工检验项目和对未能联网的检测设备检测结果的人工录入功能，以及对受检车辆具备检测调度功能等。

计算机控制系统由硬件和软件两部分组成。硬件部分包括计算机及外围设备、外部接

口、传感器、前端处理单元；软件部分包括系统软件、应用软件和数据库等。

计算机控制系统依靠下列子系统完成国标所要求的各项功能。

1. 登录注册系统

登录注册系统是汽车检测站计算机控制系统检测流程的起点。它将车辆基本信息和检测项目录入计算机控制系统，为主控制系统控制和报告打印提供信息。登录注册系统界面一般包括查询条件区、车辆基本信息区和检测项目选择区等。

2. 调度系统

调度系统根据车辆实际到达检测车间的顺序，在无序登录到计算机控制系统的车辆中，选择相应的车辆发往主控制系统，开始检测。调度系统界面一般包括待检车辆列表，用来显示登录注册系统已经录入的车辆车号、车型、待检项目、检测序列号等信息。

3. 主控系统

主控系统是检测站计算机控制系统的核心模块，它根据被检车辆需要检测的项目，控制检测设备运转，采集检测设备返回的检测数据，并按照国家相应标准对检测数据进行判定；控制检测线各工位电子显示屏，显示检测结果和判定结论，按照检测流程给引车员相应的操作提示；将检测数据和判定结论存入本地数据库。主控系统界面有用来显示在检车辆当前正检测项目及已检测项目判定结论的在检车辆状态区，用来显示已由调度发出但尚未检测车辆信息的待检车辆信息区，用来显示各工位当前正检测车辆检测数据的检测数据显示区，以及用来显示当前各检测设备运行状况的检测设备状态区等。

主控系统通常包括外观检测、底盘检测、尾气检测、速度检测、制动检测、灯光检测、声级检测、侧滑检测、悬架检测、底盘功率检测和油耗检测等功能模块。

4. 打印系统

打印系统能够按照规定的报告式样，根据检测结果，在检测报告的相应位置上打印出车辆的基本信息和各项检测数据，并给出判定结论。

5. 监控系统

监控系统将前端摄像机采集的视频信号，通过传输线路，集中到监视器或录像机，供实时监控或存档查询。

6. 客户管理系统

客户管理系统是对客户资源的管理，包括客户信息录入、业务收费、财务审核、领导查询等功能模块。

7. 维护系统

维护系统包括检测设备的软件标定、检测判定标准的维护、数据库的定期备份、硬件维护和软件维护等功能模块。

8. 查询统计系统

查询统计系统可以按照任意时间段，对被检测车辆、车辆单位、检测合格率、引车员工作量、检测收入等信息进行查询、统计，并按照一定的查询条目自动生成统计报表。

项目小结

1. 汽车使用性能包括动力性、燃油经济性、制动性、操纵稳定性、平顺性、环保性、通过性、可靠性与耐久性、使用便捷性等。

2. 汽车性能试验类型包括定型试验、检查性试验、发展和研究性试验、道路试验和适应性试验、汽车试验场试验、试验台架试验。

3. 汽车技术状况是指定量测得的表征某一时刻汽车外观和性能的参数值的总和。

4. 汽车检测是指在不解体（或仅卸个别小件）条件下，确定汽车技术状况或工作能力而进行的检查和测量。

5. 汽车诊断参数包括工作过程参数、伴随过程参数和几何尺寸参数。

6. 诊断参数标准的类型：国家标准、行业标准、地方标准、企业标准。

7. 汽车安全检测线承载社会车辆的运行安全性能检测（乘用车、营运车、摩托车、农用车等）。它对车辆的安全性能（外观、车速表、侧滑、前照灯、喇叭声级、废气、烟度、轴重、制动等项目）进行年度例行检测，关键项目全部合格才发给车辆审验标志。

8. 汽车综合性能检测站承担检测车辆的制动、侧滑、灯光、转向、前轮定位、车速、车轮动平衡、底盘输出功率、燃油消耗、发动机功率和点火系状况，及异响、磨损、变形、裂纹、噪声、废气排放等状况；对在用运输车辆的技术状况进行检测诊断；对汽车维修行业的维修车辆进行质量检测；接受委托，对车辆改装、改造、报废及其有关新工艺、新技术、新产品、科研成果等项目进行检测，提供检测结果；接受公安、环保、商检、计量和保险等部门的委托，为其进行有关项目的检测，提供检测结果。

测试题

一、判断题

1.汽车的加速能力一般由原地起步加速时间与超车加速时间评定。　　　　（　　）

2.汽车的最高车速是指在水平良好的路面上汽车能达到的最高行驶速度。　（　　）

3.汽车爬坡能力用空载汽车在良好路面上的最大爬上坡度表示。　　　　　（　　）

4.台架试验时，汽车的制动效能可用制动距离评价。　　　　　　　　　（　　）

5.汽车的制动效能恒定性是指制动器的抗摩擦衰退性能。　　　　　　　（　　）

6.汽车制动时的方向稳定性指汽车制动时要直行。　　　　　　　　　　（　　）

7.诊断参数标准要求最高的是国家标准。　　　　　　　　　　　　　　（　　）

8.汽车轮胎气压标准应依据轮胎制造厂规定。　　　　　　　　　　　　（　　）

9.底盘测功机用于汽车检测站的安全环保检测。　　　　　　　　　　　（　　）

10.我国汽车检测参数的国家标准具有强制性。　　　　　　　　　　　（　　）

11.我国在用车大修竣工前的检测在综合性能检测站进行。　　　　　　（　　）

二、单项选择题

1. 汽车的制动性能指标不包括汽车的 ＿＿＿＿＿。　　（　　）

    A. 制动牵引力　　B. 制动效能恒定性　C. 制动效能　　D. 制动方向稳定性

2. 汽车的动力性指标不包括汽车的 ＿＿＿＿＿。　　（　　）

    A. 最大牵引力　　B. 加速能力　　　C. 最大爬坡度　D. 最高车速

3. 我国将汽车的燃油经济性指标的单位定为 ＿＿＿＿＿。　（　　）

    A. km/100L　　B. L/100km　　C. L/100t　　D. L/100kp

4. 汽车的"强化试验"可用加大 ＿＿＿＿＿ 和专门设计的坏路面进行试验。（　　）

    A. 周期　　　B. 部件　　　C. 载荷　　　D. 速度

5. 以下不属于安全环保检测线检测项目的是：＿＿＿＿＿。　（　　）

    A. 汽车废气排放　　　　　　B. 汽车前照灯测试

    C. 前轮测滑量测试　　　　　D. 汽车制动性能路试

6. 制定最佳诊断周期必须考虑 ＿＿＿＿＿。　（　　）

    A. 汽车技术状况　　B. 汽车使用条件　C. 经济性　　D. 以上均是

7. 汽车诊断参数的标准有国家标准、＿＿＿＿＿、以及企业标准等。（　　）

    A. 地方标准　　B. 检测标准　　C. 校正标准　　D. 维修标准

8. 汽车综合性能检测站按职能分类，可分为 ＿＿＿＿＿ 级站。（　　）

    A. 一、二、三　　B. A、B、C　　C. 甲、乙、丙　D. 大、中、小

9. 安全检测站定期检测在用车技术状况中与 ＿＿＿＿＿ 有关的项目。（　　）

    A. 安全与节能　　B. 环保与节能　C. 安全与环保　D. 安全与动力性

三、简答题

1. 汽车试验与汽车检测有什么区别？

2. 汽车试验的对象是什么？

3. 汽车试验主要测试汽车的哪些性能？

4. 汽车试验有哪些？

5. 为什么世界上大的汽车制造公司要建汽车试验场？

6. 汽车试验台试验有什么优点？

7. 汽车综合性能检测站的主要任务是什么？

8. 安全环保检测线由哪些工位组成？各工位主要检测什么项目？

9. 什么是汽车诊断参数？汽车的诊断参数有哪几类？

10. 什么是汽车技术状况？

11. 我国为什么要实行汽车"定期检测"？

项目二　汽车性能线外检测

项·目·概·述

　　按照国家标准规定，在用汽车性能检测主要依靠专用检测线或专门的道路试验完成，而汽车性能线外检测是在被检车辆上线之前的基础检测环节，因此，也可以看作是整个检测工作的第一部分。汽车性能线外检测包括车辆外观检查和底盘动态检验等内容。

　　随着汽车行驶里程的增加，不但汽车技术状况逐渐变坏，工作可靠性下降，在外观上也可能会相继出现各种现象，如车身变形，车身覆盖件开裂，前后桥、传动轴、车架和悬架等装置出现明显的弯曲、扭转变形等损伤，部分连接螺栓松动，球销磨损松旷，漏液漏气和润滑不良等，它们往往会引起故障，有些故障甚至极易引发交通事故。

　　尽管检测技术的进步，使得检测仪器的能力不断加强，但是，影响汽车性能的许多外部症状尚难以用仪器快速检测出来，需要通过人的感知，或辅以简单的器具，用人工方式进行直观定性的检视，并最终结合检测结果加以综合判断。

　　汽车性能线外检测的任务就是在进行后续各种检测之前，依靠检测人员的观察能力，完成被检车辆的身份认定，发现各种潜在的事故隐患。

　　本项目主要介绍车辆外观检查和底盘动态检验。通过本项目学习，掌握汽车外观检查的内容和一般方法及底盘动态检验的内容和一般方法，熟悉国家相关标准。

任务1 车辆外观检查

学习目标

1. 了解汽车外观检查的重要性。
2. 掌握汽车外观检查的内容和一般方法。
3. 熟悉国家相关标准。

导入

每辆汽车都有一组特殊的信息代码，代表了它在世界上唯一的身份证明，在哪里可以看到它呢？

知识准备

根据国家标准《机动车运行安全技术条件》（GB 7258—2012）、《机动车安全技术检验项目和方法》（GB 21861—2008）和《营运车辆综合性能要求和检验方法》（GB 18565—2001）的要求，无论是在汽车安全与环保性能检测中，还是在汽车综合性能检测中，均将汽车的外观检查作为第一道工序，放在其他检测项目之前进行。外观检查是以人工为主，借助于简单仪具对汽车的外观及性能进行的检查。

通常，外观检查涉及到车容车貌、发动机、车轮、连接部位、自由间隙、灯光信号、润滑密封等状况，包括车辆唯一性认定、车辆（身）外观、照明和电器信号装置、发动机舱及发动机运转状况、驾驶室、车轮外观及胎压、车身几何参数等检查内容。其中，车辆唯一性认定需要检查车辆号牌、车辆类型（车辆颜色、品牌和型号）、发动机编号、车辆识别代码等。

一、汽车识别代码

汽车产品的编号分为汽车型号和车辆识别码两种形式,前者主要用来表明汽车的厂牌、类型和主要特征参数等,后者则为汽车提供唯一性证明。目前我国关于汽车产品车辆识别的编号规则依据国家标准《道路车辆 车辆识别代号》(GB 16735—2004),即按照国际标准化组织制定的统一规则,在世界范围内对车辆编制识别身份的唯一代码。

车辆识别代码(Vehicle Identification Number简称VIN码),由一组17位字母和阿拉伯数字组成,用以识别车辆身份。编码在世界范围内可以确保30年无重号,从而成为汽车唯一的识别符。VIN可以提供车辆的生产国、生产厂家、生产年份、汽车类型、品牌名称、车型系列、车身型式、发动机型号和装配工厂名称等诸多信息,具有很强的唯一性、区分性、可读性和可检索性,可以用于车辆管理、车辆检测、车辆维修、车辆交易、车辆召回和车辆保险等许多场合。VIN一般以字母和数字串的形式设置在汽车挡风玻璃左下侧或汽车的指定部位,可以在需要时方便读得。

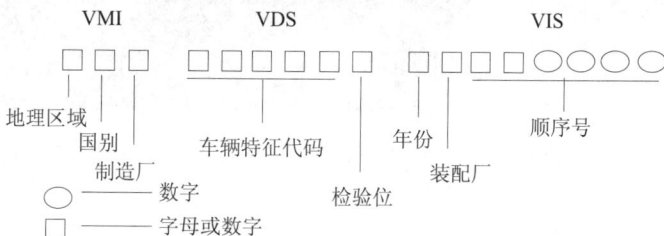

图 2-1-1 VIN的组成

VIN由世界制造厂识别代码(WMI)、车辆描述码(VDS)和车辆指示码(VIS)三部分组成(图2-1-1)。

对于世界制造厂识别代码的管理,国际标准化组织(ISO)按照地理区域将世界各国按字母编码加以区别,各国在此基础上由专门的组织负责对本国汽车制造厂进行代码分配。车辆描述码的前5位字母和数字表达车系、动力系统形式和型号、车身形式、安全约束系统配置等信息。车辆指示码主要用于表示汽车装配厂和生产顺序号。如果感兴趣,可以通过VIN历史记录网站(如:http://www.autocheck.com)进行免费查询。

查一查:

汽车识别码1G1BL52P7TR115520的含义是什么?

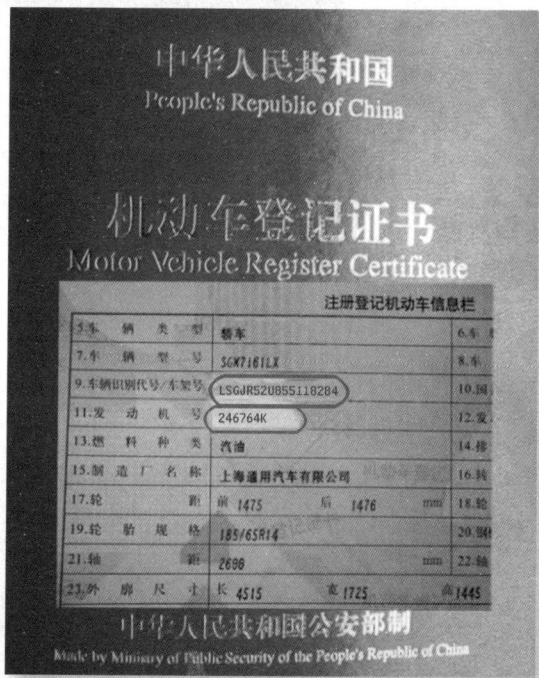

二、汽车外廓尺寸参数

车辆外廓尺寸与道路设计密切相关，涉及到行车安全，为此，国家制定了严格的限制标准。针对国家标准《机动车运行安全技术条件》（GB 7258—2012）的要求，外观检查中对车辆外廓尺寸主要检查车辆长、宽、高和后悬等值是否超过限值规定。

车辆长度、宽度和高度的定义分别为：

车辆长度是指垂直于车辆纵向对称面，并分别抵靠在汽车前、后最突出部位的两垂直面之间的距离。

车辆宽度是指垂直于车辆横向对称面，并分别抵靠在汽车两侧固定突出部位（除去后视镜、各类侧灯、折叠式踏板、挠性挡泥板、轮胎与地面接触部分的变形）的平面之间的距离。

车辆高度是指空载时，处于可运行状态的车辆支承水平面与车辆最高突出部位相抵靠的水平面之间的距离。

汽车后悬是指通过车辆最后车轴线的垂直面与抵靠在车辆最后端（包括牵引装置、车牌及固定在车辆后部的任何刚性部件），且垂直于车辆纵向对称面的垂面之间的距离。它将决定轴荷分配以及车辆离去角，过长的后悬在行车中易引发托尾失效，转弯时将增大通道宽度，引起交通事故。

三、汽车的渗漏

汽车发动机的运转离不开机油和冷却液。汽车的传动、制动和转向等诸多系统中，也使用了各种油液。由于老化、腐蚀、疲劳变形等原因，汽车发动机水箱、水泵、缸体、缸盖、暖风装置及所有连接部位都可能出现漏水现象，发动机油底壳、变速器壳、驱动桥壳、减振器、转向机、制动缸，以及各种阀管连接处可能出现油液泄漏。它们会引起各种系统工作失效，严重时甚至可能导致行车事故的发生，特别是当这种现象发生在制动和转向等对行车安全有重要影响的系统中时，其潜在的危害更大。

为了确保行车安全，国家标准要求，所有连接部位均不得出现漏水漏油现象。

任 务 实 施

汽车外观检查

一、目的与要求

1. 熟悉相关检测的国家标准。
2. 掌握外观检查基本方法和步骤。
3. 操作完毕后设备工具复位。

二、器材与设备

轮胎气压表、轮胎花纹深度计、钢卷尺（20m和5m各一）和钢直尺（50mm）、铅锤、照明灯具、性能完好的汽车一辆。

三、操作过程

车辆外观检查时，按以下步骤进行：

1. 车辆外部清洁。

2. 检查轮胎表面品质，花纹一致性，并利用深度尺或钢尺检查花纹深度。

3. 车辆停放于检测工位，检查轮胎气压。

4. 目视检查车身横向和纵向是否歪斜，借助高度尺（或钢卷尺）、水平尺检测车体外缘左右对称部位高度差。

5. 检查汽车照明、电器装置和安全装置等，内容包括表2-1-1所示。

表 2-1-1 车外检查项目

序号	检查项目	序号	检查项目	序号	检查项目
1	远光灯、近光灯	10	后视镜	19	挡泥板
2	制动灯	11	挡风玻璃	20	防护网及连接
3	倒车灯	12	雨刮器	21	电器导线
4	牌照灯	13	喇叭	22	起动机、发电机
5	各种辅助灯	14	轮胎螺栓	23	蓄电池
6	室内灯	15	离合器、变速器操纵	24	灭火器
7	车厢、座椅	16	制动踏板自由行程	25	仪表、仪表灯、报警灯
8	车门、车窗	17	驻车制动操纵杆	26	半轴螺栓
9	车身、漆面	18	油箱盖	27	安全带

6. 举升汽车，检查车架和车身是否变形，悬架是否开裂，各种传动机构支承是否牢固，各种管路、线路是否存在漏油、漏水、漏气、漏电等，内容包括表2-1-2所示。

表 2-1-2 车底检查项目

序号	检查项目	序号	检查项目	序号	检查项目
1	发动机及连接	7	后悬架及连接	13	减振器及连接
2	车架	8	后桥	14	驻车制动器
3	前桥	9	排气管、消声器、储气筒	15	制动系统拉杆
4	转向系统及固定	10	变速器、主减速器	16	各种管路、电路
5	主销及轴承	11	传动轴、万向节及固定	17	油箱、蓄电池
6	前悬架及连接	12	离合器操纵机构	18	漏水、漏油、漏气

7. 汽车移出检查工位，结束检查。

四、国家标准规定

在国家标准《机动车运行安全技术条件》（GB 7258—2012）中，针对外观检查涉及的

项目，制定有一系列的要求规定，列举如下：

1. **汽车外廓尺寸**

汽车外廓尺寸限值如表2-1-3所示。

表 2-1-3 汽车外廓尺寸限值（m）

车辆类型	长	宽	高
载货汽车（包括载货越野车）	≤12	≤2.5	≤4
整体式客车	≤12		
单铰接式客车	≤18		
半挂汽车列车	≤16.5		
全挂汽车列车	≤20		

客车及封闭式车厢（或罐体）的车辆后悬不得超过轴距的65%，最大不得超过3.5m；其他车辆后悬不得超过轴距的55%。

2. **车体周正**

车体外缘左右对称部位高度差不大于40mm。

3. **渗漏**

汽车通过连续行驶10km以上，停车5min后观察，不允许存在滴油现象。

4. **轮胎**

轮胎胎面不得暴露出帘布层，胎面和胎壁上不得有长度超过25mm或深度足以暴露出帘布层的破裂和割伤；同轴上的轮胎型号和花纹必须相同，并符合汽车厂家出厂时的规定；转向车轮不得装用翻新轮胎；轮胎胎冠花纹磨损深度限值如表2-1-4。

表 2-1-4 轮胎胎冠花纹磨损深度限值（mm）

汽车类型	花纹深度
轿车、摩托车、挂车轮胎	≥1.6
其他机动车转向轮胎	≥3.2
其余轮胎	≥1.6

任务2 底盘动态检验

学·习·目·标

1. 了解汽车底盘动态检验的重要性。
2. 掌握汽车底盘动态检验的内容和一般方法。
3. 熟悉国家相关标准。

导·入

汽车是在运动中发挥作用的交通工具，许多系统的工作状态理应在运动中才能得到体现。想一想，哪些底盘部件性能需要动态检验？

知·识·准·备

一、汽车转向特性与评价

汽车的转向特性要求汽车能够在驾驶员不感到过分紧张的条件下，遵循驾驶者通过转向系及转向轮给定的方向行驶，且当遭遇外界干扰时，能够抵抗干扰而保持稳定行驶的能力，如图2-2-1所示。随着现代汽车行驶车速日益高速化，这种要求显得愈发重要。

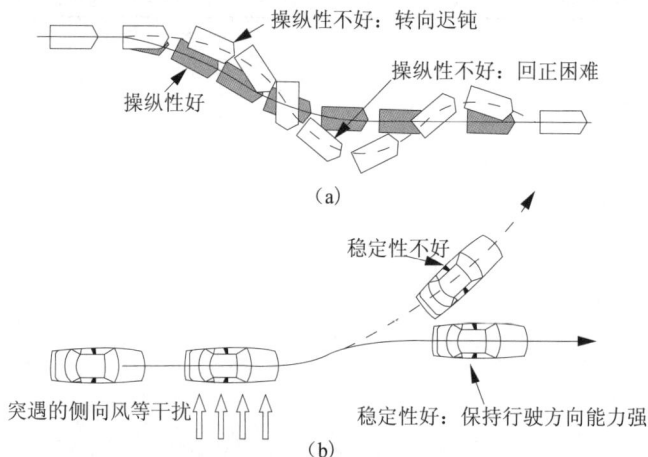

操纵性不好：转向迟钝

操纵性不好：回正困难

操纵性好

(a)

稳定性不好

突遇的侧向风等干扰 ↑↑↑

稳定性好：保持行驶方向能力强

(b)

图 2-2-1 汽车的操纵性与稳定性

行驶中对车辆转向操控是根据行车环境对车辆进行连续调整的过程，它反映了人、车和环境之间的相互作用结果。操纵的结果一方面取决于驾车人对环境的判断能力和对车辆

的操纵能力，另一方面取决于车辆本身的转向性能。

汽车的可操控性能是其自身多方面能力的综合反映，主要包括影响驾驶疲劳的转向轻便性、跟随转向盘输入作出相应反应的操纵性和抵御环境干扰保持正常行驶的稳定性三个方面。汽车行驶状态复杂多变，与之相适应的操控性能可以归纳为低速状态下的转向特性、行驶参数稳定状态下的转向特性和行驶参数非稳定状态下的瞬时转向特性。

由于汽车操纵稳定性评价涉及诸多结构和系统因素以及人的主观感受，表现出相当的复杂性，目前，仅采用技术指标的客观评价方法仍难以获得普遍认可，实际中，常结合主观评价方法进行评价。

当汽车以极低的车速转向行驶时，若不考虑轮胎弹性和车轮与地面的侧向滑动，则汽车转向运动应该遵循图2-2-2所示的转向关系，呈现出如下特性，即

$$\cot\theta_2 - \cot\theta_1 = \frac{B}{L}$$

$$R_{\min} = \frac{L}{\sin\theta_{2\max}}$$

（2-1-1）

式中　θ_2——外侧车轮转向的偏摆角度；

　　　θ_1——内侧车轮转向的偏摆角度；

　　　B——轮距；

　　　L——轴距；

　　　R——转弯半径。

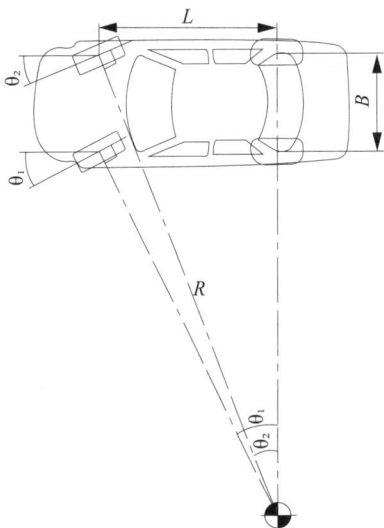

图 2-2-2 汽车的静态转向特性

当汽车在维持方向盘转角不变的前提下，以较高车速等速转向时（稳态转向特性），因车轮的弹性，汽车可能表现出中性、过多和不足等三种转向特性（图2-2-3）。保持转向盘转角不变，缓慢加速或以不同车速行驶时，随着车速的增加，具有不足转向汽车的转向半径R逐渐增大；中性转向汽车的转弯半径 R维持不变；过多转向汽车的转弯半径R则越来越小。考虑到汽车转向过程中的心理和生理因素，以及汽车转向系统间隙均不利于驾车中进行突然的逆向调整，所以，一般的汽车不应具有过多转向的转向特性。因为汽车的转向特性会受到诸如轮胎气压和装载方式等使用条件的影响而发生改变，使用中，具有中性转向特

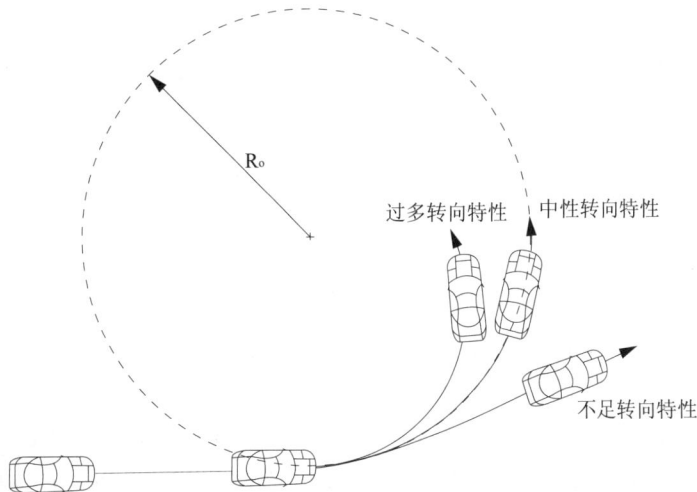

图 2-2-3 汽车的三种稳态转向特性

性的汽车有可能转变为过多转向特性，因此，汽车也不应该具有中性转向的特性。实践表明，操纵稳定性良好的汽车应该具有适当的不足转向特性。

在汽车从稳定的直线运动到稳定的圆周运动变化过程中，由于受到瞬时侧向力的作用，轮胎和悬架的弹性将导致车身产生横向振动，出现行车方向上的不稳定。这种因为瞬时侧向力干扰而出现的汽车瞬时运动方式被称为汽车的瞬态响应，其结果可能是稳定的，也可能是难以控制的非稳定的（图2-2-4），后者将影响到汽车的行车安全。汽车的操纵稳定性与汽车转向时的瞬态响应有密切的关系，尤其对连续快速做出转向变换动作的车辆来说，这种瞬态响应特性将决定汽车的控制能力。

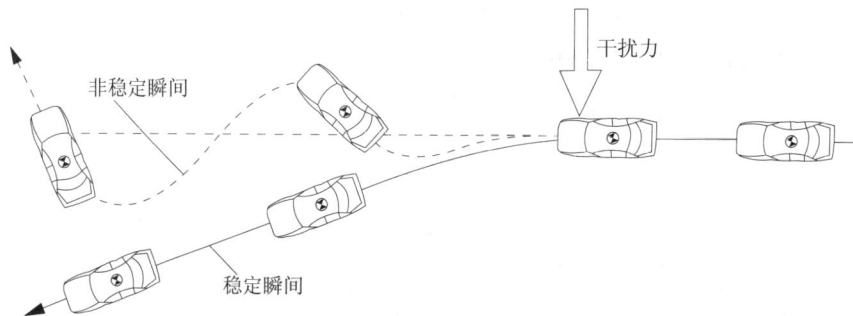

图 2-2-4 两种汽车瞬态响应类型

汽车的操纵稳定性是表征运动车辆在短时间内改变侧向运动状态的能力。评价上有采用仪器测量相关物理量的客观方法，也有让试验人员通过自我感觉打分的主观方法，后者始终是评价操纵稳定性的最终方法。客观评价法可以通过测量横摆角速度、侧向加速度、侧倾角和转向力等指标实现对性能的评定，而主观评定法则是请若干数量的汽车试验员对一定格式的表格打分，经过统计获得评价结论。两种试验方法各有所长，可以在不同的场合发挥各自的作用。

二、在用汽车底盘动态检验

无论是国家标准《机动车运行安全技术条件》（GB 7258—2012）和《机动车安全技术检验项目和方法》（GB 21861—2008）指导下的汽车安全与环保性能检测，还是《营运车辆综合性能要求和检验方法》（GB 18565—2001）指导下的汽车综合性能检测，均规定在静态的外观检查之后，设置底盘动态检验项目。它借助于简单仪具，主要对汽车底盘的传动、转向和制动系统参数进行检测，内容包括检测转向盘操纵力、转向盘最大自由转动量、转向回正能力、转向轮最大转角、制动跑偏、低气压报警装置、弹簧储能制动器、车轮横向与径向摆动量、传动系统动态性能等。

1. 转向系统

机动车转向盘应转动灵活、操纵轻便、无阻滞现象。车轮转到极限位置时，不得与其他部件有干涉现象。转向轮转向后应能自动回正，使机动车具有稳定的直线行驶能力。

转向盘自由行程是指汽车处于直线行驶位置时，在前轮不发生偏转的情况下，转向盘所能转过的角度。过大的自由行程会降低汽车转向操纵灵敏性。

转向盘操纵力是指汽车在一定行驶条件下，作用在转向盘外缘的圆周力。它与转向盘转动阻力矩成正比，转向盘转动阻力过大，会使转向沉重，增加驾驶员的疲劳强度。

影响上述参数的主要因素来自于转向系统中各零件的配合，随着使用时间的加长，它们自然会产生改变，所以必须针对在用车加以检测。

检测可以采用转向参数测量仪（图2-2-5），它是一种以微机为核心的智能测量仪器，可以测量转向盘自由行程、转向角和转向操纵力等参数。其结构主要包括操纵盘、主机箱、连接叉和定位杆四部分。操纵盘由螺栓固定在三爪底板上，底板经过力传感器与三个连接叉相连，每个连接叉上都有一只可以伸缩长度的活动卡爪，以便将操纵盘固定在转向盘上。主机箱为圆形，固定于底板中央，内装有接口板、微机板、转角编码器、打印机、力矩传感器和电池等。定位杆从底板下伸出，经磁力座吸附在汽车仪表板上，内端连接有光电装置。

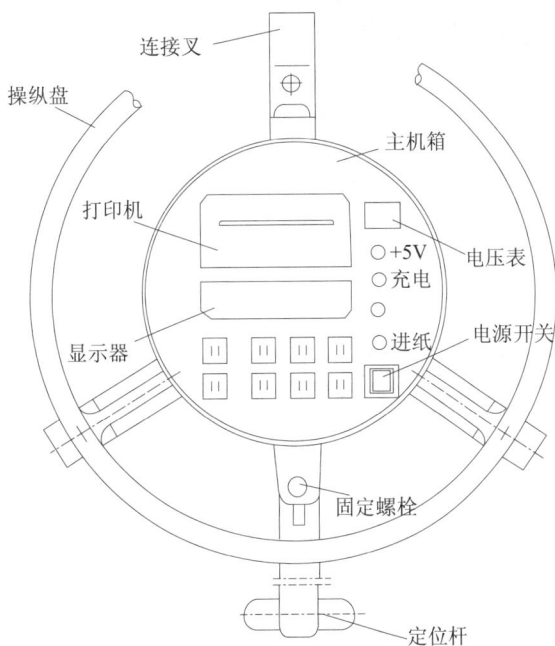

图 2-2-5 转向参数测量仪

测量时，将转向参数测量仪对准被测转向盘中心，调整好三个连接叉上伸缩卡爪的长度，连接并固定于转向盘上。转动操纵盘，转向力通过底板、力矩传感器、连接叉传递到被测转向盘上，完成转向动作。此时，力矩传感器将转向力矩转变成电信号，而定位杆内端连接的光电装置将转角的变化转变成电信号，两种电信号由微机自动完成数据采集、运算分析、存储、显示和打印。

2. 传动系统

离合器应接合平稳，分离彻底，工作时不允许有异响、抖动或不正常打滑等现象。离合器踏板力符合标准限值要求，踏板力由踏板测力计直接读出。

变速器和分动器换挡时齿轮应啮合灵便，互锁、自锁和倒挡锁装置应有效，不允许有乱挡和自行跳挡现象；运行中应无异响；换挡杆及其传动杆件不应与其他部件干涉。在换挡杆上，或者换挡杆附近易见部位上，应有驾驶员在驾驶座位上即可容易识别变速器和分动器挡位位置的标志。

传动轴在运转时不允许发生振动和异响，中间轴承和万向节不允许有裂纹和松旷现象。发动机前置后驱动的客车的传动轴在车厢地板的下面沿纵向布置时，应有防止传动轴滑动连接（花键或其他类似装置）脱落或断裂等故障而引起危险的防护装置。

驱动桥工作应正常且不允许有异响。

3. 车轮

车轮横向与径向摆动量是影响汽车行驶舒适性和操纵性能的指标，过大的摆动量往往与车轮较差的动平衡性相联系，会引起高速旋转车轮的摆振。

测量车轮横向与径向摆动量可以采用百分表作为计量工具，将被测车轴顶起，用百分表触点碰触轮胎前端胎冠外侧，用手前后摆动轮胎，测量其横向摆动量；用百分表触点碰触轮胎上方胎冠中部，转动轮胎测量其径向摆动量。

任务实施

底盘动态检验

一、目的与要求

1. 熟悉相关检测的国家标准。
2. 掌握底盘动态检验基本方法和步骤。
3. 操作完毕后设备工具复位。

二、器材与设备

踏板测力计、转向参数测量仪、百分表、性能完好的汽车一辆。

三、操作过程

车辆底盘动态检验可以在外观检查项目完成后，按以下步骤进行：

1. 引车至底盘动态检验工位。
2. 顶起被测车轴，测量车轮横向与径向摆动量。
3. 停稳汽车，在离合器踏板上安装踏板测力计。
4. 起动发动机，测量离合器踏板力。
5. 观查制动系统低压报警装置和弹簧储能制动器（若有）的工作状态。
6. 检查转向盘转动灵活性和转向回正能力。
7. 按要求安装转向参数测量仪，测量转向盘最大自由转动量和转向盘操纵力。
8. 卸除转向参数测量仪。
9. 选择平整、良好的路面，行车中观察传动系统动态性能和制动跑偏现象。
10. 将车辆停回原位，结束检查。

四、国家标准

国家标准《机动车运行安全技术条件》（GB 7258—2012）规定：

最高设计车速大于或等于100km/h的车辆，转向盘最大自由转动量从中间位置向左右各不得大于10°；其他车辆的转向盘最大自由转动量从中间位置向左右各不得大于15°。

离合器彻底分离时，踏板力不应大于300N。

对于总质量小于或等于3500kg的汽车，车轮横向和径向摆动量不得大于5mm，其他车辆不大于8mm。

知识拓展

影响汽车操纵稳定性的主要因素

由于汽车是一个在三维空间中运动的物体，所以通常将其置于图2-2-6所示的直角坐标系中，即将原点O固结于车辆质心上，XOZ坐标面处于汽车左右对称平面内，当汽车在水平路面上处于静止状态时，X轴平行于地面指向前方，Z轴通过质心指向上方，Y轴则指向驾驶员的左侧。空间运动的汽车除了沿着X、Y和Z坐标作平动外，还会产生绕X轴作旋转的侧倾运动、绕Y轴作旋转的俯仰运动和绕Z轴作旋转的横摆运动。

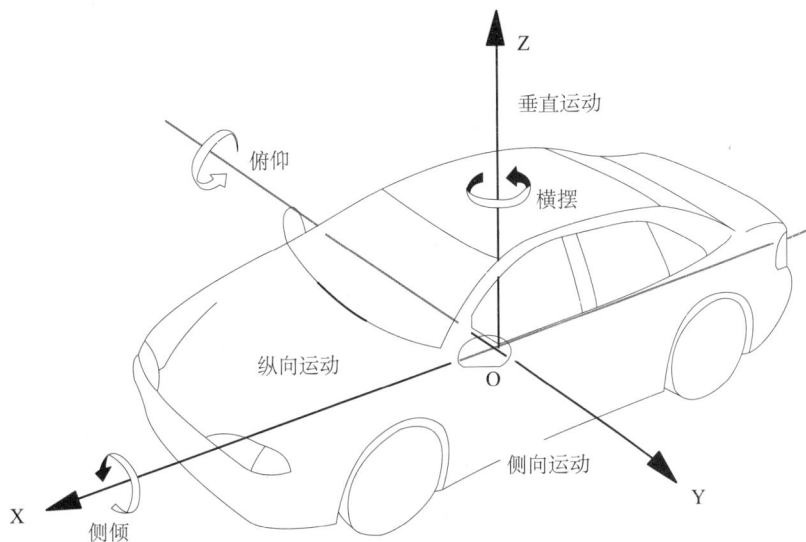

图2-2-6 车辆坐标系与汽车的运动形式

与汽车操纵稳定性有着密切关系的重要因素之一是弹性轮胎的侧向弹性。当弹性轮胎受到侧向力F_y作用时[如图2-2-7（a）所示]，若设侧向力未超过轮胎与地面的附着极限，也即轮胎没有发生相对地面的侧向滑动，此时，地面将产生一个与侧向力对应的被称之为侧偏力的摩擦力F_Y，车轮在此对力偶作用下，产生图示的侧向变形。车轮未滚动时，这种侧向变形会使轮胎胎面接地印迹的中心线a-a与车轮平面c-c发生Δh的错位，且a-a平行c-c[图2-2-7（d）]；若在轮胎胎面中心线上如图2-2-7（b）所示标出A_0、A_1、A_2、A_3…各点，随着车轮滚动，因侧向变形的存在，各点将依次落在地面相应的A_0'、A_1'、A_2'、A_3'…各点上[图2-2-7（c）]。即当车轮滚动时，接触印迹中心线a-a不再与车轮平面c-c平行。车轮真实滚动方向a-a与c-c之间出现夹角α（称为侧偏角）的偏离称之为侧偏。

为了保证汽车良好的操纵稳定性，一般要求轮胎应该具有较高的抵御侧向力能力（称作具有较高的侧偏刚度）。轮胎的结构形式、尺寸参数、使用特点都将对轮胎的侧偏刚度产生显著的影响。一般来说，轮胎尺寸越大，所具有的侧偏刚度越高；由于子午线轮胎的接地面宽度大，所以较斜交线轮胎而言，它具有更大的侧偏刚度；由于侧向结构刚度的原因，钢丝子午线轮胎比尼龙子午线轮胎具有更大的侧偏刚度；轮胎宽度对其侧偏刚度有十分显著的影响，高宽比较小，也即轮胎越宽，侧偏刚度也越大。

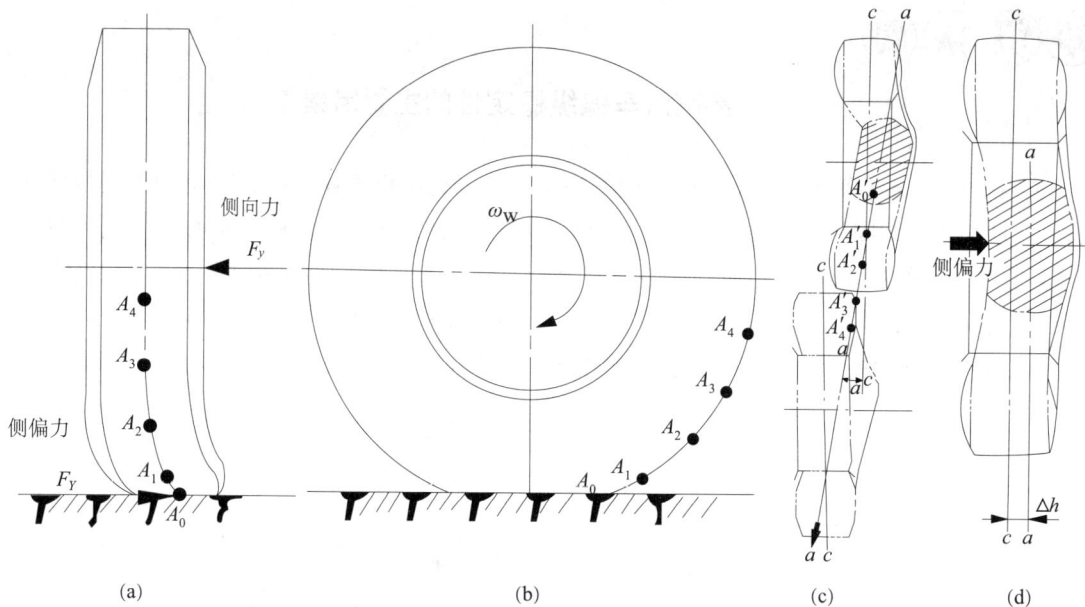

| (a) | (b) | (c) | (d) |

图2-2-7 侧向力作用下的轮胎侧偏现象

汽车操纵稳定性表现在其直线行驶和弯道行驶的过程中。直线行驶时，车轮会遇到地面障碍的冲击，车身会突遇侧风干扰，此时车辆的稳定性既与转向系统结构和转向特性有关，也受车身的气动特性影响。

当直线行驶的汽车在瞬间突遇地面干扰产生横摆运动时，车轮在侧向惯性力作用下将发生侧偏运动，若汽车具有中性转向特性，则前后轮出现的侧偏角相同，干扰导致的转向运动得以持续；若汽车具有不足转向特性，由于前轮的侧偏角更大，所以汽车因干扰产生的转向运动得以抑制，汽车表现出更好的稳定特性；相反，如果汽车具有过多转向特性，因干扰产生的转向作用将得到进一步放大，迫使驾驶员做出方向上的修正（图2-2-8）。

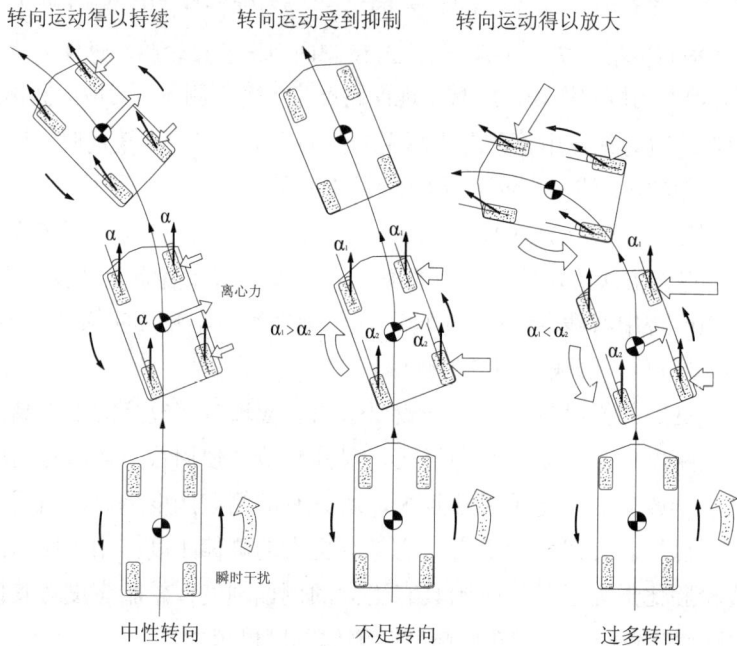

图2-2-8 汽车转向特性的抗干扰能力

当汽车穿越隧道，突遇侧向风干扰时，其行驶状态如图2-2-9所示，这时，在受到侧向气流作用的汽车上，其合力作用点称之为侧向风作用中心，如果该作用点与汽车中性转向点不重合，由于侧向风在前后轮胎上产生的侧偏角不相同，汽车将在该侧风作用下，产生横摆

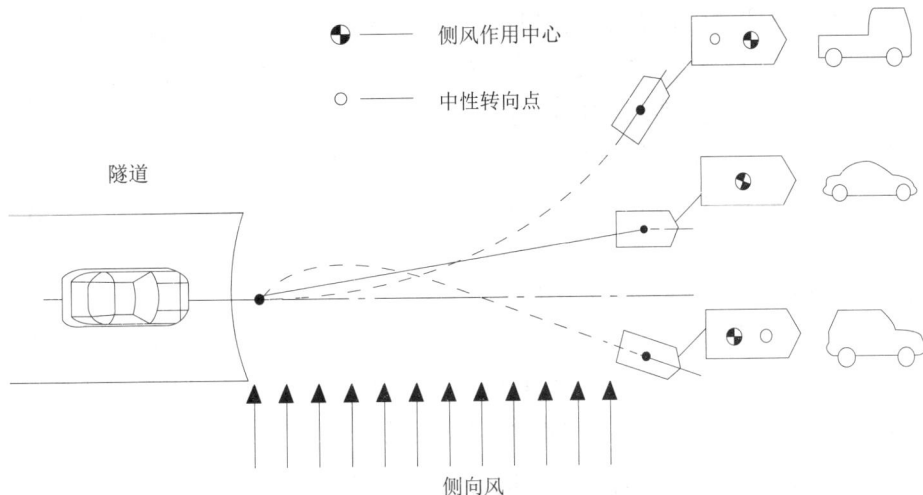

图2-2-9 受侧风作用的汽车行驶稳定性

运动。另一方面，侧向风本身也将对车辆产生横向吹动作用，使得汽车运动方向发生改变。上述两种效果的叠加，便决定了汽车的实际运动结果。当侧向风作用中心与中性转向点的相对位置不同时，它对汽车行驶稳定性的影响并不相同。如果侧向风作用中心在中性转向点之前，两种效果的联合作用可能使汽车出现剧烈的侧向移动，引起汽车瞬时的方向失控；而当侧向风作用中心在中性转向点之后时，两种效果相互补偿，汽车表现出稳定的运动趋势。侧向风作用中心可以认为是从侧面看的汽车形状中心，所以侧风稳定性与汽车的外形有密切的关系。

使用因素对轮胎侧偏刚度的影响主要表现在垂直载荷、轮胎气压和磨损程度等方面。轮胎上作用的垂直载荷对侧偏刚度的影响表现为，当垂直载荷增大后，轮胎接地宽度增加，侧偏刚度将随之增大；轮胎充气压力增大，其抗侧向变形的能力增强，侧偏刚度将增大；轮胎磨损程度越严重，轮胎的侧偏刚度会越低。

如图2-2-10所示，当汽车转向行驶时，车身质量因惯性而产生侧向力F，它将迫使受悬架弹簧支撑的车身产生侧倾。侧倾时，左右车轮上的垂直载荷将发生改变。若设受压缩弹簧一侧，车轮垂直载荷增大ΔW，则受拉伸弹簧一侧，车轮的垂直载荷将相应减小ΔW，这种轮胎垂直载荷重新分配的现象，将导致悬架侧倾刚度下降。

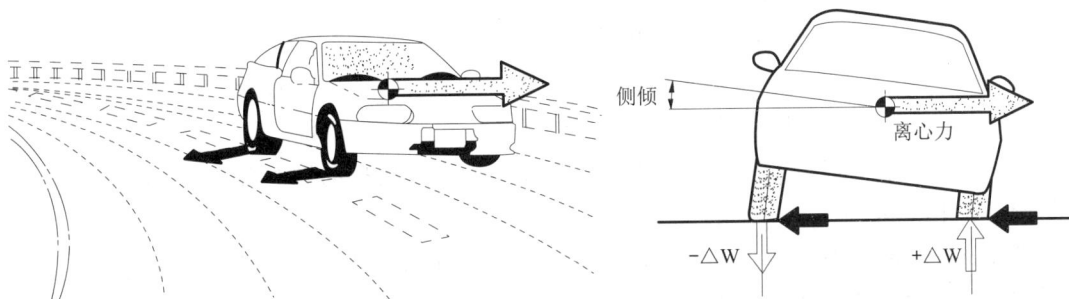

图2-2-10 转向时的侧倾运动

　　当汽车采用不同结构形式的悬架时，在相同侧向力作用下，汽车车身产生的侧倾量不同。悬架弹簧刚度越大、两弹簧支承点相距越远，悬架抵御侧倾的能力越强。

　　在侧向力作用下，若汽车前轴左右车轮垂直载荷出现较大变动时，汽车趋于增加不足转向量；若这种垂直载荷的较大变动出现在后轴上，汽车趋于增加过多转向量。而决定汽车前后轴左右车轮载荷变动量的因素主要包括：前后悬架的侧倾角刚度、悬挂质量、非悬挂质量、质心位置和前后悬架侧倾中心位置等。

　　汽车作圆周行驶时，作用在轮胎上的回正力矩是使转向车轮恢复到直线行驶位置的主要恢复力矩之一，对汽车操纵稳定性具有很大影响。试验表明，回正力矩随垂直载荷的增加而增加；在相同侧偏角下，尺寸大的轮胎一般回正力矩较大；子午线轮胎的回正力矩比斜交线轮胎大；轮胎气压越低，回正力矩越大。

　　一般情况下，当外倾角增大时，胎面与路面的接触状况变差，进而影响最大地面侧向反作用力（侧向附着力），最终损害汽车的极限行驶性能，所以高速车辆的外倾角不宜过大。

　　路面类型和表面状况对轮胎的侧偏特性也有明显的作用，尤其是对最大侧偏力有很大影响。路面越湿滑，轮胎上产生的最大侧偏力越小，侧偏现象越严重。

项 目 小 结

1. 外观检查涉及到车容车貌、发动机、车轮、连接部位、自由间隙、灯光信号、润滑密封等状况，包括车辆唯一性认定、车辆（身）外观、照明和电器信号装置、发动机舱及发动机运转状况、驾驶室、车轮外观及胎压、车身几何参数等检查内容。

2. 车辆识别代码（VIN码）由一组17位字母或阿拉伯数字组成，用以识别车辆身份。

3. 对车体周正的要求是，车体外缘左右对称部位高度差不大于40mm。

4. 轮胎胎面不得露出帘布层，胎面和胎壁上不得有长度超过25mm或深度足以暴露出帘布层的破裂和割伤；同轴上的轮胎型号和花纹必须相同，并符合汽车厂家出厂时的规定。

5. 轿车轮胎胎冠花纹不得小于1.6mm。

6. 底盘动态检验是借助于简单仪具，主要对汽车底盘的传动、转向和制动系统参数进行的检测。

7. 汽车的转向特性要求汽车能够在驾驶员不感到过分紧张的条件下，遵循驾驶者通过转向系及转向轮给定的方向行驶，且当遭遇外界干扰时，能够抵抗干扰而保持稳定行驶的能力。

8. 当汽车在维持方向盘转角不变的前提下，以较高车速等速转向时，因车轮的弹性，汽车可能表现出中性、过多和不足等三种转向特性。

9. 利用转向参数测量仪可以测量转向盘最大自由转动量和转向盘最大转动阻力。

10. 测量车轮横向与径向摆动量可以采用百分表作为计量工具进行。

11. 对于总质量小于或等于3500kg的汽车，车轮横向和径向摆动量不得大于5mm，其他车辆不大于8mm。

12. 最高设计车速大于或等于100km/h的车辆，转向盘最大自由转动量从中间位置向左右各不得大于10°；其他车辆的转向盘最大自由转动量从中间位置向左右各不得大于15°。

测试题

一、判断题

1. 汽车转向时，两个转向车轮偏向同样大小的转角。 （　　）
2. VIN码由世界制造厂识别代码、车辆描述码和维修指示码组成。 （　　）
3. 在汽车安全环保和综合性能检测中外观检查是第一道工序。 （　　）
4. 转向参数测量仪可以测量转向盘自由行程、转向角和转向传动比。 （　　）
5. 车辆唯一性认定属于外观检查的内容之一。 （　　）
6. 转向盘操纵力是指汽车在一定行驶条件下，作用在转向盘外缘的圆周力。 （　　）
7. 车辆宽度是垂直于车辆横向对称面，并分别抵靠在汽车两侧固定突出部位（包括后视镜、各类侧灯、折叠式踏板、挠性挡泥板、轮胎与地面接触部分的变形）的平面之间的距离。 （　　）
8. 过多转向具有汽车的转弯半径越来越小的转向特征。 （　　）

二、选择题

1. 国标规定，最高设计车速大于或等于100km/h的车辆，转向盘最大自由转动量从中间位置向左右各不得大于（　　）。
   A. 4°　　　　　　 B. 6°　　　　　　 C. 10°　　　　　　 D. 15°
2. 对于总质量大于3500kg的汽车，车轮横向和径向摆动量不得大于（　　）。
   A. 8mm　　　 B. 10mm　　　　 C. 12mm　　　　 D. 15mm
3. 轿车轮胎胎冠花纹不得小于（　　）。
   A. 1mm　　　 B. 1.2mm　　　　 C. 1.4mm　　　　 D. 1.6mm
4. 因为瞬时侧向力干扰而出现的汽车瞬时运动方式被称为汽车的（　　）。
   A. 稳态响应　 B. 瞬态响应　　　 C. 常态响应　　　 D. 变态响应
5. 国标规定，离合器彻底分离时，踏板力不应大于（　　）。
   A. 200N　　　 B. 300N　　　　 C. 350N　　　　 D. 400N
6. 组成车辆识别代码（VIN码）的一组字母或阿拉伯数字位数为（　　）。
   A. 15　　　　 B. 16　　　　　 C. 17　　　　　 D. 18
7. 转向参数测量仪的活动卡爪用来将操纵盘固定在（　　）。
   A. 转向盘上　 B. 仪表板上　　　 C. 座椅上　　　　 D. 挡风玻璃上
8. 在外观渗漏检查时，汽车行驶10km以上，停车（　　）后观察，不允许滴油。
   A. 8分钟　　　 B. 3分钟　　　　 C. 10分钟　　　　 D. 5分钟

三、简答题

1. 为什么操纵稳定性良好的汽车应该具有适当的不足转向特性？
2. 什么是汽车的后悬？为什么要限制后悬的长度？
3. 什么是转向盘最大自由转动量？它对汽车操纵性能有何影响？
4. 国标对车轮横向和径向摆动量有何限制要求？采用什么仪器测量车轮横向与径向摆动量？

项目三　汽车动力性能与检测

项目概述

　　汽车动力性是指汽车通行于良好路面上所能达到的平均速度的高低。作为一种高效率的运输工具，汽车运输效率的高低主要取决于汽车的动力性。动力性越好，汽车就能以更快的运输速度完成运输工作，所以该性能是汽车最基本、最重要的使用性能之一。要充分保持与发挥汽车的动力性能，就需要加强对汽车动力性的检测。

　　汽车动力之源是发动机。发动机的输出力矩经底盘传动系统和行驶系统的传递，最终转换为驱动轮上的驱动力，驱动汽车行驶。所以汽车动力性好坏取决于发动机动力性好坏和传动系统传动效率的高低。

　　本项目主要对汽车动力性的评价指标、影响因素和室内检测方法等进行阐述。通过本项目学习，对汽车动力性能检测有一个比较全面的了解和认识，熟悉汽车动力性的道路检测条件、检测仪器及检测方法。

任务1 底盘输出驱动功率检测

学习目标

1. 了解汽车驱动力、行驶阻力的概念和计算。
2. 了解汽车行驶的驱动条件和附着条件。
3. 了解功率平衡的概念。
4. 熟悉底盘测功机的结构和工作原理。
5. 了解底盘测功机的各项检测功能。
6. 会操作底盘测功机进行底盘输出功率检测。

导入

　　一名短跑运动员是否优秀，可以用他的完成比赛的时间来评价；一名登山运动员是否杰出，可以用他攀上的最高山峰的海拔高度来衡量。那么高效率的车辆应该用哪些指标才能恰当评价呢？

知识准备

一、动力性能评价

　　汽车动力性是指汽车通行于良好路面上所能达到的平均速度。为了尽可能获得高的平均行驶速度，要求汽车必须同时具备良好的起步加速能力、加速超车能力、连续高速巡航能力和克服道路坡道能力。综合分析这些要求，可以将反映汽车动力性能的指标概括成以下三种：汽车的最高车速、汽车的加速能力和汽车的爬坡能力。

1. 最高车速

　　最高车速指汽车搭载厂定最大总质量，在风速≤3m/s的条件下，行驶于干燥、清洁、平坦的混凝土或沥青路面上所能够达到的最高稳定行驶速度，单位为km/h。一般轿车最高车速为130—200km/h，客车为90—130km/h，货车为80—1l0km/h。

2. 加速能力

　　加速能力指汽车在行驶过程中改变车速的能力，通常用汽车加速时间或加速度来评价。加速时间是指汽车以厂定最大总质量状态，在风速≤3m/s的条件下，在干燥、清洁、平坦的混凝土或沥青路面上，由某一低速加速到某一高速所需的时间，单位为s。

汽车加速能力通常包括起步换挡加速能力和高挡超车加速能力，前者是各个挡位加速能力的综合体现，后者则代表汽车最常用的高挡或次高挡加速超车能力。

（1）原地起步加速时间

原地起步加速时间亦称起步换挡加速时间，指用规定的低挡起步，以最大的加速度（包括选择适当的换挡时机）逐步换到最高挡后，加速到某一规定的车速所需的时间，其规定车速各国不同，对轿车常用0—80km/h，0—100km/h。或指用规定的低挡起步，以最大加速度逐步换到最高挡后，达到一定距离所需的时间，其规定距离一般为0—400m，0—800m，0—1000m，起步加速时间越短，动力性越好。不同车辆的起步换挡加速时间差异明显，例如普通轿车、运动型轿车和F1方程式赛车由静止全力加速到100km/h的加速时间分别约为10—20s、5—8s和2—3s。

（2）超车加速时间

超车加速时间常指直接挡加速时间，一般指用最高挡或次高挡，由某一预定车速开始，全力加速到某一高速所需的时间。超车加速时间越短，其高挡加速性能越好。我国对汽车超车加速性能没有明确规定。一般可以采用以最高挡或次高挡由某一车速（30km/h或40km/h）全力加速行驶至另一规定车速所需时间来衡量。由于高挡超车加速能力的增强，可以有效缩短汽车超车过程中两车并行的时间，提高了行车安全性，所以在主观评价汽车动力性能时，驾驶员对此会有较强烈的感觉。

3．爬坡能力

汽车的爬坡能力是指车辆装载规定负荷，在良好的路面上所能够克服的最大坡度。汽车克服坡道的能力一般可以从两个方面得到体现，即I挡最大爬坡能力和高挡爬坡能力。I挡最大爬坡能力是指汽车所能克服的最大极限坡度，对于经常行驶于各种路面的载货汽车和越野车辆来说，该指标十分重要，但是，对于自身动力性强、且行驶路面良好的轿车来说，却并不强调此指标。高挡爬坡能力反映了车辆在坡道路面上维持较高速度行驶的能力，它对于保持道路畅通和高速进入快速车道的安全性具有重要意义。普通用途载货汽车的I挡最大爬坡度一般在30%（16.7°）左右，特殊用途越野汽车的最大爬坡度则可以达到60%（31°）左右。

汽车的最大爬坡度有可能大于车辆实际使用过程将遇到的最大道路坡度，这是因为考虑到车辆坡道起步、克服松软路面阻力或局部大阻力需要的缘故。对于高挡爬坡能力，各国尚无统一要求。

二、汽车行驶的动力与阻力

汽车动力性指标的好坏取决于汽车行驶过程中沿行驶方向上各种外力的"博弈"。从力学上看，汽车行驶问题是一个包括惯性力在内的力系平衡问题，了解汽车驱动状态下的受力情况，是理解汽车动力性能的基础。

1. 汽车驱动力

如图3-1-1所示，在发动机发出的、经由传动系统传递而来的驱动转矩 T_t 的作用下，在驱动轮与地面的接触处，车轮对地面作用一切向力 F_o，与此同时，地面给驱动车轮一切向反作用力 F_t，F_t 即为驱动力，其值为：

$$F_t = \frac{T_t}{r} \qquad (3-1-1)$$

式中 r ——车轮滚动半径（m）；

T_t ——驱动转矩（N·m）。

图 3-1-1 汽车驱动轮受力分析图

此时，作用于驱动车轮上的驱动转矩 T_t 可由公式3-1-2求得：

$$T_t = T_{tq} i_g i_0 \eta_T \qquad (3-1-2)$$

式中 T_{tq} ——发动机转矩（N·m）；

i_g ——变速器传动比；

i_0 ——主减速器传动比；

η_T ——传动系机械效率。

将公式3-1-2代入公式3-1-1

得

$$F_t = \frac{T_{tq} i_g i_0 \eta_T}{r} \qquad (3-1-3)$$

由公式3-1-3可以看出，汽车的驱动力是一个变量，其数值的大小与变速器所处的挡位和发动机输出转矩有关。驱动力是地面提供给驱动轮的摩擦力，它一方面源自发动机提供的动力，另一方面也会受到地面与轮胎之间的摩擦特性限制。

想一想：

为什么汽车低挡的加速能力高于高挡？

2. 汽车行驶阻力

汽车在水平道路上直线运动时需要克服所遇到的各种阻力，包括弹性轮胎的地面滚动阻力 F_f、车身与空气作用而产生的空气阻力 F_w、上坡行驶时的坡道阻力 F_i 以及加速过程中产生的加速阻力 F_j 等。

此时，汽车行驶的总阻力为：

$$\sum F = F_f + F_w + F_i + F_j \qquad (3-1-4)$$

其中，滚动阻力和空气阻力存在于行驶过程中，而坡道阻力和加速阻力与汽车行驶环境和状态有关。

（1）滚动阻力

滚动阻力是当弹性车轮在路面上滚动时，由于两者间的相互作用和相应变形所引起的能量损失的总称。

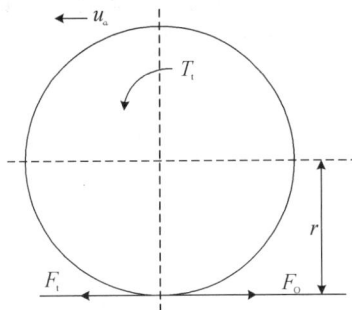

车轮滚动时，轮胎与路面的接触区域产生相互作用力，轮胎和支承路面发生相应的变形。由于轮胎和支承面的相对刚度不同，它们的变形特点也不同。当弹性轮胎在混凝土路、沥青路等硬路面上滚动时，轮胎的变形是主要的。这时，轮胎由于有内部摩擦产生弹性迟滞损失，使轮胎变形时，损耗了一部分能量，如图3-1-2（b）中OCADEO的面积大小。车轮在软路面上的滚动损失大部分是消耗于土壤的变形损失，即土壤变形时其微粒间的机械摩擦损失。

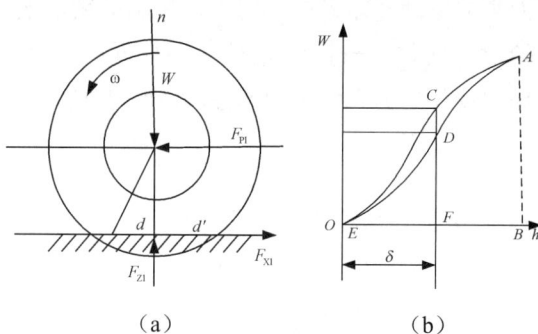

图 3-1-2 车轮滚动阻力分析

汽车水平路面行驶时，滚动阻力可用下式计算：

$$F_f = Gf \tag{3-1-5}$$

式中　F_f——滚动阻力；

　　　G——汽车的重力（N）；

　　　f——滚动阻力系数。

滚动阻力系数由试验确定，其数值与以下因素有关：

①轮胎的结构、材料和气压。较少的帘布层、较薄的胎体以及采用较好的轮胎材料均可减小滚动阻力系数，子午线轮胎的滚动阻力系数较低。在硬路面上行驶的汽车，低压轮胎比高压轮胎有更高的滚动阻力系数；在软路面上行驶的汽车，适当降低轮胎气压可增大轮胎与地面的接触面积，降低轮胎对地面的单位压力，减小土壤变形，降低滚动阻力系数。同理，采用大直径、宽轮缘的轮胎，也可降低滚动阻力系数。

②行驶车速。高速行驶时，由于轮胎质量的惯性影响，滚动阻力系数迅速增长。当车速达到某一临界车速时，轮胎会发生驻波现象，即轮胎周缘呈明显的波浪形，滚动阻力系数显著增加，甚至会出现爆胎现象。

③路面状况。不同路面（混凝土路面、沥青路面、碎石路面、土路、沙地、雪地、冰道等）上的滚动阻力系数会在很大范围内变动。

（2）空气阻力

在空气中运动的汽车，将受到空气阻力的作用。汽车直线行驶时受到的空气作用力在行驶方向上的分力称为空气阻力。

空气阻力由两大部分组成：一是具有粘性的空气对车身表面的摩擦作用产生的阻力，称为摩擦阻力；二是作用在汽车外形表面上的法向压力在行驶方向上的分力，称为压力阻力。压力阻力又可分为形状阻力、干扰阻力、内循环阻力和诱导阻力四部分。形状阻力是由汽车形状引起的阻力，与车身主体形状有关；干扰阻力是车身表面上一些如把手、后视镜、引水槽、驱动轴等突起物引起的阻力；内循环阻力为发动机冷却系统以及车身通风等所需要的空气在车体内部流动时形成的阻力；诱导阻力是汽车行驶时的空气升力沿行驶方

向上的分力。

一般在轿车中，形状阻力占58%，干扰阻力占14%，内循环阻力占12%，诱导阻力占7%，摩擦阻力占9%。

汽车匀速行驶时，且在无风条件下，空气阻力可用下式计算：

$$F_w = \frac{C_D A u_a^2}{21.15} \qquad (3-1-6)$$

式中　F_w——空气阻力；

　　　C_D——空气阻力系数；

　　　A——汽车的迎风面积（m^2）；

　　　u_a——汽车与空气的相对速度（km/h）。

空气阻力系数可由道路试验、风洞试验等方法求得。迎风面积是汽车在其纵轴的垂直平面上投影的面积，可直接在投影面上测得，亦常用汽车的轮距与汽车的高度之乘积近似地表示。

（3）坡道阻力

汽车上坡行驶时，重力沿坡道的分力称为汽车坡道阻力，如图3-1-3所示。坡道阻力 F_i 可用下式计算：

$$F_i = G\sin\alpha \qquad (3-1-7)$$

当坡度角不大时（$\alpha < 15°$），坡道阻力可近似用下式计算：

$$F_i = Gi \qquad (3-1-8)$$

其中，i 为坡度，定义为：

$$i = h/s \qquad (3-1-9)$$

相应地，坡道上的滚动阻力为：

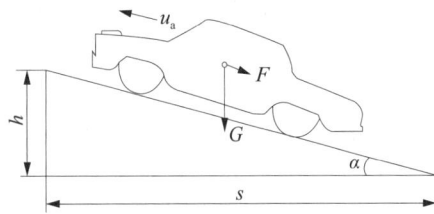

图 3-1-3 汽车上坡阻力分析

$$F_f = Gf\cos\alpha \qquad (3-1-10)$$

（4）加速阻力

汽车加速行驶过程中，需要克服由于其质量加速运动而产生的惯性力，被称为汽车的加速阻力。

因为车辆由平动质量和转动质量组成，所以，运动中不仅会产生平动质量惯性力，而且也存在转动质量惯性力偶矩。为了便于计算，一般可以将旋转质量（主要是曲轴、车轮、离合器总成和所有车轮）的惯性力偶矩转化为效果相当的平动质量惯性力。对于具有固定传动比的汽车来说，常以系数 δ 作为计入旋转质量惯性力偶矩的汽车旋转质量换算系数，于是，汽车加速时的阻力可以表达为

$$F_j = \delta\frac{G}{g}\cdot\frac{du}{dt} \qquad (3-1-11)$$

式中　F_j——加速阻力；

　　　δ——汽车旋转质量换算系数；

　　　G——汽车重力（N）；

　　　g——重力加速度（m/s^2）；

$\dfrac{\mathrm{d}u}{\mathrm{d}t}$——汽车行驶加速度（m/s^2）。

3．汽车行驶的驱动条件

为了确保汽车运动，驱动车轮上的驱动力必须大于或者等于行驶阻力，它构成了汽车能够行驶的必要条件，即汽车行驶的驱动条件是：

$$F_t \geqslant F_f + F_w + F_i \tag{3-1-12}$$

其中，当 $F_t = F_f + F_w + F_i$ 时，汽车等速行驶；当 $F_t > F_f + F_w + F_i$ 时，汽车将加速行驶。在具备足够摩擦系数的良好路面上，通过提高发动机转矩或传动系统速比，便可获得足够的驱动力来满足上述不等式。

在低摩擦系数的湿滑路面上，轮胎与地面之间的极限摩擦力有限，车辆将因为极限摩擦力低于行驶阻力而无法正常行驶，过大的发动机动力只会引起车轮在地面上急剧地滑转。这种现象表明，汽车动力性不仅取决于发动机所能提供的动力，还与轮胎和地面之间的摩擦特性有关。这种由轮胎与地面之间摩擦特性决定的约束条件称为汽车行驶的附着条件。

4．汽车行驶的附着条件

（1）附着力

无侧向力作用时，地面对轮胎切向反作用力的极限值称为附着力F_φ。在硬路面上，它与地面对驱动轮的法向反作用力成正比。

$$F_\varphi = F_Z \varphi \tag{3-1-13}$$

式中　F_φ——附着力；

　　　F_Z——地面对驱动轮的法向反作用力（N）；

　　　φ——附着系数。

（2）附着系数

附着系数表示轮胎与路面的接触强度。主要受以下因素影响：

①路面的种类和状况。硬路面的附着系数较大；路面结构的排水能力越强，附着系数越大；覆盖有污物（细沙、尘土、油污、泥）的路面，附着系数可能会下降20%—60%。

②轮胎的结构。胎面花纹排水能力强，可以提高附着系数，具有细而浅花纹的轮胎，在硬路面上有较好的附着能力；磨损使胎面花纹深度减小，导致附着系数下降；具有宽而深花纹的轮胎，在软路面上能够提高附着能力（称为牵引力）。

③轮胎气压。降低轮胎气压，可使干燥硬路面上附着系数值略有增加，所以采用低压胎可获得较好的附着性能。而潮湿的硬路面却相反，适当提高轮胎气压，使轮胎与路面的接触面积减小，有助于挤出接触面间的水分，使轮胎得以与路面较坚实的部分接触，因而可提高附着系数。在松软路面上，降低轮胎气压，则轮胎与土壤的接触面积增加，胎面凸起部分嵌入土壤的数目也增多，因而附着系数显著提高。

④汽车行驶速度。硬路面上提高行驶速度，会降低附着系数，潮湿的路面上尤甚；软土壤上，高速行驶同样对附着条件产生极其不利的影响。

（3）汽车行驶的附着条件

地面切向反作用力受到附着力制约，决定了当汽车驱动力大于附着力后，将产生驱动

轮滑转现象。为了避免驱动轮产生滑转，汽车驱动必须满足附着条件：

$$F_t \leqslant F_\varphi \qquad (3-1-14)$$

附着条件表明，表达汽车自身能力的驱动条件只是保证汽车行驶的必要条件，并不充分。真正推动汽车行驶的外力来自地面，极端情况下，满足地面附着条件可能成为检验汽车能否驱动的充分条件。只有在附着极限之内的驱动力，才是真正可以用来驱动的力量。

5．功率平衡

从能量守恒的角度看，汽车行驶时，不仅存在驱动力与行驶阻力的平衡关系，而且也遵守功率平衡原则，即满足发动机发出的有效功率始终与汽车行驶阻力消耗功率之间的平衡。若以 P_e、P_f、P_w、P_i 和 P_j 分别代表发动机输出功率、滚动阻力消耗功率、空气阻力消耗功率、坡道阻力消耗功率和加速阻力消耗功率，上述的功率平衡概念可以表达为

$$P_e \cdot \eta_T = P_f + P_w + P_i + P_j \qquad (3-1-15)$$

式中 $P_f = \dfrac{G\cos\alpha \cdot f \cdot u_a}{3600}$ （kW）；

$P_w = \dfrac{C_D \cdot A \cdot u_a{}^3}{3600 \times 21.15} = \dfrac{C_D \cdot A \cdot u_a{}^3}{76140}$ （kW）；

$P_i = \dfrac{G\sin\alpha \cdot u_a}{3600}$ （kW）；

$P_j = \dfrac{\delta m u_a}{3600} \cdot \dfrac{\mathrm{d}u}{\mathrm{d}t}$ （kW）。

汽车在使用过程中机件的磨损与老化，会引起发动机及传动系统技术状况的逐渐下降，最终导致底盘输出驱动功率的减小，检测功率指标同样可以间接地反映汽车动力性能水平。

从在用车辆动力性能检测便捷性看，测量功率比测量各种力更为合理，所以法规标准中通常都以功率指标作为评价在用汽车动力性能的测量参数，其中包括：代表汽车在运行时驱动轮输出功率的底盘输出驱动功率（又称驱动轮输出功率），代表汽车在发动机全负荷并且以额定功率转速所对应的直接挡（无直接挡时指传动比最接近于Ⅰ的挡）车速行驶时，驱动轮输出功率的底盘输出最大驱动功率（简称底盘输出最大功率）。

三、底盘输出功率检测

目前，根据《汽车动力性台架试验方法和评价指标》（GB/T 18276—2000）和《营运车辆综合性能要求和检验方法》（GB 18565—2001）的规定，在汽车综合性能检测和安全性能检测中，在用汽车动力性采用发动机在额定扭矩（最大扭矩）和额定功率（最大功率）时驱动轮的输出功率作为汽车动力性评价指标。

底盘输出驱动功率检测（即驱动轮输出功率检测）通常称为底盘测功，一般在室内依靠汽车底盘测功机完成。

查一查:

1. 在汽车类网站（如搜狐汽车、雅虎汽车）搜索配置1.6L自然吸气发动机的2010款凯越三厢轿车和2010款斯柯达明锐的总质量、发动机最大功率、最高车速和0—100km/h加速时间。

2. 在互联网上搜索国内和国外各两个底盘测功机生产厂商，记下它们的公司网址。

1. 底盘测功机

底盘测功机的基本作用包括：检测驱动轮输出功率和驱动力、检验汽车滑行性能、检验汽车加速性能、校验车速表和里程表等，此外还具有评价燃油经济性（配用油耗仪）、评价排放性能（配用排放检测设备）和检测传动系统传动效率等附加功能。

底盘测功机由道路模拟系统、采集与控制系统、安全保障系统、引导与举升系统及滚筒锁定系统等几个子系统组成（图3-1-4）。

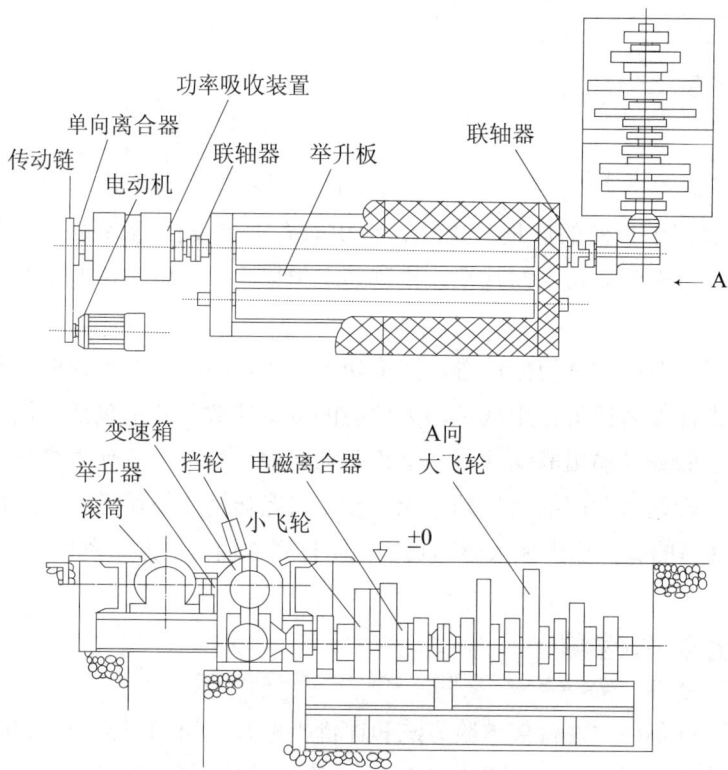

图 3-1-4 底盘测功机的构成

（1）道路模拟系统

道路模拟系统包括滚筒装置、测功器（即加载装置）、惯性模拟装置等（图3-1-5）。

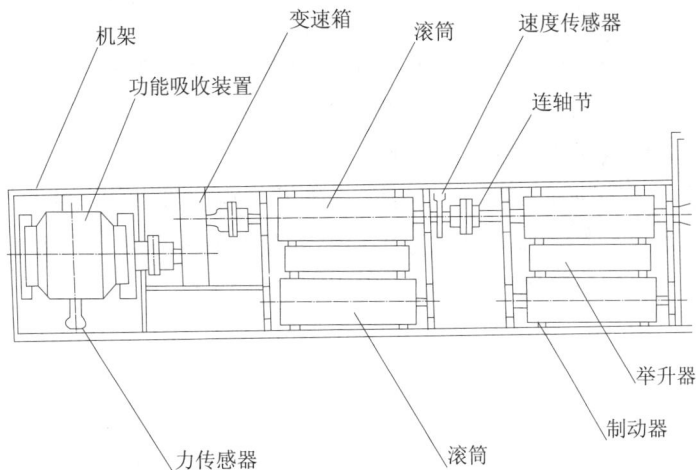

图 3-1-5 底盘测功机道路模拟系统示意图

①滚筒

底盘测功试验台的滚筒相当于连续移动的路面,被测车辆的车轮在其上滚动。滚筒又有单滚筒和双滚筒之分(图3-1-6),前者支承两边驱动车轮的滚筒只有一个,直径一般较大,多在1500—2500mm之间,滚筒直径愈大,车轮滚动状态愈接近路面,测试精度较高;后者支承汽车两边驱动车轮的滚筒各为两个,其直径要比单滚筒小得多,一般在185—400mm之间。由于滚筒直径小,轮胎与滚筒的接触中的滑转率增大,滚动损失增加,故测试精度较低。滚筒直径决定了试验台最大试验车速,直径大,则最大试验车速高。

双滚筒式底盘测功试验台还有主、副滚筒之分。与测功器相连的滚筒为主滚筒,左右两个主滚筒之间装有联轴器,左右两边的副滚筒处于自由状态。

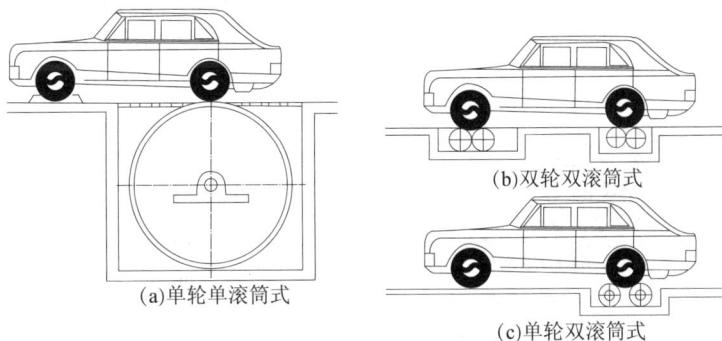

(a)单轮单滚筒式

(b)双轮双滚筒式

(c)单轮双滚筒式

图 3-1-6 滚筒装置的结构类型

注意:

滚筒直径、安置角、滚筒表面质量、滚筒中心距对滚动阻力都有很大的影响,由于部分底盘测功机仅显示功率吸收装置的吸收功率,所以同一辆车在不同台架上测得的数值不同。因此如果以底盘测功机作为法定计量设备,其滚筒直径、中心距、表面处理以及加载方式必须标准化。

②测功器

测功器亦称测功装置或功率吸收装置，用来吸收汽车驱动轮输出功率，主要由定子和转子组成。测功器有电涡流测功器、水力测功器、电力测功器三类。根据测功器的不同，底盘测功机可以分为电涡流式、水力式、电力式。

电涡流测功器的定子四周装有励磁线圈，转子与测功器主动滚筒相连，在磁场中转动。电涡流测功器将吸收的汽车驱动轮输出功率转变成热能，经空气或冷却水散发出去。由于冷却方式不同，电涡流测功器分为风冷（图3-1-7）和水冷两种类型。

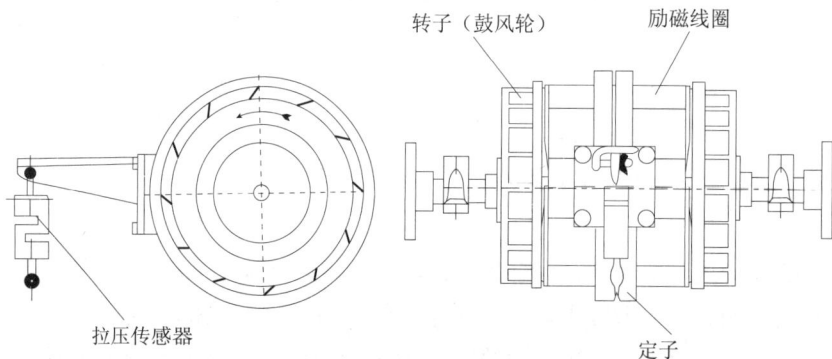

图 3-1-7 风冷式电涡流测功器

如图3-1-8所示，当励磁线圈通以直流电时，磁力线在定子、涡流环、空气隙和转子之间构成回路，在转子与铁芯间隙处就有磁力线通过。此间隙的磁通分布在转子齿顶处的磁通密度大，而通过齿槽处的磁通密度小。当转子以转速n旋转时，则在A处的磁通减少。由磁感应定理可知，此时在定子的涡流环体内产生感应电势，力图阻止磁通的减小，于是就有电涡流产生，涡电流方向用右手定可判定，如图3-1-8所示。同理，在B处产生的电涡流如图中所示。

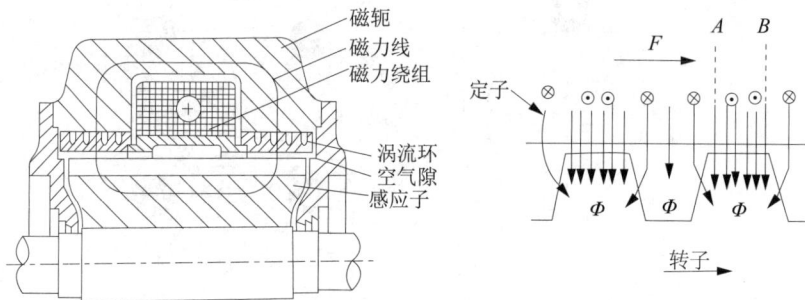

图 3-1-8 电涡流测功器工作原理图

由图可见在齿顶处的电涡流方向为"·"，因此用左手定可判定，此时定子受力，其方向如图所示。而在齿槽处由于磁通很小，所以受力也很小。因此总的受力F之方向如图所示，此力使与定子外壳相连接的力臂引入测量机构便可进行力矩测量。

当测功器转子以转速n（r/min）转动，且给励磁线圈加一定的电流时，可摆动的定子外壳就产生一定的阻力矩T（N·m），可得到吸收功率P：

$$P = \frac{T \cdot n}{9549} \quad (\text{kW})$$

(3-1-16)

由于转子与滚筒相连，就等于给滚筒施加了一个阻力，可用这个阻力来模拟汽车在道路上行驶的阻力。这个对转子起制动作用的扭矩，使浮动的定子顺着转子旋转方向摆动。制动力矩的大小可以通过控制励磁电流来调节，所以，电涡流测功器很容易实现自动控制。

水力式测功器结构如图3-1-9所示。水力式测功器利用转动的水轮与壳体内水之间的摩擦吸收被测机械的功率，这种测功器只能测定有效输出功率。使用时，将水轮与被测机械轴连接起来，使之带动水轮转动。自由地支承在轴承上的测功器壳体，在水摩擦力作用下，也随之转动，通过测力机构可测出在定子力臂点上的制动力。水力测功器在工作时将所吸收的机械能变为热能，使水温升高，故需要定压冷却水系统。

电力式测功器包括直流电力式测功器（图3-1-10）和交流电力式测功器。直流电力式测功器由直流电机、测力计和测速发电机组合而成。直流电机的定子由独立的轴承座支承，它可以在某一角度范围内自由摆动。机壳上带有测力臂，它与测力计配合，可以检测定子所受到的转矩。

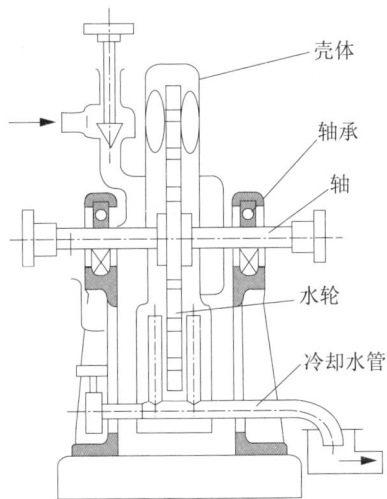

图 3-1-9 水力式测功器结构

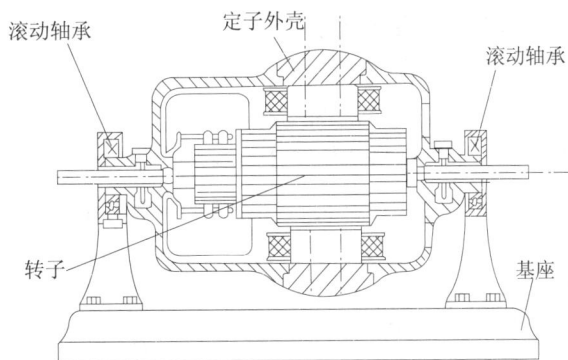

图 3-1-10 直流电力式测功器

根据直流电机原理，电机的电磁转矩同时施加于定子和转子。定子所受到的转矩与转子所受到的转矩大小相等，方向相反，所以转轴上的转矩可以由定子上测量。运行中轴承、电刷和风致摩擦等引起的机械转矩，会使定子和转子所受的转矩不完全相等，由此所带来的测量误差需要加以考虑。直流电力式测功器可作为直流发电机运行，作为被测动力机械的负载，以测量被测机械的轴上输出转矩；也可以拖动其他机械，以测量其轴上输入转矩。

交流电力式测功器通常由一台三相交流换向器电动机和测力计、测速发电机组合而成。它的测功原理与直流测功器相同。

③飞轮

为了能够在试验台上检测汽车的加速性能和滑行性能，需要模拟汽车行驶时的惯性，所以在测功机上安装一套飞轮，按照汽车不同质量配以相应质量的飞轮。可以根据设备需要，按照规定选取。飞轮与滚筒的结合与分离由电磁离合器控制。

（2）采集与控制系统

采集与控制系统需要采集的信号有车速信号和驱动力信号。车速信号可以通过光电式车速信号传感器、磁电式车速信号传感器或者霍尔式车速信号传感器获取。驱动力信号可以通过驱动力信号传感器获取，此类传感器有拉压传感器和位移传感器之分，它们一边连接功率吸收装置的外壳，另一边连接机体。浮动的功率吸收装置受到被测量转换的力偶作用，并转变为作用于传感器上的拉（压）力或位移，传感器受力产生应变，通过应变放大器可得到一定的输出电压，通过标定，可以将电信号显示为受力数值。

（3）安全保障系统

安全保障系统包括左右挡轮、系留装置、车偎、发动机与车轮冷却风机等。左右挡轮的目的是防止汽车车轮在旋转过程中，在侧向力的作用下驶出滚筒，对前轮驱动车辆更应注意；系留装置是指地面上的固定盘与车辆相连，以防车辆高速行驶时，由于滚筒的卡死飞出滚筒。

车偎的作用之一是防止车辆在运行过程中，车体前后移动，同时也达到与系留装置相同的功能；发动机与车轮冷却风机是防止车辆在运行过程中发动机和车轮过热。

2. 底盘测功机的维护

检测装置应实施定期检查，内容包括：（1）系统各润滑点按使用说明书的要求进行润滑；（2）对于采用水冷电涡流式及水涡流功率吸收装置，检查冷却水管路是否有漏水现象；（3）润滑系统是否有漏油现象；（4）带有扭力箱、升速器的装置检查，滚筒轴承、飞轮轴承是否有发热现象；（5）检查地沟是否有漏油、漏水及杂物。

每六个月必须进行各部位螺栓紧固检查，对水冷式功率吸收装置还需要进行循环水池除垢和冷却水滤清器清洗检查。

此外，对于经常使用的汽车底盘测功机，还需严格按其说明书进行定期标定。至少需要对车速传感器和驱动力传感器实施一年一次的定期标定。

任务实施

底盘输出功率检测

一、目的与要求

1. 能够说明汽车底盘测功机的检测原理。
2. 能够说明汽车底盘测功机的各项检测功能。
3. 会操作汽车底盘测功机进行恒速测功试验。

二、器材与设备

汽车底盘测功机、性能完好的汽车一辆。

三、操作过程

1. 车辆的准备工作

车辆驶上汽车底盘测功机滚筒前，必须进行以下准备工作：

（1）车辆外部清洗干净，不容许轮胎花纹中夹有石粒。

（2）轮胎气压符合标准。

（3）发动机的油底壳机油油面应在允许范围内。

（4）发动机机油压力应在允许范围内。

（5）发动机冷却系统的工作应正常。

（6）自动变速器（液力变矩器）的液面应在规定的范围内。

（7）运行预热全车。

2. 底盘测功机的准备

（1）对于水冷测功机，应将冷却水阀打开。

（2）检查气压，将气阀打开。

（3）接通电源，设备预热。

（4）升起举升器托板，根据被检车的功率，选择测试功率的挡位。

（5）将汽车开上检测台。

（6）用两个三角铁抵住停在地面上的车轮的前方，防止汽车在检测中由于误操作而冲出。

（7）降下举升器托板，使汽车以5km/h的速度运行，观察有无异常。

（8）为防止发动机过热，将一台冷却风扇置于被检汽车前方约0.5m处，对发动机吹风。

3. 操作步骤

（1）对检测的车辆进行包括号牌号码、发动机号、车架号、车辆基本参数（汽车品牌、驱动形式、空车质量、发动机额定功率、发动机额定扭矩等信息）的注册。

（2）登录底盘测功机的测控软件，进入恒速测功界面，开始测功。

（3）起动发动机，由低速挡逐级换入直接挡，同时逐渐踩下加速踏板，使节气门全开。

（4）待发动机稳定后，读取和记录驱动力和输出功率。

（5）减油门，放空挡让汽车自由停车（此期间不能刹车，刹车可能导致事故）。

（6）重复检测三次，取平均值。

（7）停车后举升器自动升起，驱车离开测功机。

（8）完成驱动轮输出功率试验记录。

注意：

①走合期的新车或大修车，不宜进行底盘测功台架试验。

②超过试验台允许轴重或轮重的车辆，不许上试验台测试。

③惯性模拟系统除进行多工况油耗试验、加速、滑行试验以外，不允许任意使用。

④遭遇突然停电时，引车驾驶员应即刻松油门并挂空挡。

⑤引车驾驶员必须严格按引导系统提示操作。运行，观察有无异常。

⑥检测额定功率和最大转矩相应转速工况下的驱动轮输出功率时，一定要开启冷却风扇并密切注意各种异响和发动机的冷却水温。

⑦被检车前严禁站人，以确保安全。

---

4. 检测标准

按照《汽车动力性台架试验方法和评价指标》（GB/T 18276—2000）和《营运车辆综

合性能要求和检验方法》（GB 18565—2001）的规定：驱动轮输出功率检测工况采用汽车发动机额定扭矩和额定功率时的工况，即发动机全负荷与额定扭矩转速和额定功率转速所对应的直接挡（无直接挡时，指传动比最接近于 I 的挡）车速构成的工况，采用校正驱动轮输出功率与相应的发动机输出总功率的百分比作为驱动轮输出功率的限值。

知·识·拓·展

一、影响汽车动力性能的因素

在使用过程中对车辆进行精心地养护和及时地调整（如轮胎气压的及时补充、制动器间隙的及时调整和润滑油的及时更换等），可以提高汽车工作系统效率，改善动力性。正确地选择使用环境、熟练地驾驶车辆也有利于汽车动力性的发挥。

从结构上看，所有能够减少行驶阻力的措施，都可以降低车辆动力的消耗，有利于提高动力性。比如，由于汽车行驶阻力中除空气阻力以外，其他所有行驶阻力都随汽车总质量的增加而增加，因此，汽车总质量的增大会降低动力性能。降低车身空气阻力系数和减小车身迎风面积能够减少空气阻力，也可以改善动力特性。此外，对动力性能产生重要影响的结构参数包括主减速比、变速器 I 挡速比和挡位数等。

1. 主减速比的影响

主减速比是汽车主减速器的重要结构参数，由公式3-1-3可知，汽车传动系统速比具有增大驱动力的作用。根据车速与发动转速的关系式3-1-17还可以看出，主减速比还承担降低车速的作用。

$$u_a = \frac{2n\pi}{60} \cdot r \cdot \frac{3600}{1000} \cdot \frac{1}{i_0 i_g} = 0.377 \frac{nr}{i_0 i_g} \quad (km/h) \tag{3-1-17}$$

式中 n——发动机转速（r/min）；

r——车轮半径（m）。

对于变速器最高挡为直接挡的汽车，主减速器速比即为传动系的最小速比。它决定了汽车动力性中的变速器最高挡的超车加速能力和最高车速。如果汽车具有大的主减速比，其直接挡便可以提供较大的驱动力，使得汽车在该挡位具备较强的加速和爬坡能力，但同时会降低直接挡所能提供的最高车速。反之，对于主减速比较小的汽车，其所能获得的最高车速将比较大，但直接挡加速和爬坡能力则会比较弱。

2. 变速器 I 挡速比的影响

通常，由于普通车辆传动系最大速比是变速器 I 挡的传动比 i_{g1}，所以汽车 I 挡的爬坡能力代表了汽车所能够克服的最大坡度。当主减速比 i_0 确定后，变速器 I 挡速比也将决定车辆的最大速比，所以汽车行驶的最低车速也由 I 挡提供。

为了确保汽车最大爬坡度（此时由于车速较低，忽略空气阻力），根据动力平衡方程可以得到：

$$F_{tmax} \geqslant F_f + F_{imax} \tag{3-1-18}$$

或
$$\frac{T_{tqmax} \cdot i_0 \cdot i_{g1} \cdot \eta_T}{r} \geqslant Gf\cos\alpha_{max} + G\sin\alpha_{max} \qquad (3\text{-}1\text{-}19)$$

为了保证汽车实现规定要求的最大爬坡度，变速器 I 挡速比应该满足

$$i_{g1} \geqslant \frac{G(f\cos\alpha_{max} + \sin\alpha_{max}) \cdot r}{T_{tqmax} \cdot i_0 \cdot \eta_T} \qquad (3\text{-}1\text{-}20)$$

另一方面，考虑到过大的速比会因为地面附着条件的丧失已无实际意义，且会带来变速器体积和重量增加，所以可以根据附着条件得到

$$F_{tmax} \leqslant F_Z \cdot \varphi \qquad (3\text{-}1\text{-}21)$$

或
$$\frac{T_{tqmax} \cdot i_0 \cdot i_{g1} \cdot \eta_T}{r} \leqslant F_Z \cdot \varphi \qquad (3\text{-}1\text{-}22)$$

即，可以限制变速器 I 挡速比为

$$i_{g1} \leqslant \frac{F_Z \cdot \varphi \cdot r}{T_{tqmax} \cdot i_0 \cdot \eta_T} \qquad (3\text{-}1\text{-}23)$$

为了避免越野车辆在松软路面上行驶时车轮对土壤的剪切冲击载荷破坏地面附着力，需要车辆能够以极低速度行驶。因此会对传动系传动比提出特殊要求，即满足：

$$i_{Tmin} = 0.377\frac{n_{emin} \cdot r}{u_{amin}} \qquad (3\text{-}1\text{-}24)$$

3. 变速器挡位数的影响

变速器挡数和各挡速比匹配也会对汽车动力性造成影响。随着挡位数增多，相邻两挡间传动比间隔逐渐缩小，换挡越容易，增加了发动机处于最大功率区域工作的可能性，可以提高汽车的加速和爬坡能力。

当变速器挡数增至无限多时，被称为无级变速器。它非常有利于提高汽车克服阻力的能力。液力变矩器和金属带式无级变速器等结构是目前使用最多的无级传动装置。

4. 附着系数的影响

轮胎与路面之间的附着条件，决定汽车的极限驱动能力。提高附着系数，有利于提高汽车极端工况下的动力性。一般来说，附着系数主要取决于路面的种类和状况，也与轮胎的结构和气压、汽车的行驶速度等因素有关。

干燥硬实的混凝土或沥青路面具有较大的附着系数。因为在这些种类的路面上，轮胎变形相对较大，路面上坚硬而微小的凸起都将嵌入轮胎接触表面，增大了它们之间的接触强度。路面潮湿时，轮胎与路面间的水膜产生润滑作用，导致附着系数下降。所以，路面的宏观结构应该具有自动排除轮胎与路面间积水的功能，微观结构应该比较粗糙，且具有一定尖锐棱角，以穿透水膜，直接与轮胎接触。

路面的清洁程度对附着系数也有明显的影响。当路面被细沙、尘土、油污和泥土等物覆盖时，附着系数会显著下降。特别是在刚下雨时，路面被泥水混合物所覆盖，附着系数会更加低。

汽车在松软土壤路面上行驶时，土壤变形明显，且抗剪切强度较低，附着系数往往较小。潮湿、泥泞的土路上具有更低的抗剪切强度，所以附着系数会更低。表3-1-1给出了各种常见路面的平均附着系数值。

表 3-1-1 各种路面的附着系数

路面类型	路面状况	普通轮胎	越野轮胎
沥青或水泥路面	清洁干燥	0.7—0.8	0.7—0.8
	清洁潮湿	0.45—0.55	0.5—0.7
	污染	0.25—0.4	0.25—0.45
碎石路面	干燥	0.6—0.7	0.6—0.7
	潮湿	0.4—0.5	0.6—0.7
土路	干燥	0.5—0.6	0.5—0.6
	潮湿	0.3—0.4	0.35—0.5
	泥泞	0.15—0.25	0.2—0.3
积雪路面	松软	0.2—0.35	0.2—0.35
	压实	0.2—0.35	0.3—0.5
结冰路面	低于零度	0.1—0.2	0.05—0.1

轮胎的花纹、结构尺寸、橡胶成分、质量和帘线材料等因素对附着系数都有影响。具有细而浅花纹的轮胎在硬路面上有较好的附着性能，但是，由于宽而深花纹的轮胎在松软路面上可以增大嵌入花纹间泥土的抗剪切能力，因此能够表现出更佳的附着特性。随着磨损的增加，旧轮胎的附着系数会因为花纹深度的减少而明显下降。

增大轮胎与地面的接触面积，能够有效地提高附着能力，所以，低气压、宽断面轮胎和子午线轮胎的附着系数要高于一般轮胎。在松软路面上，降低轮胎气压也是一种提高附着能力的有效途径。

在低温下，使用天然橡胶作为胎面的轮胎，比一般以合成橡胶为材料的轮胎具有更高的附着系数。

行车速度对附着系数有一定的影响。硬路面上，行车速度的增加将没有时间使胎面与路面微观构造充分嵌合，因而引起附着系数的下降；松软路面上，高速冲击极易破坏轮胎胎面与地面之间的接触面的土壤结构，加之土壤与轮胎花纹嵌合不充分，会降低附着系数；潮湿路面上，高速轮胎与路面之间的积水不易排出，附着系数会明显降低；当积水较深时，高速轮胎甚至会浮离地面，产生"滑水现象"，明显降低轮胎与地面间的附着能力。所以，一般情况下附着系数会随车速提高而逐渐下降。只有在结冰的路面上，适当提高行驶速度，有可能略微增加附着系数，主要原因是，冰层接触轮胎的时间短，接触面上不易形成水膜。

运用现代控制系统（如汽车牵引力控制系统TCS），可以有效避免车轮在驱动状态下的打滑，提高地面的附着能力，从而提高汽车在特殊工况下的动力性。

二、汽车动力性参数道路试验

汽车动力性能的道路试验，可以参照《汽车道路试验方法通则》（GB/T 12534）、《汽车加速性能试验方法》（GB/T 12543）、《汽车最高车速试验方法》（GB/T 12544）

和《汽车爬陡坡试验方法》（GB/T 12539）等国家标准进行。

试验应在天气良好、风速不超过3m/s、气温处于0—35℃的环境中进行。可选择平直、干燥的硬路面（沥青或水泥路面），要求跑道长度2—3km，宽度不小于8m，纵向坡度在0.1%以内，也可以在专用的试验路面上进行。

汽车行驶参数由五轮仪或非接触式车速仪测得。

1. 最高车速测定

在试验道路上选定中间一段500m作为测速路段，其两端各设100m为准备路段，并用标杆做好标志。根据试验车加速性能的优劣，选定充足的加速区间，使试验车驶入测速路段前已达到最高的稳定车速。测定其以最高稳定车速通过测速路段的时间，往返各进行一次。记录每次试验前后发动机出水温度。注意观察汽车各总成和部件的工作状况及异常现象。

2. 汽车直接挡和起步连续换挡加速试验

在试验路段上选定中间一段1500m作为加速试验路段，两端各设100m为初速度路段。

（1）汽车直接挡加速试验。试验车经充分预热行驶后，以稍高于直接挡的最低稳定车速为初速度（选5的整倍数，如10、15、20、25km/h），匀速通过100m路段，在进入试验路段前10m左右打开五轮仪开始记录，至加速试验路段起点处，急速将油门踩到底，使汽车加速至该挡最高车速的80%以上。用五轮仪记录加速过程。试验往返各进行一次，往返试验的路段应重合。

（2）汽车起步连续换挡加速试验。试验前，应进行最佳换挡时刻的选择。试验路段同上。

令换挡时发动机转速分别为发动机额定转速的90%、95%、100%，试验车从起点开始，油门全开，按上述一种发动机转速换挡，测定汽车通过同一500m路段的加速时间。每种换挡车速往返预试一次，取加速时间的算术平均值，加速时间最短者，其换挡车速最佳。

正式试验时，汽车停在加速试验路段起点（保险杠与标杆线重合），从起点开始，油门全开，以选择的最佳换挡车速（用发动机转速表控制）力求迅速无声地换挡（一般换挡时间1—1.5s），换挡后立即将油门踩到底，直到最高挡，加速至1000m终点。用五轮仪记录加速过程。试验往返各进行一次，往返试验的路程应重合。

3. 最大爬坡度试验

（1）非越野车辆。使用最低挡，把试验车停在接近坡道的平直路段上，起步后，油门全开爬坡，记录汽车通过测速路段的时间和发动机转速。爬坡过程中，监视水温、机油压力等情况。爬至坡顶后，停车检查各部位有无异常现象发生。如第一次爬不上，可进行第二次，但不超过两次。爬不上坡时，测量停车点（后轮接地中心）到坡底的距离，并记录爬不上坡的原因。

（2）越野车辆。变速器和分动器均使用最低挡，全轮驱动，把试验车停在接近坡道的平直路段上，起步后，油门全开爬坡。当试验车处于坡道上时，停住车辆，变速器置于空挡，发动机熄火2min，再起步爬坡。记录汽车通过测速路段的时间和发动机转速。爬坡过程中，监视水温、机油压力等情况，爬至坡顶后，检查各部位有无异常现象发生。

任务2 发动机动力性检测

学习目标

1.了解发动机有效功率、稳态测功和动态测功的概念。
2.掌握发动机台架的结构和工作原理。
3.掌握发动机台架测功试验的试验过程。
4.了解发动机综合性能检测装置的功能。
5.会使用发动机综合性能检测装置进行发动机无负荷测功检测。

导入

一名优秀的短跑运动员需要有一颗强有力的心脏。而发动机是汽车的心脏，是汽车的动力之源。汽车的动力是否充沛、使用时是否省油、排放的废气中有害成分的多少，这些使用性能都直接或间接地与发动机的性能相联系。

请结合发动机构造的知识或自己驾驶的实际经验，设想如果发动机动力不足，汽车会有哪些表现征状？

知识准备

一、发动机动力性能评价

发动机是汽车的动力之源，因此，发动机动力输出性能是汽车动力性好坏的重要影响因素。发动机结构复杂，经常在转速与负荷不断变化的条件下运行，许多机件甚至还处于高温、高压等恶劣条件之中，因而车辆使用过程中的磨损比较剧烈，部件偶发故障率较高。这些都会导致发动机动力输出不可避免地出现退化，进而导致汽车动力性能的下降，影响汽车的运输效率，增加油耗和排放污染。

检测发动机动力输出能力是评价汽车动力性能的基础，对在用汽车发动机动力性的评价指标是发动机实测有效功率和实测有效扭矩。

1. 发动机实测有效功率

发动机实测有效功率简称发动机有效功率，是在实际环境状态下发动机曲轴上输出的功率。发动机有效功率是发动机一项综合性指标，通过检测，可判定发动机的技术状况，确定发动机是否需要大修或鉴定发动机的维修质量。在《机动车运行安全技术条件》

（GB 7258—2012）和《汽车修理质量检查评定方法》（GB/T 15746—2011）中明确规定，在用车发动机的有效功率不得低于额定功率的75%，大修竣工后，发动机的有效功率不得低于原设计标定值的90%。

2. 发动机实测有效扭矩

发动机实测有效扭矩简称发动机有效扭矩，是在实际环境状态下发动机曲轴上输出的扭矩。

查一查:

请上网搜索上海大众途安的1.4升TSI发动机和上海通用爱唯欧1.4升发动机的最大输出功率和相应的发动机转速、最大输出扭矩和相应发动机转速。分别对比两种同样排量的发动机的最大输出扭矩和最大输出功率，想一想为何有差异？

二、发动机功率的检测方法

1. 稳态测功

稳态测功指在发动机试验台上由测功器检测功率的方法。通过测量发动机的输出转矩和转速，由下式计算出发动机的有效功率：

$$P_e = \frac{M_e n}{9550} \tag{3-2-1}$$

式中　P_e——发动机有效功率（kW）；

　　　n——发动机转速（r/min）；

　　　M_e——发动机有效扭矩（N·m）。

2. 动态测功

动态测功指发动机由低速下全开节气门或置油门齿杆位置为最大，使发动机全力加速，通过加速性能求得最大功率。这种方法不给发动机施加外部载荷，发动机只以它自身运动部件的惯性力矩为负载，因此又称为无负荷测功。动态测功可在试验台上或就车进行，测量精度比稳态测功稍差。

三、发动机台架检测

发动机台架是检测发动机输出转矩、输出功率，以及燃油经济性指标的专用设备（图3-2-1）。利用发动机台架的检测只能对发动机个体进行。

发动机台架包括测功机、测控系统、专用试验测量装置、发动机与测功机的连接和支撑装置、专用试验条件保障装置、配套设

图 3-2-1 发动机台架

施等[图3-2-2（a）]。其中，测功机用来吸收发动机发出的功率，可以测量发动机输出扭矩，在同时测得转速的前提下，还可间接获得输出功率，常见有水力、电力和电涡流等型式，结构和工作原理在任务一中已经介绍；测控系统承担检测数据的测取、转换、计算分析、存储和显示等任务[图3-2-2（b）]；专用试验测量装置包括油耗测量仪、排放测量仪、烟度计、噪声测量仪等；连接和支撑装置主要包括联轴器（长度小于400mm，轻、短、直）和发动机支架（可调节），用以连接发动机与测功机；专用试验条件保障装置主要包括闭式冷却水恒温装置、燃油温控装置、点火启动电源等。配套设施主要包括六部分：水（给排水系统）、电（交、直流供电系统）、气（压缩空气和发动机排气系统）、油（发动机的燃油供给系统和机油供应）、台架基础（水泥基础、减振装置、铸铁平板等）、安全防护设施（消防装置、照明装置）。

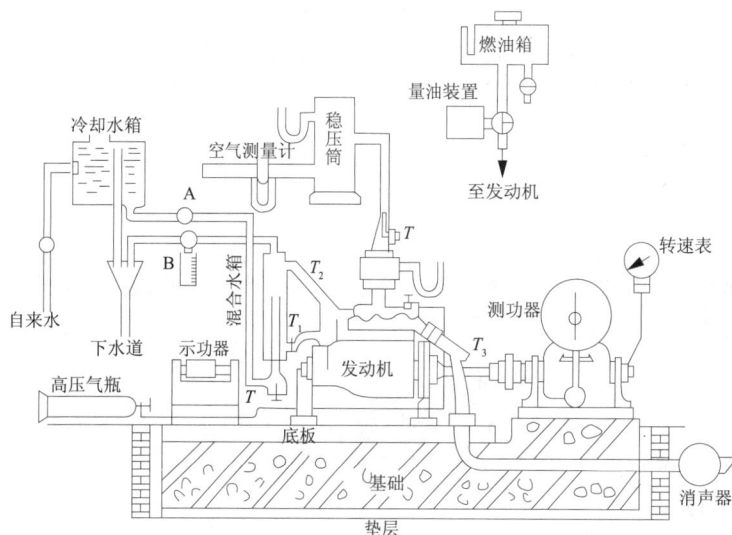
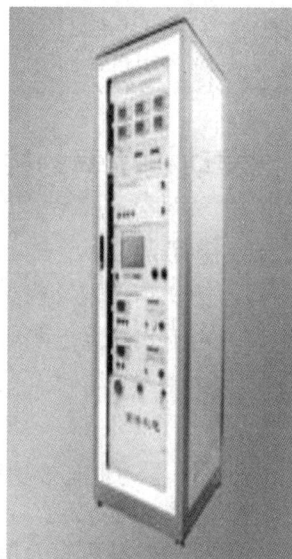

（a）台架简图　　　　　　　　　　（b）测控系统

图 3-2-2　发动机台架结构

四、发动机综合性能检测装置检测

发动机综合性能检测装置（图3-2-3）可以就车对发动机各系统的工作状态，如点火、喷油、电控系统、传感元件、进排气系统和机械工作状态等的静态和动态参数进行分析，为发动机技术状态判断和故障诊断提供科学依据。有的发动机综合分析仪还具有故障自动判断功能，有排气分析选件的综合分析仪还能测定汽车排放指标。

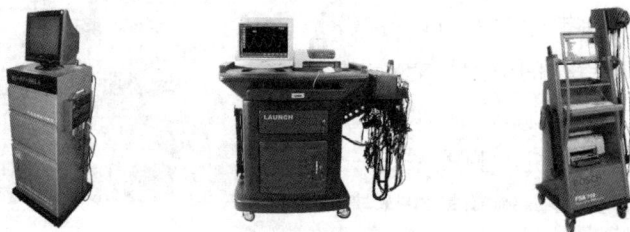

图 3-2-3　发动机综合性能检测装置

1. 发动机综合性能检测装置结构

发动机综合性能检测装置一般由信号提取系统、信息预处理系统、采控与显示系统三部分组成。

信号提取系统（图3-2-4）的作用是拾取被测点的参数值，该系统由不同形状的接插头或探头组成。

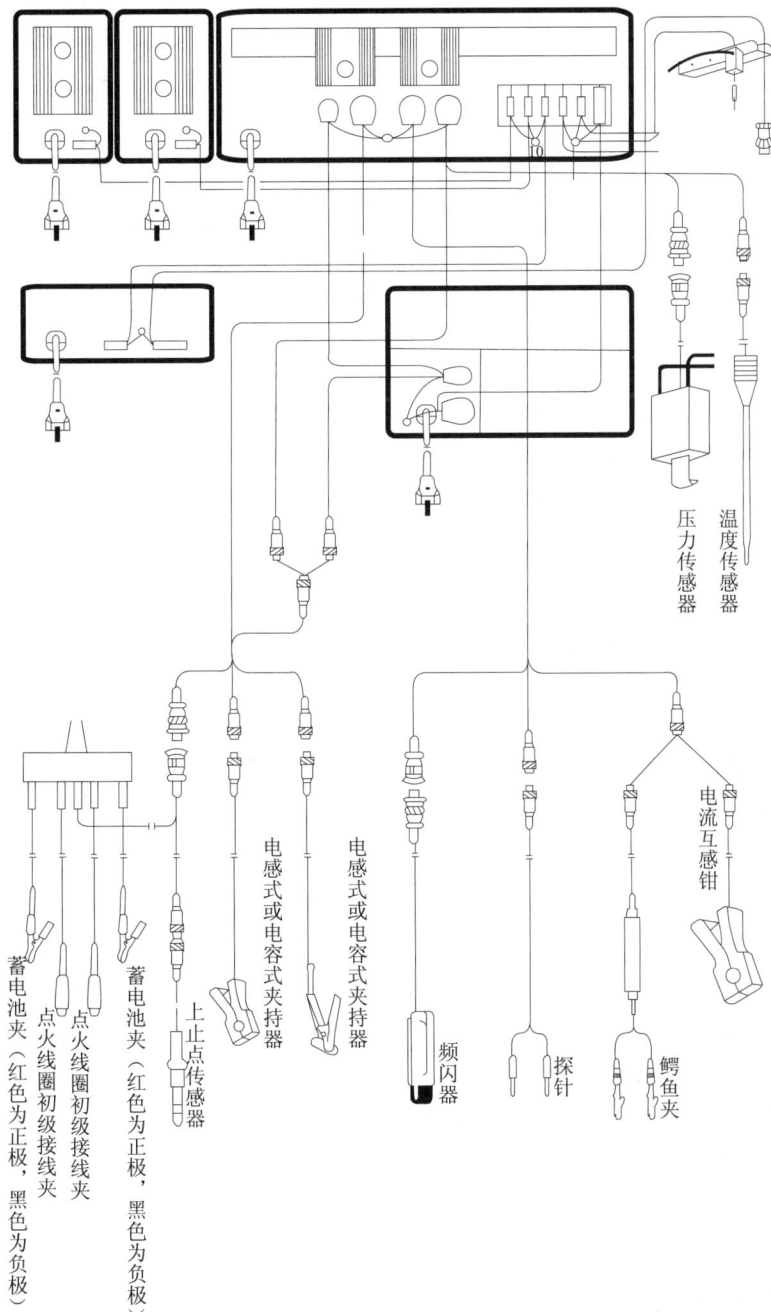

图 3-2-4 信号提取系统

信号预处理系统也称前端处理器，它是电控燃油喷射系统检测的关键部件，其作用是将发动机的所有传感信号（图示为20个），经衰减、滤波、放大、整形，并将所有脉冲和数字信号直接输入CPU的高速输入端（HIS），也可经F-V转换后变为0—5V或0—10V的直流模拟信号，送入高速信号采集卡（图3-2-5）。

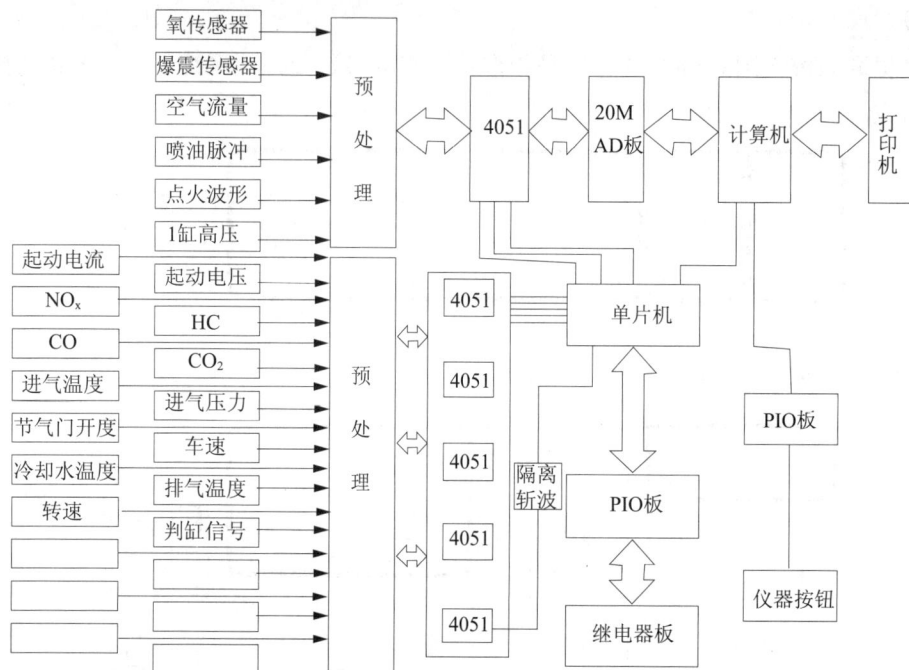

图 3-2-5 信号预处理系统

采控与显示系统用于实时显示动态参数和波形，可任意设定显示范围和图形比例。为捕捉喷油爆震等高频信号，采集卡一般具有高速采集功能，其存储功能支持波形回取，以锁定波形供观察分析或输出打印之用。

2. 基本功能

发动机综合性能检测装置一般具有以下基本功能：

（1）无外载测功功能即加速测功法；

（2）检测点火系统。初级与次级点火波形的采集与处理，平列波、并列波与重叠和重叠角的处理与显示，断电器闭合角和开启角，点火提前角的测定等；

（3）机械和电控喷油过程各参数（压力、波形、喷油、脉宽、喷油提前角等）的测定；

（4）进气歧管真空度波形测定与分析；

（5）各缸工作均匀性测定；

（6）起动过程的参数（电压、电流、转速）测定；

（7）各缸压缩压力判断；

（8）电控供油系统各传感器的参数测定；

（9）万用表功能；

（10）排气分析功能。

随着电子技术在汽车领域的飞速发展，原始的EFI（Electronic Fuel Injection）控制功能已延伸到汽车底盘和传动系的电子系统，成为控制面更广的电子管理系统EMS（Electronic Management System）。现代研制的发动机综合分析仪的功能早已超出了发动机的范畴，增

加了ABS（Anti-lock Brake System）、ASR（Acceleration Slip Regulation）等底盘系统的测试功能。

五、单缸动力性检测

单缸动力性检测是用仪器判断发动机某缸的工作情况。使用检测仪器，在单缸断火情况下，可以检测发动机转速变化或者单缸功率变化两种参数。利用点火电压作为触发信号，能方便准确地测量发动机的转速。单缸断火以后，发动机转速的下降值能准确地被仪器检测出来。如果各缸工作良好，功率均匀，则当各缸轮流断火时转速下降的幅度应该基本相同。反之，如果断火后转速下降相差很大，说明有的气缸不工作。

当发动机以800m/min稳定工作时，每断开一个缸工作，就会使转速正常平均下降。要求最高和最低下降值之差不大于平均下降值的30%。如果转速下降值偏低，说明断火之缸工作不良。

测量单缸功率变化时依据无外载测功原理，首先测量发动机总功率，依次将各缸断火，再测定发动机功率，两次测量结果的差值就是断火气缸发出的功率。比较各单缸功率，即可判断各缸工作情况。部分检测仪甚至可以实现自动逐缸断火，完成整个检测项目，而不必将每个缸的高压线分别拔下。

六、发动机无负荷测功

1. 发动机无负荷测功原理

无外载测功是基于动力学原理的一种测功方法。当发动机与传动系脱开，并将发动机的节气门从怠速位置急速全开时，发动机将克服本身的惯性力矩，迅速加速到空载最大转速。对某一型号的发动机，其运动件的转动惯量可以认为是一个定值，因此，只要测出发动机在指定转速范围内急加速时的平均加速度，或测量某一转速时的瞬时加速度，就可以确定发动机输出功率的大小。无外载测功的仪器按测功原理可分为两类，一类是用测定瞬时角加速度的方法测定瞬时功率，另一类是用测定加速时间的方法测定平均功率。

（1）测瞬时角加速度

转矩与角加速度的关系为

$$M_e = I\frac{d\omega}{dt} = I\frac{\pi}{30}\cdot\frac{dn}{dt} \tag{3-2-2}$$

式中　M_e——发动机的有效转矩（N·m）；

I——发动机运动机件对曲轴中心线的当量转动惯量（kg·m²）；

n——发动机转速（r/min）；

$\frac{d\omega}{dt}$——曲轴的角加速度（rad/s²）；

$\frac{dn}{dt}$——曲轴的加速度（m/s²）。

把 M_e 代入式 $P_e = \dfrac{M_e n}{9550}$，整理得：

$$P_e = C \frac{\mathrm{d}n}{\mathrm{d}t} \tag{3-2-3}$$

$$C = K \frac{\pi \cdot I}{9550 \cdot 30} \tag{3-2-4}$$

式中　K——修正系数。（由于发动机加速过程是一个非稳定工况，所以实际测得功率值是小于同一转速下的稳态测功值的，因而进行修正。）

上式表明，发动机加速过程中，在某一转速下的有效功率与该转速下的瞬时加速度成正比。因此，只要测出加速过程中的这一转速和对应的瞬时加速度，即可求出该转速下的有效功率。对于一定型号的发动机，其转动惯量 I 为一常数。修正系数 K 的数值可通过台架对比试验得出。

（2）测加速时间

根据功能原理，发动机在某一转速范围的加速过程中，发动机驱动曲轴转动所做的功等于曲轴旋转动能的增量，即：

$$A = \frac{I}{2}\left(\omega_2{}^2 - \omega_1{}^2\right) \tag{3-2-5}$$

式中　A——发动机所做的功（J）；

I——曲轴的转动惯量（kg·m^2）；

ω_1，ω_2——测定区间起始角速度和终止角速度（rad/s）。

若发动机从 ω_1 上升到 ω_2 的时间为 ΔT（s），则发动机在这段时间内的平均功率 P_{eav} 为：

$$P_{eav} = \frac{A}{\Delta T} = \frac{1}{2} \cdot I \frac{\omega_2{}^2 - \omega_1{}^2}{\Delta T} \tag{3-2-6}$$

注意到 $\omega = \dfrac{\pi}{30} n$，并以千瓦（kW）作为平均功率的单位，则有：

$$P_{eav} = \frac{C_1}{\Delta T}$$

$$C_1 = \frac{1}{2} \cdot I \cdot \left(\frac{\pi}{30}\right)^2 \cdot \frac{n_2{}^2 - n_1{}^2}{1000}$$

若已知转动惯量 I，并确定测量时的起始转速和终止转速 n_1，n_2，则 C_1 为常数，称为平均功率测功系数。

由上式可知，发动机在起止转速范围内的平均有效加速功率与其加速时间成反比。即当发动机的节气门突然全开时，发动机由起始转速加速到终止转速的时间越长，则其有效加速功率越小；反之则越大。因此，只要测得发动机在设定转速范围内的加速时间，便可得出平均有效加速功率。

另外，还需要通过台架试验，找出稳态特性平均功率与外特性最大功率 P_{emax} 之间的关系。其中加速时间 ΔT 与最大功率 P_{emax} 之间的关系可对无负荷测功检验仪进行标定，并输入微机，以便通过测加速时间而能直接读出功率数，也有的把它们之间的关系绘制成曲线图或排成表格，以便测出加速时间后能在图中或表中查出对应的功率值。

2. 发动机无负荷测功方法

进行无负荷测功时，首先使发动机与传动系分离，并使发动机的温度与转速达到规定值，然后把传感器装入离合器壳的专用孔中，快速打开节气门（汽油机），使发动机加速，此时功率表便可显示被测发动机的功率。为了取得较准确的测量值，可重复试验几次，取平均值。

测试时的加速方法，对汽油机有两种，一种是通过快速打开节气门加速；另一种是在发动机运转时切断点火电路，待发动机转速下降后再接通点火电路加速。后一种加速方法排除了化油器加速泵的附加供油作用，因而可以检查化油器的调整质量。

任务实施

就车发动机无负荷测功检测

一、目的与要求

1. 知道无负荷测功仪或发动机综合性能检测装置的测功原理。
2. 能够说明便携式无负荷测功仪或发动机综合性能检测装置的检测功能。
3. 会使用便携式无负荷测功仪或发动机综合性能检测装置进行就车发动机无负荷测功。
4. 能够对检测结果进行评价。

二、器材与设备

便携式无负荷测功仪或发动机综合性能检测装置、实验车辆一辆。

三、检测步骤

1. 利用便携式无负荷测功仪检测

（1）仪器自校、预热。

（2）预热发动机至正常工作温度（85—95℃），安装转速传感器。

（3）变速器置于空挡，将转速传感器接线卡分别接在分电器低压接柱和搭铁线路上。

（4）操作者在驾驶室内迅速地把加速踏板踩到底，发动机转速猛然上升，当"T"表指针显示出加速时间（或功率）时，应立即松开加速踏板，切忌发动机长时间高速空转。

（5）记下读数，仪器复零。

（6）重复操作三次，读数取平均值。

（7）检测完毕，关机。

袖珍式无负荷测功仪，带有伸缩天线，可收取发动机运转时的点火脉冲信号，而不必与发动机采取任何有线连接。使用时，用手拿着该测功仪，只要面对发动机侧面拉出伸缩天线，发动机突然加速运转，即可遥测到加速时间和转速。然后翻转测功仪，查看壳体背面印制的主要机型的功率、时间对照表，便可得知发动机功率的大小。

2. 利用发动机综合性能检测装置检测

（1）系统起动、自检。

（2）预热发动机至正常工作温度（85—95℃）。

（3）输入用户及车辆信息。

（4）将一缸信号适配器与一缸高压线连接。

（5）按照仪器测试要求进行参数设定。

（6）待系统倒记数完毕（记数为零）时，迅速踩下汽车油门踏板，使发动机尽可能快的将转速迅速提升，当发动机转速超过设定的额定转速时，迅速松开油门，使发动机回到怠速工况；系统将自动检测发动机的输出功率并显示。

（7）检测完毕，停机。

> **注意：**
>
> 1. 为提高测试精度，踩踏加速踏板的速度和力度要均匀，取三次测试结果的平均值。
>
> 2. 惯性系数K值的确定，对无外载测功至关重要。新型或初次试验的车型必须经过大量试验，并与出厂指标和台架试验对比后，形成一个具有代表性的统计值作为该车型的K值。
>
> 3. 为避免迅猛加速过程操作上的误差而引起的数据离散，可将节气门事先开至最大，然后打开点火开关，立即启动发动机并自由加速。
>
> 4. 车辆加速机构必须处于良好的技术状态，如供油系统踏板拉线、油门机构的间隙等。测试前，必须设法消除各连接处过大的间隙，但不允许调整原车化油器的加速泵位置和柴油机的调整机构。

四、检测结果判断

将测出的发动机有效功率与发动机标定功率进行对比，根据《机动车运行安全技术条件》（GB 7258—2012）和《汽车修理质量检查评定方法》（GB/T 15746—2011）的规定，在用车发动机功率不得低于原标定功率的75%，大修后发动机最大功率不得低于原设计标定值的90%。如果发动机有效功率高于发动机标定功率的75%，说明发动机的工况良好，动力性合格；否则说明发动机工况较差，动力性不合格。

知识拓展

若发动机测功结果表明发动机动力性不合格，需要对影响发动机动力性的因素进行检查，逐一排除。

对汽油机，影响发动机动力性的因素包括：密封性、点火系统工作情况、燃油系统压力等等；对柴油机，影响发动机动力性的因素包括：喷油正时、喷油器工作情况、喷油压力等。

一、发动机密封性

气缸密封性与气缸体、气缸盖、气缸垫、活塞、活塞环和进排气门等零件的技术状况有关。在发动机使用过程中，由于这些零件磨损、烧蚀、结焦或积碳，导致气缸密封性下降，使发动机有效功率下降，燃油消耗率增加，使用寿命大大缩短。气缸密封性是表征发动机技术状况的重要参数。

在不解体的条件下，检测气缸密封性的常用方法有：测量气缸压缩压力，测量曲轴箱窜气量，测量气缸漏气量或气缸漏气率，测量进气管真空度，发动机真空波形检测等。在就车检测时，只要进行其中的一项或两项，就能确定气缸密封性的好坏。以下介绍测量气缸压缩压力和进气管真空度的相关知识。

1. 气缸压缩压力检测

检测活塞到达压缩终了上止点时，气缸压缩压力的大小可以表明气缸的密封性。检测方法有：用气缸压力表（图3-2-6）检测，用气缸压力测试仪检测，用发动机综合性能检测装置检测等。

气缸压力表为专用压力表，由表头、导管、止回阀和接头组成。接头有锥形橡胶接头和螺纹接头两种，前者可以压紧在火花塞孔上，后者可以拧紧在火花塞螺纹孔上。气缸压力表价格低廉、轻便小巧，检测方法简单且实用性强，但是测量误差大。

检测流程如下：（1）发动机预热；（2）拆卸全部火花塞；（3）用起动机起动3—5秒；（4）待压力表指

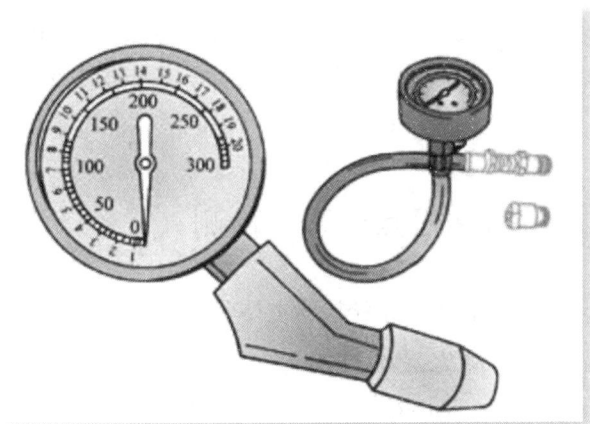

图 3-2-6 气缸压力表

针指示并保持最大压力停止；（5）读数；（6）按下单向阀使压力表指针回零。

根据《商用汽车发动机大修竣工出厂技术条件 第1部分：汽油发动机》（GB/T 3799.1—2005）的规定，大修后的发动机气缸压缩压力应符合原设计规定——标准值，汽油机各缸压力与平均压力差应不超过平均压力的8%。根据《营运车辆综合性能要求和检验方法》（GB18565—2001）的规定，在用车发动机气缸压缩压力应该高于标准值的85%，汽油机各缸压力与平均压力差应不超过平均压力的8%，柴油机各缸压力与平均压力差应不超过平均压力的10%，否则发动机应送厂大修。

2. 进气管真空度检测

进气管真空度（亦称进气管负压）指进气管内的进气压力与外界大气压力之差。通过检测发动机进气歧管真空度来评价发动机的气缸密封性。进气管真空度与发动机技术状况有关，可反映气缸活塞组和进气管的密封性。

进气管真空度用真空表检测，无须拆卸任何机件，而且快速简单，应用极广。

一般发动机综合性能检测装置也具有进气管真空度检测功能，通过检测进气管真空度波形同样可以起到分析、判断气缸密封性和诊断相关机件故障的作用。图3-2-7（a）是四缸发动机进气管真空度标准波，图3-2-7（b）是第四缸漏气的波形。

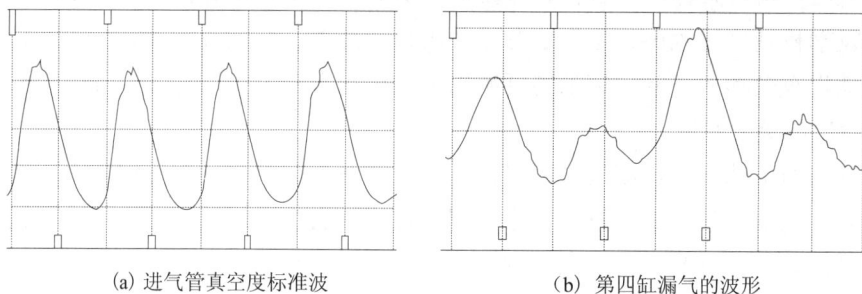

(a) 进气管真空度标准波　　　　　　　　　(b) 第四缸漏气的波形

图 3-2-7　进气管真空度波形

进气管真空度用真空表检测的流程如下：（1）发动机预热至正常工作温度；（2）把真空表软管与进气歧管上的检测孔连接；（3）变速器置于空挡，发动机怠速稳定运转；（4）在真空表上读取真空度读数。

根据《汽车修理质量检查评定方法》（GB/T 15746—2011）关于发动机大修的规定，大修竣工的汽油发动机在怠速时，进气歧管真空度应在57—70kPa范围内。进气歧管真空度波动：六缸汽油机不超过3kPa，四缸汽油机不超过5kPa（大气压力以海平面为准）。

二、汽油机点火系统检测

汽油机点火系统检测主要包括点火波形检测和点火正时检测。

1. 点火波形检测

利用示波器或发动机综合性能检测装置可以检测点火系统初级和次级电压波形、闭合角、点火提前角、各缸点火高压值、点火系最高电压值、火花塞加速特性、各缸点火波形重叠角等等，进行点火性能检测，分析和判断点火系统故障。

最常用的是次级电压波形检测。当气缸点火波形采集完成后，将各缸次级点火波形排列在一起对比分析，可以发现哪一缸有点火故障。次级点火波形排列的方法有：平列波、并列波和重叠波。

平列波即按点火顺序将各缸的次级点火波形首尾连接成一字型，如图3-2-8（a）所示。利用平列波可以方便地观察出次级击穿电压是否均衡，某缸是否正常点火。

并列波即将各缸的次级点火波形起始点对齐，自下而上按点火顺序排列。并列波在发动机综合性能检测装置上可以三维形式显示，如图3-2-8（b）所示。利用并列波可以看到各缸完整的点火波形，可以分析各缸的闭合角、开启角以及火花塞的工作状态。

重叠波即将各缸的次级点火波形重叠在一起。发动机综合性能检测装置显示的重叠波如图3-2-8（c）所示。利用重叠波可以观察各气缸闭合角的一致性。

(a) 平列波　　　　　　　（b) 并列波　　　　　　　（c) 重叠波

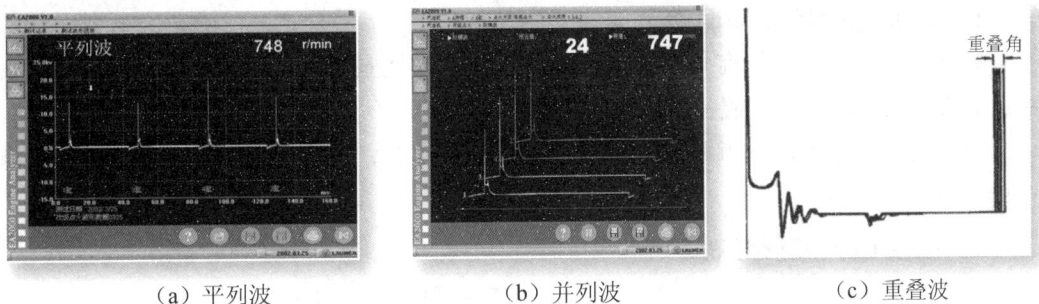

图 3-2-8 点火系次级电压波形

2. 点火正时检测

点火正时是指正确的点火时间，点火时间一般用点火提前角（曲轴转角或凸轮轴转角）表示。点火正时对于发动机的动力性、经济性、工作可靠性以及排放性能都有很大影响。最佳点火提前角并非固定值，而是随转速、负荷、汽油辛烷值和水温等工作参数变化而改变。点火正时检测不但要检测初始点火提前角，使初始点火提前角符合标准，而且要检测点火提前角的变化规律，看它是否随发动机工况变化而正确变化。

检测点火正时一般用试灯、汽车专用示波仪和发动机综合性能检测装置。电子点火系统的点火正时检测一般用点火正时灯，如图3-2-9所示。用发动机综合性能检测装置检测点火正时一般要借助点火正时灯，同时将信号适配器夹在1缸高压线上。

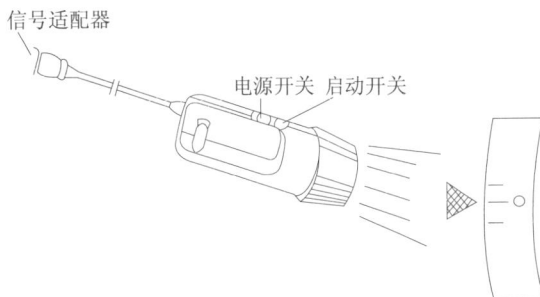

图 3-2-9　点火正时检测

三、汽油机燃油系统检测

电喷汽油机燃油系统需要检测燃油喷射系统压力，如果压力不正常，说明汽油泵或油压调节器有故障。

一般电喷发动机燃油喷射系统压力用油压表检测，需要检测燃油系统静态油压、燃油系统保持压力和发动机运转时燃油压力等。

缸内直喷电控汽油机燃油压力检测使用发动机解码器或发动机综合性能检测装置。由于这类发动机一般有燃油低压传感器和燃油压力传感器，所以不需要装燃油压力表就可以直接读数据流检测燃油系统油压。

四、柴油机喷油系统检测

柴油机喷油系统检测涉及供油正时检查和调整、喷油压力波形分析、喷油器检测和调整三方面内容。

1. 供油正时检查和调整

柴油机喷油泵供油提前角的大小和喷油形式、燃烧室形状、压缩比、曲轴转速、燃油品质等都有关系，应该按照各柴油机说明书的要求进行检验和调整。

可用人工方法检测和调整柴油机喷油泵供油提前角，也可使用发动机综合性能检测装置检测喷油提前角。

2. 喷油压力波形分析

可以利用发动机综合性能检测装置检测柴油机喷油压力波形。

3. 喷油器的检测和调整

使用喷油器试验仪检测和调整装配好的喷油器，主要检测喷油压力、喷油器针阀密封性、喷油器喷油质量。

任务3 传动系传动效率与检测

学习目标

1. 了解汽车传动系传动效率的概念。
2. 了解汽车传动系传动效率的评价方法。
3. 熟悉汽车传动系传动效率的检测方法。
4. 会操作底盘测功机检测汽车滑行性能。

导入

经常骑自行车的人都知道，自行车要想骑着轻快、省力，就需要骑车的人经常保养，比如给链条加润滑油、调整链条松紧度、及时给轮胎打气等等。给自行车做保养的目的很简单，就是让自行车保持良好的车况。

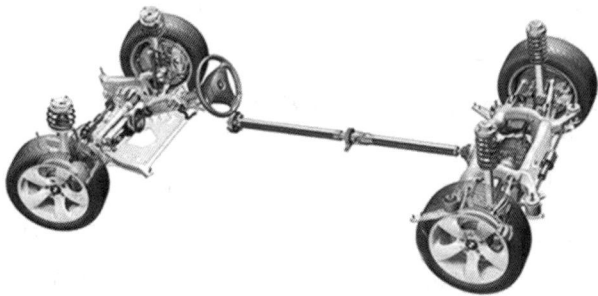

对汽车而言，汽车传动系部件（离合器、变速器、传动轴、主减速器、差速器、半轴等）技术状况的好坏，不仅直接关系到汽车动力性能能否充分发挥，而且对汽车的操纵方便性和燃油经济性也会产生较大的影响。所以，一旦发现汽车动力性能明显下降，就需要抓紧对汽车传动系部件的技术状态做检查。

知识准备

一、汽车传动系传动效率

作为机械系统的汽车传动系统，由发动机输入传动系的功率在传至驱动轮的过程中，不可避免地将因为摩擦等因素产生损耗（图3-3-1），其数量可以由汽车传动系统传动效率来表征。

汽车传动系传动效率η_T定义为输出功

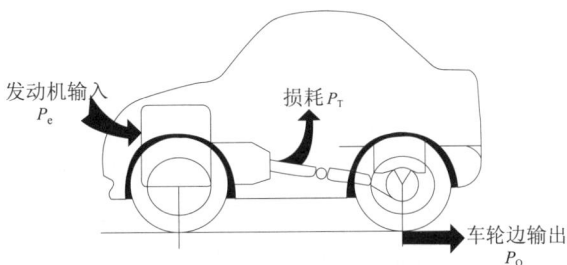

图 3-3-1 汽车传动系统效率

率和输入功率之比。用公式3-3-1计算：

$$\eta_T = \frac{P_e - P_T}{P_e} = 1 - \frac{P_T}{P_e}$$ 　　　　　　（3-3-1）

式中　　P_e——发动机输出功率；

　　　　P_T——传动系传动损失功率。

传动系传动效率是表征汽车底盘技术状况的重要参数之一。高效的传动系统意味着各部件运转状态良好，反之，则会导致汽车的动力性能下降和油耗增加等不良后果。

通常，传动系统的功率损失包括机械损失和液力损失两部分。前者与齿轮、轴承、油封的摩擦、传动轴万向节、传动齿轮对数、传动力矩M的大小、加工精度有关。后者又称搅油损失，与转速、润滑油粘度、品质、温度、油面高度有关。

传动系传动效率评价可以采用经验检测法和仪器检测法。经验检测法是依据相关规定和所测车型的有关技术数据，通过观察和实际操作，按一定步骤凭经验检测传动系的技术状况，如离合器踏板自由行程、变速器漏油、异响、跳挡、失速试验等，进而间接评价传动系传动效率的高低。

仪器检测法指采用底盘测功机检测传动效率，采用离合器频闪测定仪检测离合器打滑，或采用道路试验检测汽车滑行性能等。

二、汽车滑行性能检测

按照《营运车辆综合性能要求和检验方法》（GB 18565—2001）和《汽车综合性能检测站能力的通用要求》（GB/T 17993—2005）的规定，对汽车底盘技术状况的检查中包括汽车滑行性能检测，汽车滑行性能可以用滑行距离、滑行时间和滑行阻力等指标反映。滑行性能检测可以在惯性式底盘测功机上或利用道路试验完成。

1. 试验台上的滑行距离检测

汽车滑行距离是指汽车加速至某一预定车速后挂空挡，利用汽车具有的动能来行驶的距离。汽车滑行距离的长短可反映汽车传动系统阻力的大小，据此可判断汽车传动系统的总体技术状况。

在试验台上测试滑行距离时，驾驶员可逐渐提高车速，车速超过30km/h时，按照屏幕提示空挡滑行，利用底盘测功器滚筒储存的动能、汽车传动系和驱动轮的动能使汽车驱动轮继续运转直至停转，计算机可以测得：

汽车滑行距离=测功器滚筒转过的圈数×滚筒周长

滑行距离的检测标准与挂空挡滑行的初始车速、汽车整备质量及汽车的驱动轴数有关。

2. 道路上的滑行阻力检测

检测汽车滑行阻力P_s时，要求被测车空载、胎压符合规定，空挡不制动停在平直硬路面上，风速小于3m/s，用拉力计拖动被测车辆。

拉力计读数=被测车滑行阻力（P_s）

汽车滑行阻力 P_s 判定合格的检测标准为：

$$P_s \leq 1.5\% M \cdot g \qquad (3\text{-}3\text{-}2)$$

式中　M ——汽车整备质量（kg）；

　　　g ——重力加速度。

如果被测车滑行阻力 P_s 太大，说明汽车传动系技术状况差。

任·务·实·施

汽车滑行性能检测

一、目的与要求

1. 能够说明底盘测功机结构和检测汽车滑行性能的原理。
2. 能够说明国标对汽车滑行性能的要求。
3. 会使用底盘测功机进行汽车滑行距离检测。
4. 能够根据国标判定汽车滑行性能检测结果。

二、器材与设备

底盘测功机、实验车一辆。

三、操作过程

1. 试验台上的汽车滑行性能检测

底盘测功机上的滑行性能检测请按以下步骤完成：

（1）检查车辆外部清洁状况，不允许轮胎花纹中夹有石粒。

（2）检查发动机状况，确保发动机油底壳机油油面和机油压力处于允许范围内，发动机冷却系统的工作应正常，供油系和点火系处于最佳工作状态。

（3）检查底盘状况，轮胎气压应符合标准，确保自动变速器（液力变扭器）的液面处于规定范围内。

（4）运行走热全车，传动系润滑油油温不低于50 ℃。

（5）检查测功机，将冷却水阀打开（水冷测功机），打开气阀，检查气压。

（6）接通电源，电脑控制机预热。

（7）升起举升器托板，将汽车开上检测台。

（8）用两个三角铁抵住停在地面上的车轮的前方，防止汽车在检测中由于误操作而冲出去。

（9）降下举升器托板，使汽车以5km/h的速度运行，观察有无异常。看水表指示灯是否点亮。

（10）选择恰当的惯性飞轮或飞轮组。底盘测功机应具有相应转动惯量的飞轮来模拟行驶汽车的动能。

（11）提升驱动车轮转速，使其达到预定车速后，挂空挡滑行，让汽车驱动轮及传动系旋转部件依靠惯性旋转，直至驱动轮停止转动。

（12）停车后升起举升器，驱车离开测功机。

> **注意：**
>
> 针对不同车型，需要采用不同的飞轮或飞轮组合来改变底盘测功机旋转质量的动能，应参考底盘测功机生产厂家的规定来选择。

根据《营运车辆综合性能要求和检验方法》（GB 18565—2001）的规定，滑行距离应满足表3-3-1的要求，若超出标准限值，则可以判定汽车传动系技术状况较差。

表 3-3-1 车辆滑行距离要求

汽车装备质量M/kg	单轴驱动车辆滑行距离/m	双轴驱动车辆滑行距离/m
$M<1000$	≥130	≥104
$1000≤M≤4000$	≥160	≥120
$4000<M≤5000$	≥180	≥144
$5000<M≤8000$	≥230	≥184
$8000<M≤11000$	≥250	≥200
$M>11000$	≥270	≥214

> **注意：**
>
> 1. 被检车前严禁站人，以确保安全。
> 2. 当车辆挂空档滑行期间，决不允许刹车或挂挡，这可能影响测试的准确度或造成事故。

2. 道路上的滑行性能检测

按照国家标准规定，在道路上进行汽车滑行性能检测应该选择平直硬路面，在风速小于3m/s的良好环境中进行。车辆要求空载，轮胎气压符合额定要求，预热良好。

数据检测由速度计或五轮仪完成。

路试时，汽车通常以30km/h或50km/h的车速进入测试路段后，摘挡滑行，同时起动测试仪器，测出汽车滑行距离。

> **注意：**
>
> 1. 为提高检测精度，实测时，应确保试验的初始车速为规定车速。
> 2. 检测需在测试路段上往返各进行一次，检测结果取两次测试的算术平均值。

知识拓展

一、离合器打滑检测

离合器滑转（俗称打滑）使发动机动力不能有效地传递至驱动轮，汽车动力性下降，摩擦片磨损严重，汽车起步困难，同时也影响汽车的正常行驶；加速时，车速不能随着发动机转速的提高而迅速上升；负载上坡传递大转矩时，打滑更为明显，严重时会烧损摩擦片。使用离合器频闪测定仪（图3-3-2）可对离合器打滑进行检测。

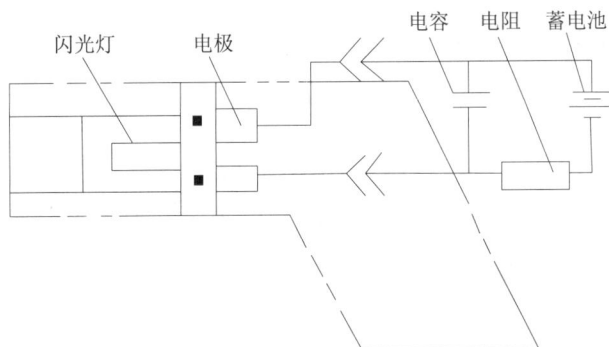

图 3-3-2 离合器打滑频闪测定仪

离合器打滑测定仪的基本工作原理是频闪原理，即：如果在某个精确的时刻，相对转动零件的转角照射一束频率与转动零件的旋转频率相同的短暂（约1/5000 s）的光脉冲时，由于人们的视觉暂留现象，似乎感觉零件静止不动。

该仪器以汽车蓄电池作电源，由发动机火花塞的高压电极或一缸点火高压线通过电磁感应给测定仪的高压电极输入电脉冲信号，火花塞每跳火一次，闪光灯就亮一次，闪光频率与发动机转速成正比。离合器不打滑时，传动轴上设定点会与闪亮点同步动作，传动轴似乎处于不转动状态；否则，轴上设定点转速会滞后于闪亮点动作，这说明离合器存在打滑现象。

检测时，可把驱动轮置于底盘测功机或车速表试验台滚筒上，无条件者可支起驱动桥。在传动轴上作一标记点，变速器应挂入直接挡并踩下加速踏板，使车轮原地运转，必要时可给试验台滚筒增加负荷或使用行车制动器，以增加驱动轮和传动系的负荷。将闪光灯发出的光亮点投射到传动轴上的标记点。若离合器不打滑，传动轴上标记点与光亮点同步，使人感到传动轴并不旋转；若离合器打滑，则传动轴上标记点与光亮点不同步，传动轴转速比发动机转速低，光脉冲每次照射点均位于上次照射点的前部，使人感觉传动轴慢慢向相反方向转动，其转动的快慢即反映离合器打滑的严重程度。

由于基本测试原理相同，发动机点火正时灯也可用于离合器打滑的检测。

装有自动变速器的汽车，可以通过失速试验来检查液力变矩器和自动变速器的功能，发现打滑或其他故障。

二、用底盘测功机测量汽车滑行性能时飞轮的选择

检测汽车滑行性能时，底盘测功机应以具有相应转动惯量的飞轮来模拟行驶汽车的动能。

道路试验时，车速u与汽车动能A的关系为：

$$A = \frac{1}{2}mu^2 + \frac{1}{2}(J_k + J_r)\omega^2 + A_0 \qquad (3\text{-}3\text{-}3)$$

式中　　m——汽车质量（kg）；

ω——车轮角速度（rad/s）；

J_k——前车轮转动惯量（kg·m^2）；

J_r——后车轮转动惯量（kg·m^2）；

A_0——汽车传动系统旋转动能（J）。

汽车在底盘测功机上试验时，在同一车速下，汽车及滚筒、飞轮装置及其他主要旋转部件所具有的动能A'为：

$$A' = \frac{1}{2}J\omega_f^2 + \frac{1}{2}J_0\omega_0^2 + \frac{1}{2}J_k\omega_k^2 + \frac{1}{2}J_r\omega^2 + A_0 \qquad (3\text{-}3\text{-}4)$$

式中　　J、ω_f——飞轮装置转动惯量（kg·m^2）、飞轮角速度（rad/s）；

J_0、ω_0——滚筒转动惯量（kg·m^2）、滚筒角速度（rad/s）；

J_k、ω_k——底盘测功机转子转动惯量（kg·m^2）、转子角速度（rad/s）。

令 $A = A'$ 且$\omega_f / \omega_0 = K_f$，$\omega_k / \omega_0 = K_k$，$\omega_0 / \omega = r / r_0 = K_0$。

注意到$u = \omega \cdot r$，则飞轮装置的转动惯量J应满足：

$$J = \frac{mr^2 + J_k - J_0 \cdot K_0^2 - J_k K_k^2 K_0^2}{K_f^2 \cdot K_0^2} \qquad (3\text{-}3\text{-}5)$$

式中　　r、r_0——车轮滚动半径、滚筒半径（m）；

K_0——滚筒与车轮间速比；

K_f——飞轮与滚筒间速比；

K_k——底盘测功机转子与滚筒间速比。

根据上述计算结果和底盘测功机生产厂家的产品说明，选择恰当的飞轮。

项·目·小·结

1. 汽车动力性的评价指标包括最高车速、加速时间、最大爬坡度。

2. 发动机动力性的评价指标是实测有效功率和实测有效扭矩。

3. 稳态测功指在发动机试验台上由测功机测试功率的方法，通过测量发动机的输出转矩和转速，计算出发动机的有效功率。

4. 动态测功指发动机在低速运转时，突然全开节气门或置油门齿杆位置为最大，使发动

机加速运转，用加速性能直接反映最大功率。这种方法不给发动机施加外部载荷，发动机只以它自身运动部件的惯性力矩为负载，因此又称为无外载测功。

5. 发动机综合性能检测装置由信号提取系统、信息预处理系统、采控显示系统三大部分组成。

6. 汽车行驶的驱动条件为：$F_t \geqslant F_f + F_w + F_i$。

7. 汽车行驶的附着条件为：$F_t \leqslant F_\varphi$。

8. 底盘输出最大驱动功率是汽车在发动机全负荷并且以额定功率转速所对应的直接挡（无直接挡时指传动比最接近于Ⅰ的挡）车速行驶时，驱动轮输出的功率。

9. 底盘测功机的基本作用包括：（1）检测驱动轮的输出功率和驱动力，以评价汽车的动力性；（2）检验汽车滑行性能；（3）检验汽车加速性能；（4）汽车车速表、里程表的校验。底盘测功机的附加功能包括：（1）添加油耗仪后可以评价燃油经济性；（2）添加尾气工况检测设备后可以评价排放性能；（3）检测传动系统的传动效率。

10. 底盘测功机由道路模拟系统、采集与控制系统、安全保障系统、引导与举升及滚筒锁定系统等几个子系统组成。

11. 底盘测功机通过道路模拟系统模拟道路和汽车行驶时的加速阻力，通过控制装置控制道路模拟系统的加载装置，利用采集装置采集汽车车速信号和驱动力信号，通过计算输出驱动轮输出功率数值。

12. 底盘输出功率测试项目包括：（1）发动机额定转速（最大功率转速）下驱动轮输出功率的检测；（2）发动机最大转矩转速下驱动轮输出功率的检测；（3）发动机全负荷选定车速下驱动轮输出功率的检测；（4）发动机部分负荷选定车速下驱动轮输出功率的检测。

13. 汽车传动系传动效率η_T即输出功率和输入功率之比：$\eta_T = \dfrac{P_e - P_T}{P_e} = 1 - \dfrac{P_T}{P_e}$

14. 传动系传动效率可以用传动系技术状况评价。而传动系技术状况检测可以采用经验检测法和仪器检测法。经验检测法用于离合器踏板自由行程、变速器漏油、异响、跳挡、失速试验等检测项目；仪器检测法采用底盘测功机检测汽车传动系传动效率和滑行性能，采用离合器频闪测定仪对离合器打滑进行检测。

测试题

一、判断题

1. 发动机台架测功属于动态测功。　　　　　　　　　　　　　　　　（　　）
2. 发动机的无负荷测功无需拆卸发动机，可以快速测定。　　　　　　（　　）
3. 动态测功的测量精度比稳态测功的要高。　　　　　　　　　　　　（　　）
4. 在单缸断火情况下测得的发动机转速与没有单缸断火情况下一样，说明该断火缸工作良好。　　　　　　　　　　　　　　　　　　　　　　（　　）
5. 发动机综合性能检测仪的采控与显示系统作用是拾取测量点的信号。（　　）

6. 国产EA2000型发动机综合性能检测装置能进行无外载测功。 （   ）

7. 汽车正常行驶只需满足驱动条件 $F_t \geqslant F_f + F_w + F_i$。 （   ）

8. 底盘输出最大驱动功率的检测工况是使用汽车的Ⅰ挡检测。 （   ）

9. 对于在用汽车，GB/T 18276—2000规定汽车动力性只采用汽车发动机在额定功率（最大功率）时的驱动轮输出功率作为评价指标。 （   ）

10. 国内生产的底盘测功机最常用的功率吸收装置是电力式功率吸收装置。 （   ）

11. 汽车在底盘测功机上做底盘输出功率检测时需要加挂飞轮。 （   ）

12. 反拖试验只需发动机熄火，而无需分离离合器。 （   ）

13. 表征汽车滑行性能的参数包括滑行时间。 （   ）

14. 传动系滑行距离只能利用惯性式底盘测功机检测。 （   ）

15. 最佳点火提前角是随转速、负荷和汽油辛烷值等因素的改变而变化的。 （   ）

二、单项选择题

1. 在用车发动机功率不得低于原额定功率的（   ），大修后发动机功率不得低于原额定功率的90%。
   A. 75%　　　　　　B. 90%　　　　　　C. 50%　　　　　　D. 85%

2. 电涡流测功器主要起制动作用的部件是（   ）。
   A. 激磁绕组　　　　B. 铁芯　　　　　　C. 涡流环　　　　　D. 转子

3. 在汽车空气阻力的构成中，最主要的是（   ）。
   A. 干扰阻力　　　　B. 摩擦阻力　　　　C. 形状阻力　　　　D. 内循环阻力

4. 底盘测功机中模拟汽车行驶时的惯性的装置是（   ）。
   A. 滚筒　　　　　　B. 功率吸收装置　　C. 飞轮　　　　　　D. 控制装置

5. 底盘测功机的附加功能不包括（   ）。
   A. 排放检测　　　　B. 制动性能检测　　C. 燃油经济性检测　D. 传动系传动效率检测

6. 滑行距离的检测标准与（   ）因素无关。
   A. 摘挡滑行的初始车速　　　　　　B. 汽车轮胎直径
   C. 汽车整备质量　　　　　　　　　D. 汽车的驱动轴数

7. 传动系功率消耗可用（   ）进行检测。
   A. 惯性式底盘测功试验台　　　　　B. 离合器打滑频闪测定仪
   C. 发动机综合性能检测仪　　　　　D. 游动角度检测仪

8. 离合器打滑频闪测定仪每接到一个火花塞跳火信号，闪光灯闪（   ）。
   A. 一次　　　　　　B. 两次　　　　　　C. 三次　　　　　　D. 四次

9. 进气管真空度用（   ）检测，无须拆任何机件，而且快速简便，应用极广。
   A. 气缸压力表　　　B. 真空表　　　　　C. 万用表　　　　　D. 油压表

10. 将多缸发动机次级电压的波形重叠在一起的波形叫（   ）。
    A. 直列波　　　　　B. 重叠波　　　　　C. 高压波　　　　　D. 低压表

三、多项选择题

1. 目前发动机台架的测功器主要有（   ）。
   A. 水力式　　　　B. 机械式　　　　　　C. 电力式　　　　　　D. 电涡流式
2. 发动机综合性能检测装置由（   ）几个部分组成。
   A. 信号提取系统　B. 信息处理系统　　　C. 道路模拟系统　　　D. 采控与显示系统
3. 汽车动力性评价指标有（   ）。
   A. 最高车速　　　B. 最大爬坡度　　　　C. 最大功率　　　　　D. 加速能力
4. 底盘测功机由（   ）和滚筒锁定系统等几个子系统组成。
   A. 模拟系统　　　B. 采集与控制系统　　C. 安全保障系统　　　D. 显示系统
5. 汽车滑行性能可以用下列参数反映（   ）。
   A. 滑行时间　　　B. 滑行减速度　　　　C. 滑行距离　　　　　D. 滑行阻力

四、简答题

1. 稳态测功是通过测量发动机的什么参数来计算功率的？所用公式和各符号的含义是什么？
2. 简述发动机台架测功试验过程。
3. 简述底盘测功机的类型和基本结构。
4. 简述底盘测功机的基本作用和附加功能。
5. 简述在底盘测功机上检测汽车滑行性能的试验过程。

项目四　汽车燃油经济性与检测

项·目·概·述

　　随着能源价格的不断上涨，燃油经济性对汽车市场地位的影响越来越明显。数量庞大的汽车保有量，决定了汽车排放将对大气环境产生巨大的负面影响。所以减少汽车燃油消耗既有利于提高产品的市场竞争力，也有利于改善大气环境质量。

　　汽车燃油消耗量除了与燃油供给系的技术状况有直接关系外，还与曲柄连杆机构、配气机构、点火系、润滑系等机构有关。在用车使用过程中，由于材料老化、机械磨损、调整不当或保养不及时等因素，都会导致发动机性能下降，传动效率降低，最终加剧汽车的燃油消耗。此外，使用中的道路、环境和驾驶状况也将会对汽车燃油消耗产生明显影响。

　　对汽车燃油经济性的评价，一般是通过测量汽车燃油消耗量来确定的。国家对各类汽车燃油消耗量的测量方法及限值有明确的规定。

　　本项目主要阐述汽车燃油经济性各种检测方法。通过本项目学习，对汽车燃油经济性及其影响因素有基本的了解和认识，熟悉汽车燃油消耗量测量的基本方法。

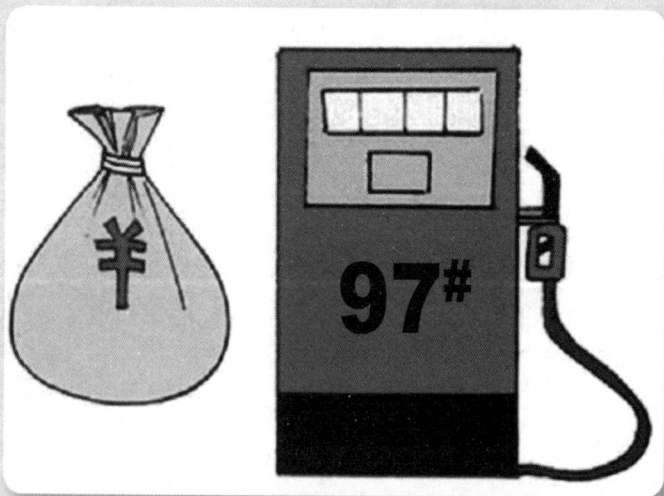

学习目标

1. 了解汽车燃油经济性检测的评价方法。
2. 熟悉油耗仪的结构和连接方法。
3. 了解台架检测的条件和方法。
4. 了解燃油消耗量台架检测的操作规程和步骤。

导入

买车时我们会注意燃油消耗量这项指标，因为在汽车的使用成本中燃油消耗是一项很大的开支。但是，这项指标并不是一成不变的，许多因素都会影响到它，它是一个汽车"健康"与否的重要指标，需要我们在使用中时刻注意。

你是否留意过现在的新车挡风玻璃上有这样的一张标识？从上面我们可以知道些什么呢？想一想我们是如何测量评价它的？

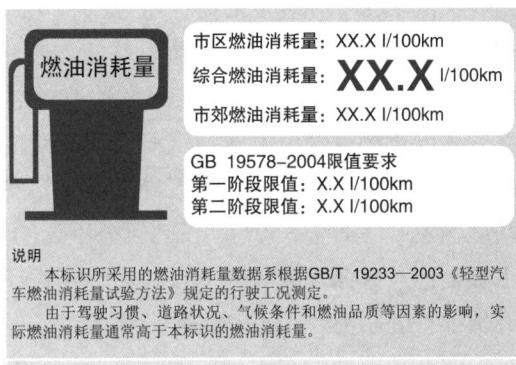

燃油消耗量

市区燃油消耗量: XX.X l/100km
综合燃油消耗量: **XX.X** l/100km
市郊燃油消耗量: XX.X l/100km

GB 19578-2004限值要求
第一阶段限值: X.X l/100km
第二阶段限值: X.X l/100km

说明
本标识所采用的燃油消耗量数据系根据GB/T 19233—2003《轻型汽车燃油消耗量试验方法》规定的行驶工况测定。
由于驾驶习惯、道路状况、气候条件和燃油品质等因素的影响，实际燃油消耗量通常高于本标识的燃油消耗量。

知识准备

一、汽车燃油消耗量评价指标和检测方法

1. 评价指标

汽车的燃油经济性常用一定运行工况下汽车行驶百公里的燃料消耗量或一定燃料量能使汽车行驶的里程来衡量。

在我国及欧洲，燃油经济性指标单位为L/100km，即行驶100km所消耗的燃油升数，其数值越大，汽车的燃油经济性就越差。美国为MPG或mile/USgal，指每加仑燃油能行驶的英里数。这个数值越大，汽车燃油经济性就越好。

等速行驶百公里燃油消耗量是常用的一种评价指标，指汽车在一定载荷（我国标准规定轿车为半载，货车为满载）下，以最高挡在水平良好路面上等速行驶100km的燃油消耗量。但是，等速行驶工况并不能全面反映汽车的实际运行情况，特别是在市区行驶中频繁

出现的加速、减速、怠速停车等行驶工况。因此，在对实际行驶车辆进行跟踪测试统计的基础上，各国都制定了一些典型的循环行驶试验工况来模拟实际汽车运行状况，并以其百公里燃油消耗量（或MPG）来评定相应行驶工况的燃油经济性。

2. 影响因素

汽车燃油消耗量与发动机燃油消耗率、行驶阻力、传动系机械效率（包括汽车附件自身损耗）有关。减小行驶阻力，减少诸如汽车空调等附件损耗，降低发动机燃油消耗率和提高传动效率的措施，均能够达到减少等速燃油消耗的目的。

（1）使用因素

发动机燃油消耗率与汽车行驶时发动机的负荷率有关，当发动机负荷率处于较低水平时，其燃油消耗率将明显增大；也与汽车加速、减速、制动、怠速停车等工况存在密切的关系，换句话说，驾驶技术、行车环境和车辆状况等因素会影响油耗。

一般情况下，汽车在中低车速的某处具有最低的等速燃油消耗量，该车速常被称之为经济车速。若汽车经常以经济车速行驶，便有可能获得较好的燃油经济性。随着车速的提高，空气阻力大幅度提升了行驶阻力，尽管此时发动机负荷率较高，但仍会引起百公里油耗量的增大。

当汽车在一种确定的路面上以某种车速行驶时，在相同的功率消耗前提下，行车所选择的挡位越低，发动机的负荷率越低，燃油消耗率越高。此时，变速器低挡位的传动效率往往较低，所以，汽车的百公里燃油消耗量就越高。

在以货物运输为主业的汽车运输企业中，可以利用拖带挂车的方法降低燃油消耗，提高运输生产率。如一辆载重五吨的载货汽车若拖带一辆载重五吨左右的挂车，通常可以提高运输生产率30%—50%，以吨百公里计的油耗可以降低20%—30%。这种做法省油的原因主要是：一方面，载货汽车设计时已考虑了拖带挂车的需求，所以适当地拖带挂车可以通过增加行驶阻力，使发动机负荷率提高，从而降低发动机燃油消耗率；另一方面，拖带挂车能够有效地增加汽车列车的质量利用系数。质量利用系数是汽车装载质量与整车整备质量之比，该系数一般对列车的主车而言约等于1，而对挂车而言，由于它没有驾驶室、动力系统和转向系统，该系数可以达到2左右，故而提高了汽车的吨百公里油耗。

汽车使用过程中的调整和保养会涉及到发动机和底盘功能的正常发挥，影响到传动效率和行驶阻力，所以将对汽车燃油消耗产生相当明显的影响。对汽车的调整和保养包括对发动机点火时刻的调整、怠速调整、对底盘制动器间隙的调整、车轮定位角度的调整、润滑油的更换和轮胎气压的保持等。汽车运行状况的调整是否良好，可以通过滑行试验来检验，一般驾驶员可以依赖经验观察车辆的滑行距离来判断这种调整的有效性。

（2）结构因素

发动机对燃油经济性的影响表现在其参数与整车的匹配上，应考虑到过大的发动机功率将降低其使用过程中的负荷率，导致发动机燃油消耗率的上升。

在传动系上提高传动效率，提高发动机工作负荷率，增加发动机保持最经济工作状态的结构措施，都有利于提高车辆的燃油经济性。适当减小主减速器传动比，可以使行车过程中发动机负荷率提高，从而降低其燃油消耗率，但是，过小的主传动比可能使得汽车直接挡后备功率不足，降低直接挡的利用率，从而对燃油经济性产生不利影响。

随着汽车传动系挡位数的增多，驾驶员选择合适挡位使发动机处于最经济工作状态的机会得以增加，因而有利于提高汽车的燃油经济性。当挡数增至无限多（无级变速器）时，则无论何种工况，理论上都可以使发动机保持在最佳经济状态下运行，因而，若能够始终维持较高的传动效率，则可以使汽车的燃油经济性达到最佳。

与各种行驶阻力相关的汽车质量对燃油经济性具有明显影响。大功率、大尺寸和大质量的轿车往往意味着大油耗，其原因来自于这些车辆行驶阻力的增加和发动机负荷率的降低。为了减轻质量，汽车设计方法的优化和新材料的选用都可以产生巨大作用。铝材、复合材料和塑料的应用日益广泛，为降低汽车质量提供了广泛的前景。

降低汽车车身空气阻力系数C_D值和滚动阻力系数，也是节约燃油的有效途径。

采用子午线轮胎，由于减少了滚动阻力，故与一般斜交线轮胎相比，可以节省燃油。

为了降低燃油消耗，汽车上还可以通过设置一些特殊的装置，或者采用以计算机为核心的控制系统，对车辆上的耗能设备进行有效地管理，从而达到节约能量的目的。如发动机冷却风扇的离合器和自动空调系统等装置，均能通过按照需要适时调整工作状态，有效地节省能量消耗，最终达到节约燃油的目的。

3．检测方法

（1）等速检测

汽车的燃油经济性指标与汽车的行驶方式的影响密切相关，其中车速的影响尤为明显。为了排除行驶工况参数对油耗检测指标的影响，可以对车速等行驶参数加以限制，以获得具有可比性的检测结果。等速行驶燃油消耗量试验便是一种测定燃油消耗量的最基本方法，该方法操作简便易行，试验结果可比性强，受外界的影响小。

等速燃油消耗量检测常用直接挡或最高挡，测量路段为500m。试验时，汽车在某一挡位下，分别以不同的稳定车速匀速通过测试路段，测量汽车通过测量路段的耗油量和实际车速，每一车速往返各进行两次。测量过程中，加速踏板应保持不动，测量间隔应尽可能短，以保持稳定的车辆状态。测量过程中，对发动机的技术状况不应作任何调整。试验结束后根据试验结果绘制等速百公里油耗线。

想一想：

采用等速行驶工况测量燃料消耗量有什么不足？

（2）直接挡全节气门开度加速检测

直接挡全节气门开度加速燃油消耗量检测是检验汽车大负荷工作时的动力性和燃油经济性的综合检测，也是燃油消耗量试验的首要检测。可以根据本项试验结果判断其他检测项目有无进行的必要，以及是否需要对发动机进行调整。本项试验比较简单，只要能保证准确的初速度，就基本能获得满意的试验结果。

测试路段长度500m，两端各需50m长的预备路段。

试验时，汽车挂直接挡（没有直接挡的可以挂最高挡），以（30±1）km/h的速度稳定通过50m预备路段。当行驶到试验路段的起点时，节气门全开，加速行驶通过测试路段，与此同时，测量并记录通过测试路段的加速时间、燃油消耗量及汽车行驶到测试路段终点的速度。测试往返各进行两次，测得同方向加速时间的相对误差不得大于5%，取四次加速时间测定结果的算术平均值作为加速时间测定值。为保证检测结果的准确性，同方向加速时间误差最好不要大于1.0s。

检测结果应符合该车技术条件的规定。对于轻型汽车，规定检测路段为400m；可在500m路段的检测数据中截取通过400m长的试验数据进行处理。

（3）限定条件下的平均使用燃油消耗量检测

限定条件下的平均使用燃油消耗量通常也称作百公里油耗测定检测，是原始的、传统的检测，汽车设计任务书和技术文件中多采用本项检测的结果作为汽车燃油消耗量的评价指标。本项检测由于受使用条件诸如道路、交通流量、环境及气象等随机因素的影响，使得检测结果重复性较差、置信度低。另外，由于各制作厂选取的检测道路不可能相同，导致检测结果的可比性也较差。但是，受传统习惯的影响，目前还不能抛开该检测方法。

本项试验也可以利用等速燃料消耗量试验数据和多工况燃料消耗量试验数据通过加权计算的方法得到结果。

（4）多工况燃油消耗量检测

汽车实际行驶时的油耗量是评价汽车燃油经济性的综合指标，最能反映实际使用情况。但汽车实际行驶时，由于受到道路条件、环境条件、驾驶员操作技术等方面的影响，测得的油耗量重复性和可比性较差。

多工况检测能较好地解决上述矛盾。尽管汽车行驶工况千变万化，但在一定的使用区域内，其工况变化具有一定的统计特征。对于种类相同、使用环境相似的车辆，其行驶工况基本相同。因此，可以根据各类车的使用环境，经过统计，找出其行驶工况的特点，形成标准工况。若考察车辆实际行驶的油耗量，则可按照标准工况进行检测（即多工况油耗量检测），这样测出的油耗量既能综合体现汽车燃油经济性，又能保证检测结果具有较好的重复性和可比性。

因此，各国都制定了一些典型的循环工况来模拟实际汽车运行状况，并以百公里燃料消耗量来评定相应行驶工况的燃料经济性。常用的循环行驶工况有ECE（Economic Commision for Europe）R84法规运转循环、ECE R101-02（图4-1-1）法规运转循环和欧盟指令1999/100/EC运转循环。

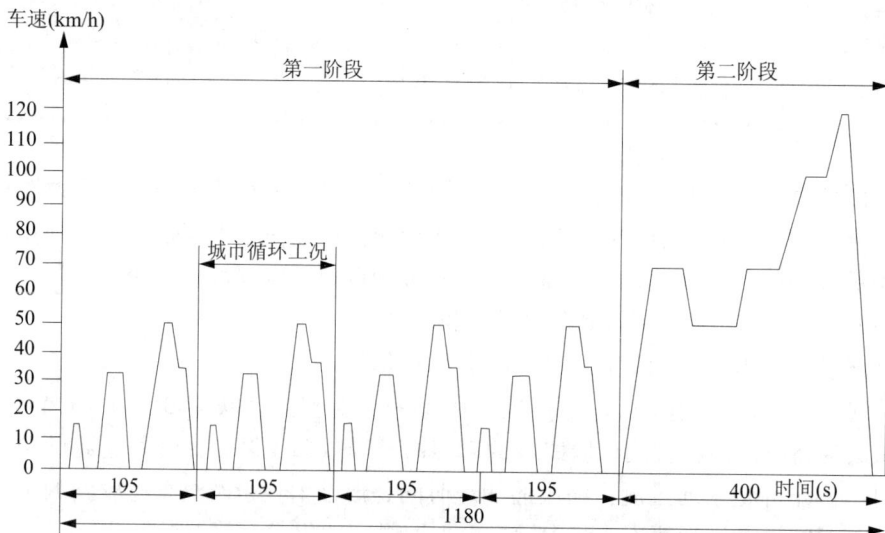

图 4-1-1 欧洲ECE R101法规规定的工况循环

我国现行的多工况燃油消耗检测有：乘用车（包括驾驶员座位在内座位数不超过9个的载客车辆和最大总质量小于2t的载货车辆）按照《汽车燃料消耗量试验方法第1部分乘用车燃料消耗量试验方法》（GB/T 12545.1—2001）规定的15工况进行，商用车（包括驾驶员座位在内座位数超过9个的载客车辆和最大总质量大于或等于2t的载货车辆）按照《汽车燃料消耗量试验方法第2部分商用车燃料消耗量试验方法》（GB/T 12545.2—2001）规定分为两类分别进行不同工况检测，城市客车和双层客车采用4工况进行检测，其他类型商用车采用6工况进行检测。

图4-1-2所示是乘用车15工况（模拟城市工况）燃油消耗量检测，检测按照国标GB/T 12545.1—2001规定，在底盘测功机上进行。按模拟城市工况循环测量的燃油消耗量，应等于按照循环工况规定进行的三次连续测量的算术平均值。如果进行三次试验后的燃油消耗量极限值与平均值之差超过5%，则按照循环工况规定继续检测，直至获得至少5%的测量精度为止。

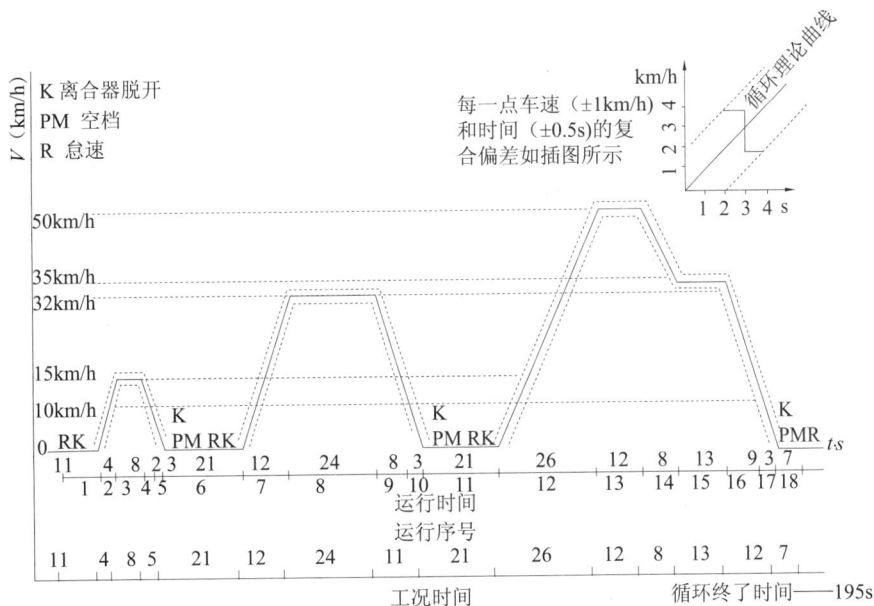

图 4-1-2　模拟城市工况运转循环示意图

国家油耗测试方法《轻型汽车燃料消耗量试验方法》（GB/T 19233—2008）规定，油耗测试循环依照《轻型汽车污染物排放限值及测量方法》（GB 18352.3—2005）中的油耗测试循环。我国现行的油耗测试所采用的工况循环的基础是欧洲于1992年开始实施的欧洲ECE R101法规规定的工况循环，它由四个市区工况循环（Urban cycle）和一个市郊工况循环（Extra-urban cycle）组成。不过，由于欧盟在2000年前后开始取消了取样前测试车辆40秒怠速，因此我国现行的油耗测试的工况循环同样取消了40秒怠速。

4. 台架检测

汽车燃油消耗量检测可以在道路上或者在实验室台架上进行。按照国家标准的规定，汽车综合性能检测中的燃油经济性检测项目可以在汽车检测站底盘测功试验台上完成，也可以通过汽车道路测试来检测。

台架法（图4-1-3）是指用底盘测功机构成汽车行驶状态模拟系统，在室内模拟各种道路检测工况，即通过加载方式来模拟汽车在道路上行驶时所受到的惯性阻力、滚动阻力和空气阻力等，然后用测量仪器测定汽车的燃油消耗量。

台架法检测汽车燃油消耗量具有以下优点：

（1）检测在室内进行，无需专用试车道路，且不受气候条件的限制，因此测量结果重复性好。

（2）由于能控制试验条件，周围环境影响的修正系数可以减少到最小。

（3）若能控制室温，可在不同气温条件下进行检测。

图4-1-3 台架试验法

（4）由于室内便于控制行驶状态，能进行符合实际的复杂行驶工况的循环检测，测试燃油消耗量。

（5）可以同时进行燃油经济性与排放污染物检测。

（6）能采用多种检测汽车燃油消耗量的方法，如容积法、重量法和碳平衡法等。

为在台架检测中做到准确测量，应注意以下几点：

（1）测试距离不得小于500m。

（2）发动机冷却液温度应在80—90℃范围内，冷却液温度过高时应用鼓风机（冷却风扇）降温，使冷却液温度达到上述要求。

（3）在车辆技术等级评定油耗工位测试时采用直接挡，无直接挡用最高挡，若无特殊规定或说明，车速通常采用50 km/h，车速控制误差应在±0.5km/h内。

（4）被测车辆底盘温度应随着室温变化而加以严格控制，当室温小于10℃时，底盘温度应控制在25℃以上（用点温计测量主减速器外壳温度），因为汽车底盘温度的高低决定了汽车行驶阻力，而行驶阻力的大小又对油耗检测数据影响较大。通常应作出各典型车型主减速器外壳温度与油耗的关系曲线，然后将油耗数据均修正到外壳温度为25℃以上的值。

（5）还应考虑回油问题。

（6）轮胎气压（冷态）应符合该车技术条件的规定，误差不超过±0.01MPa，且左右轮胎花纹一致。

二、燃油消耗量的测量装置

检测汽车燃油消耗量常通过燃油消耗检测仪测定消耗燃油的容积或质量，其测量方法可分为容积法、重量法、碳平衡法等几种。前两种方法所测量的燃料为汽油和柴油，相应的测量仪器称为油耗仪（fuel consumption meter），而碳平衡法是通过废气分析仪对汽车排气污染物中的CO、CO_2和HC的排放体积进行测量和计算，间接得出汽车燃油消耗量的方法。

1. 容积法

容积法是采用容积式油耗仪，通过测量发动机运转时累计消耗的燃油总容量，同时记录汽车行驶时间和行驶里程，然后换算为汽车的燃油消耗量。

容积式油耗仪有定容式和容量式两种。定容式油耗仪主要用于汽油发动机的台架试验，通过测定消耗一定容量的燃料所需时间来计算油耗量，如量管式油耗仪，不能用于瞬时油耗的测量。

容量式油耗仪通过累计发动机工作中所消耗的燃油总容量，用时间和里程来计算油耗量。它可以连续测量，其结构有行星活塞式、往复活塞式、膜片式、油泡式等。膜片式油耗仪具有结构简单、密封性好、对燃油清洁性要求低的优点，但使用中膜片产生塑性变形不可避免，因而需要经常校准。四活塞联动式油耗仪具有结构紧凑、布置对称、计量精确度高、适合汽车道路试验的优点，但也有设备成本高，对燃油的清洁性要求高的缺点。

四活塞联动式油耗仪由滤清排气装置、四活塞联动式流量传感器、路程传感器、测量仪表和快速接头等组成。

（1）滤清排气装置

为保护流量传感器，燃油在进入流量传感器前必须进行滤清，滤清器滤芯用陶土制成，滤芯中心装有的磁环可增强燃油中金属杂质的滤清效果。

（2）流量传感器

四活塞联动式流量传感器（图4-1-4）由流量/转速变换和转速/脉冲信号变换两部分组成。

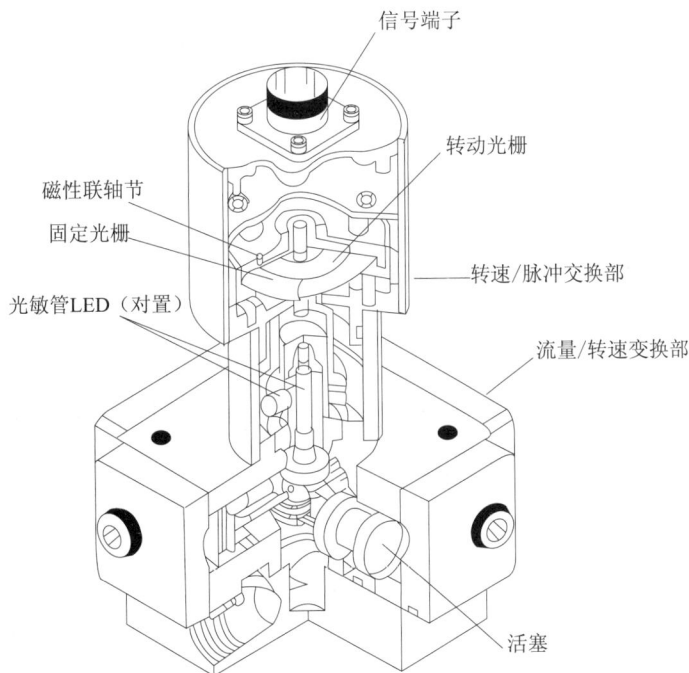

图 4-1-4 四活塞联动式流量传感器

流量变换机构是将一定容积的燃油流量变为曲轴的旋转运动，它实际上是向心四活塞油压马达，由活塞、曲轴、连杆、油缸、壳体和进出油道组成。其工作原理如图 4-1-5 所示。

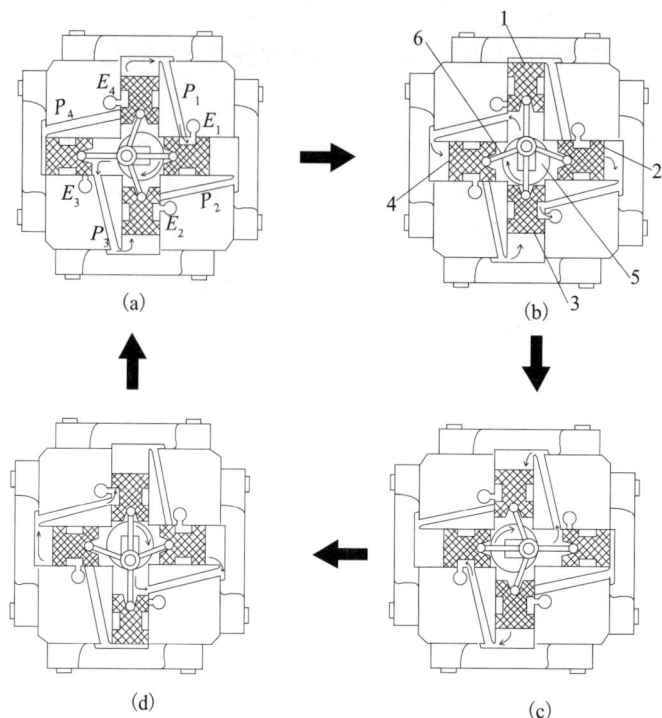

图 4-1-5 行星活塞式油耗仪流量变换机构工作原理图

1、2、3、4—活塞 5—曲轴 6—连杆 P_1、P_2、P_3、P_4—油道 E_1、E_2、E_3、E_4—排油口

燃油在泵油压力作用下推动活塞运动,再由活塞运动推动曲轴旋转,曲轴旋转一周即四个活塞各往复运动一次,完成一个进排油循环。活塞在油缸中处于进油行程还是排油行程,取决于活塞相对于进排油口的位置。图4-1-5(a)表示活塞1处于进油行程,从其曲轴箱来的燃油通过P_3推动活塞1下行,并使曲轴作顺时针旋转,此时活塞2处于排油行程终了,活塞3处在排油行程中,燃油从活塞3上部通过P_1从排油口E_1排出,活塞4处于进油终了。当活塞和曲轴位置如图4-1-5(b)所示时,活塞1进油终了,活塞2处于进油行程,通道P_4导通,活塞3排油终了,活塞4处于排油行程,燃油从P_2经排油口E_2排出。同理,可描述位置图4-1-5(c)和图4-1-5(d)各活塞的进排油状态。如此在燃油泵泵油压力的反复作用下,就可实现定容量、连续泵油的作用。

曲轴旋转一周,4个活塞个往复运动一次,完成一个进排油循环。各缸排油一次,其排油量可用下式确定:

$$V = 4\pi D^2 2h/4 = 2\pi h D^2 \qquad (4-1-1)$$

式中 V——四缸排油量（cm³）；

$\quad\quad$ D——活塞直径（cm）；

$\quad\quad$ h——活塞行程（cm）。

由公式可知,经过上述流量变换机构的转换后,测量燃料消耗量转化为测量流量变换结构曲轴的旋转圈数。这可由安装在曲轴一端的信号转换装置完成。一般采用光电测量装置进行信号转换,把曲轴旋转数转化为电脉冲信号。

装在曲轴的另一端的转速/脉冲信号变换机构可以将曲轴的旋转运动变换为脉冲

电信号。当曲轴转动时，由于一对永久磁铁的吸引作用，转轴及其上的转动光栅也随之转动，通过发光二极管和光敏管的光电作用，把曲轴的转动变成光电脉冲信号送入计量显示仪，经过内部运算处理后，即可显示出流经的燃油量。油耗传感器外形，如图4-1-6所示。

（3）测量仪表

测量仪表用单片机作为控制单元，硬件电路包括：流量传感器信号的隔离整形电路、路程传感器信号的测量电路、单片机及

图 4-1-6　油耗仪传感器

外围电路、键盘及LED显示电路、串口通信电路等。通过流量传感器信号和测量仪表的定时装置信号，可计算得到燃油消耗量；通过流量传感器信号和路程传感器信号，可计算出百公里耗油值。

2. 重量法

质量式油耗传感器由称量装置、计数装置和控制装置组成，如图 4-1-7所示。

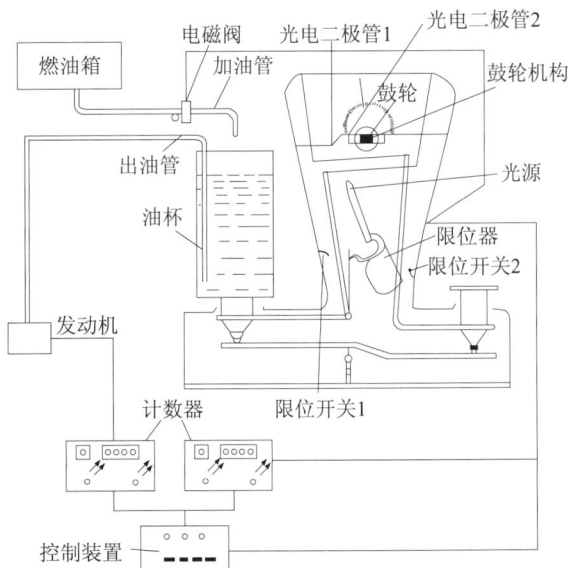

图 4-1-7　质量式油耗传感器

在测量消耗一定质量的燃油所需的时间后，即可按下式算出单位时间内发动机的燃油消耗量。

$$G = 3.6w/t \qquad (4-1-2)$$

式中　　w——燃油质量（g）；

　　　　t——测量时间（s）；

　　　　G——燃油消耗量（kg/h）。

称量装置通常利用台秤改制，量程为10kg，称量误差为±0.1%。称量装置的秤盘上装

有油杯，燃油经电磁阀加入油杯。电磁阀的开闭由装在平衡块上的行程限位器拨动两个微型限位开关1和2来控制。光电传感器给出油耗始点和终点信号，它由两个光电二极管1、2和装在棱形指针上的光源组成，光电二极管1为固定式，光电二极管2装在活动滑块上，滑块通过齿轮齿条机构移动。齿轮轴与鼓轮相连，计量的燃油量通过转动鼓轮从刻度盘上读出。计量开始时，光源的光束射在光电二极管1上，光电二极管发出信号，使计数器开始计数，随着油杯中燃油的消耗，指针移动。当光束射到光电二极管2上时，光电二极管2发出信号，使计数器停止计数。上述质量式油耗仪有一个系统误差，即测量时油杯中油面高度发生变化，伸入油杯中的油管浮力的反作用力也变化，造成称量时的系统误差。此项系统误差必须根据汽车耗油量及油杯液面高度变化进行修正。此外在用（L/100km）油耗量单位时，在换算中必须考虑燃油密度与温度之间的关系。

3. 电控燃油喷射汽油机

由于电控燃油喷射汽油机的喷油压力很大，回油量多且油温较高，易造成接在传感器上的回油管软化膨胀，严重威胁试验安全。因此，电喷发动机的油耗应采用专门的电喷汽车油耗仪来测量。电喷油耗仪由电喷油耗传感器和测量仪表组成。电喷油耗传感器主要由高精度流量传感器、安全阀、减压阀、燃料泵、温度及压力传感器、回油处理装置等组成。油耗仪在管路中的安装方法如图4-1-8所示。

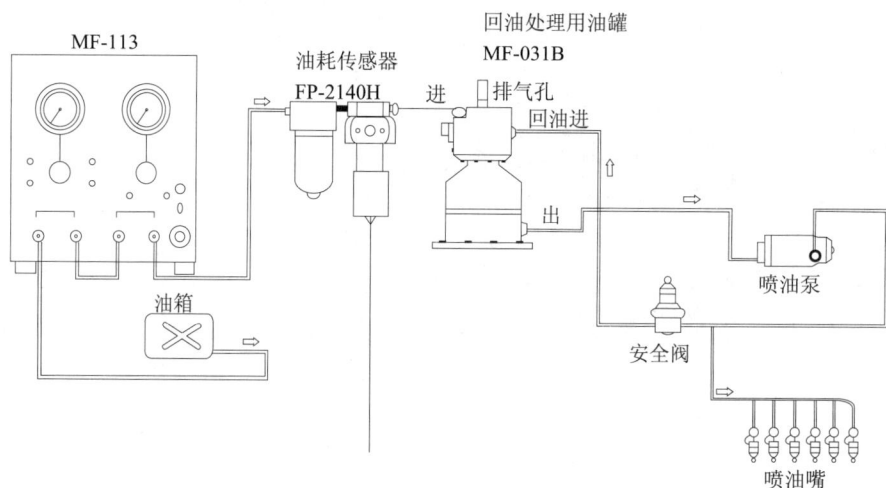

图 4-1-8 油耗仪在电控燃油喷射汽油机上的连接

4. 柴油车

图4-1-9所示为油耗传感器在柴油车中的连接方法，它将油耗传感器串联在油箱到高压油泵的油路当中，而将回油管路接在油耗传感器的出口管路上，以免燃油被油耗传感器重复计量使油耗检测数据失真。对于大流量发动机，由于气穴现象易产生气泡，引起测量误差，所以在油箱和油耗传感器之间安装了辅助油泵（图 4-1-10）。

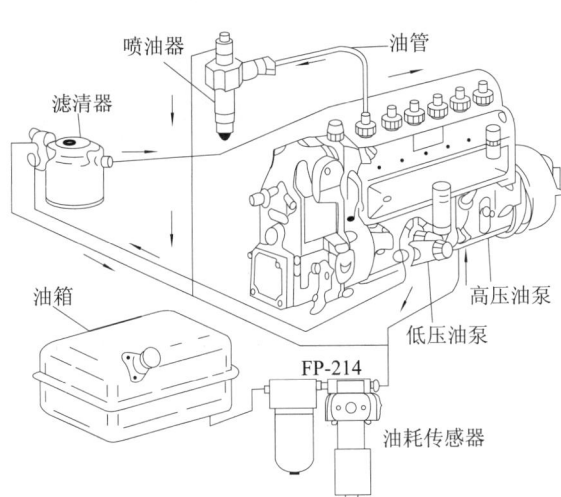

图 4-1-9 油耗传感器在柴油车中的连接方法

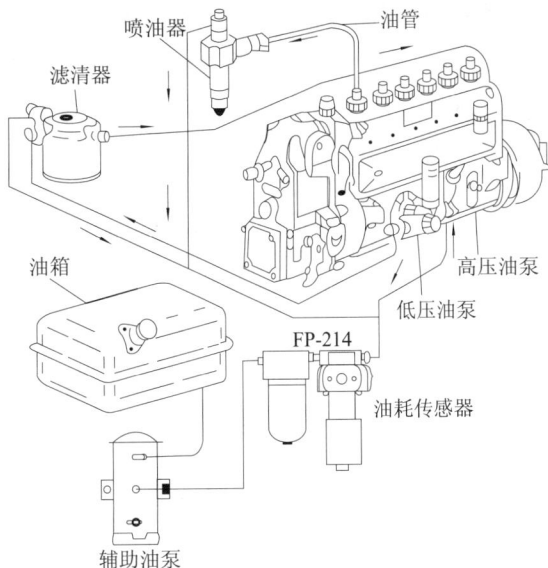

图 4-1-10 辅助油泵的安装

任务实施

燃油消耗量台架检测

一、目的与要求

1. 熟悉油耗仪的构造与工作原理。

2. 掌握油耗仪的连接方法。

3. 掌握燃油消耗量台架检测的方法。

4. 操作完毕后设备工具复位。

二、器材与设备

油耗仪一台、检测车辆一辆、底盘测功机、常用拆装工具及油管、夹箍若干、清洁用具、清洗剂、润滑油、润滑脂、棉纱等。

三、操作过程

1. 准备工作

（1）检测条件

环境温度：0—40℃

环境湿度：＜85%

大气压力：80—110kPa

（2）检测车辆的准备

实验车辆应预热至正常工作温度（一般在80—90℃范围内），轮胎气压应符合该车技术条件的规定，且左右轮胎花纹应一致。

（3）底盘测功机的准备

底盘测功机应预热至正常工作温度；底盘测功机和油耗仪应符合使用要求，工作正常；检测时应记录环境温度、大气压力和燃油密度。

（4）油耗仪传感器和气体分离器的安装

实验用的油耗仪传感器和气体分离器的安装位置应正确。

2. 检测准备

（1）被测车辆旁必须配备性能良好的灭火器。油耗传感器所用油管应透明、耐油、耐压，油管接头用合格的环形夹箍，不得使用铅丝缠绕，并确保无渗漏。

（2）拆卸油管时，必须用沙盘接油，不允许用棉纱或其他易燃物接油，不允许燃油流到发动机气管上。

（3）连接油路时，油耗传感器底板需处于水平状态，并注意进、出口方向；不用时，进、出油口必须加套保护，以防异物进入卡死传感器活塞。

（4）如果传感器的滤清器被脏物堵塞，可拆下，用压力小于500kPa的压缩空气吹除脏物。

（5）排除检测油路中的空气泡。

注意：

1. 通过油耗传感器上的放气螺钉，可以排除传感器内的气体。

2. 汽油车可将油箱到汽油泵的管路"短路"，即以无堵塞、密封性好的油管，性能稳定的电动汽油泵和汽油滤清器，减小油泵到油耗传感器的阻力。

3. 柴油车可在起动发动机之前，利用手动泵排除油路中的气泡。

3. 在底盘测功机上设定检测车速：轿车60km/h，其他车辆50km/h

将被测车辆驱动轮平稳行驶至底盘测功机滚筒上，降下举升器，起动汽车，逐步加速并换挡至直接挡（若无直接挡，可换至最高挡），使车速达到规定的车速。

4. 待车速稳定后开始测量，要求测量不低于500m距离的燃油消耗量。连续测量2次并记录

注意：

测试时，发动机盖应打开，以便观察有无渗漏现象，测试完毕安装好原管路后启动发动机，在确保无任何渗漏时，方可盖上发动机盖。

（1）计算等速百公里燃油消耗量和两次算术平均值。

（2）校正检测结果。

根据《营运车辆综合性能要求和检验方法》（GB 18565—2001）的规定，营运车辆燃料消耗量限值是以该车型原厂规定的相应车速等速百公里燃油消耗量为基础确定的，即在规定的检测速度（乘用车60km/h，其他汽车50km/h）下，其等速百公里燃油消耗量不得大于该车型原厂规定的相应车速等速百公里燃料消耗量的110%。

任务2　燃油消耗量道路检测

学习目标

1. 了解汽车燃油经济性检测的评价方法。
2. 熟悉油耗仪的结构和连接方法。
3. 了解道路检测的条件和方法。
4. 掌握燃油消耗量道路检测的操作规程和步骤。

导入

汽车在实际的使用过程中，我们拿出的百公里油耗和厂商给出的数据是有差异的。它们是如何测出来的？为什么和实际有差异呢？主要有哪些影响因素呢？

知识准备

一、汽车燃油经济性的道路检测

汽车燃油消耗量的道路检测（简称路试法）是指在道路上进行的油耗试验，它包括不控制的道路检测、控制的道路检测和循环道路检测三种。

不控制的道路检测是指对行驶道路、交通情况、驾驶习惯和周围环境等各方面因素都不加控制的道路检测方法。由于各种使用因素的随机变化，要获得分散度小的数据很困难。为此，必须用相当数量的汽车（几十辆以上）进行长距离（10000—16000km）的检测，才能获得可以信赖的数据。然而，虽然这是一种非常接近实际情况的检测，但由于检测的费用巨大，时间长，一般很少采用。

测量燃油消耗时维持行驶道路、交通情况、驾驶习惯和周围环境等一个或几个因素不变的方法，称作"控制的道路检测"。例如，我国海南试验场用于考察汽车各项使用指标的试验，其中有测量在一般路面、恶劣路面和山区公路上的百公里油耗，试验规范中对试验路线作了较明确的规定，但对试验中的交通情况、驾驶员的习惯以及气温、天气等并无规定，这是一种有控制的道路检测。国外汽车试验场地在自己的专用试验道路上也进行类似的燃油消耗试验。

循环道路试验是指汽车完全按照规定的车速时间规范进行试验。何时换挡、何时制动以及行车的速度、加速度、制动减速等都在规范中加以规定。

在路试检测油耗时，需要道路环境条件满足国家标准《汽车燃料消耗量试验方法》（GB/T 12545—90）的要求，一般采用油耗传感器与非接触式或接触式第五轮仪配合使用。

在燃油消耗量的道路检测中采用的测量方法与台架检测相同，油耗仪在供油系中的安装方式也与台架试验一致。在国家关于燃油消耗量限制标准《乘用车燃料消耗量限值》（GB 19578—2004）中规定了各种车型的燃油限值（表4-2-1）。

表 4-2-1 国家关于乘用车燃料消耗量限值标准

整车整备质量（CM）	第一阶段	第二阶段	第一阶段*	第二阶段*
CM≤750	7.2	6.2	7.6	6.6
750＜CM≤865	7.2	6.5	7.6	6.9
865＜CM≤980	7.7	7.0	8.2	7.4
980＜CM≤1090	8.3	7.5	8.8	8.0
1090＜CM≤1205	8.9	8.1	9.4	8.6
1205＜CM≤1320	9.5	8.6	10.1	9.1
1320＜CM≤1430	10.1	9.2	10.7	9.8
1430＜CM≤1540	10.7	9.7	11.3	10.3
1540＜CM≤1660	11.3	10.2	12.0	10.8
1660＜CM≤1770	11.9	10.7	12.6	11.3
1770＜CM≤1880	12.4	11.1	13.1	11.8
1880＜CM≤2000	12.8	11.5	13.6	12.2
2000＜CM≤2110	13.2	11.9	14.0	12.6
2110＜CM≤2280	13.7	12.3	14.5	13.0
2280＜CM≤2510	14.6	13.1	15.5	13.9
2510＜CM	15.5	13.9	16.4	14.7

备注1：*指具有以下一种或多种结构特征的车辆：（a）装有自动变速器；（b）具有三排或三排以上座椅；（c）符合《机动车辆及挂车分类》（GB/T 15089—2001）中3.5.1规定条件的M1G类汽车。M1类指包括驾驶员座位在内，座位数不超过9座的客车。M1G指M1类越野车，即指包括驾驶员座位在内，座位数不超过9座的越野客车。

2：上表"整车整备质量"（CM）栏目下的数值单位为千克（kg）。"第一阶段"、"第二阶段"栏目下的数值单位为升/100公里（L/100km），即指行驶100公里所消耗的燃油量。

二、检测装备

五轮仪是一种专用于汽车性能道路检测的计量仪器，主要用来测量汽车的行驶距离、速度、加速度等动态参数。五轮仪主要由测距传感器和以微型计算机为主体的二次仪表构成，能够直接显示和打印出被检车辆的测量指标。由于采用不同原理的测距传感器，五轮仪分为接触式和非接触式两种。

1. 接触式五轮仪

接触式五轮仪包括用于感受汽车行驶距离的"第五轮"（图4-2-1）和用于分析计算的微计算机。安装有车轮转角传感器的第五轮依靠连接螺栓拖挂在被测试车辆的尾部，借助

压紧弹簧用手柄将第五轮可靠地压向地面，与地面之间构成滚动关系。测距传感器由外周长确定的测量轮（第五轮）和电脉冲发生器两部分组成。测量轮每转动一个角度，脉冲发生器就产生一个电脉冲信号，这个角度大小与测量轮的滚动周长相对应，保证测量轮每行驶一定距离（一般为0.01m），脉冲发生器就输出一个脉冲信号，计算机对这些脉冲进行所需的各种计算，得到距离值。仪器内部的高精度的晶振，通过分频电路得到基本时间脉冲信号，对这些时间脉冲进行采样和计数，获取检测历经的时间。对上述两种脉冲同步采样和计算，便可获得试验车辆的行驶车速和加速度计算量。采用第五轮仪进行试验时，由于道路不平致使第五轮产生跳动和侧滑，会影响测量精度。

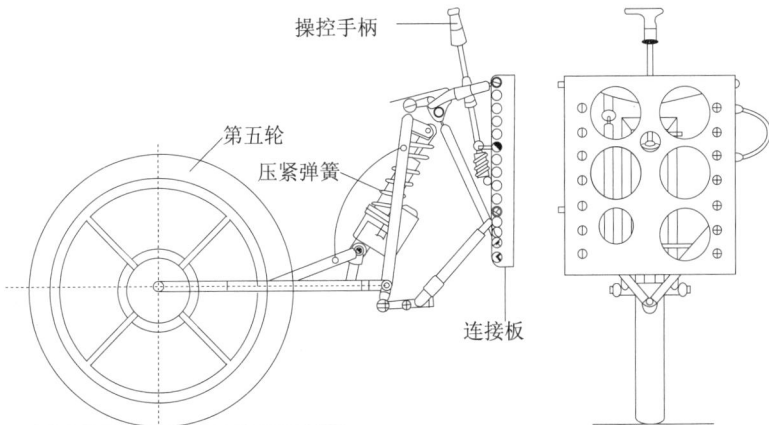

图 4-2-1 接触式五轮仪

2. 非接触式五轮仪

非接触式车速测量仪安装方便，测量精度高，适用于对高车速的测量，最高测量速度可达250km/h，但其价格相对较高，且在低速测量时误差较大。该装置由光电传感器和处理数据的微计算机组成，可以通过吸盘和安装支架固定在车头、尾或侧面（图4-2-2）。

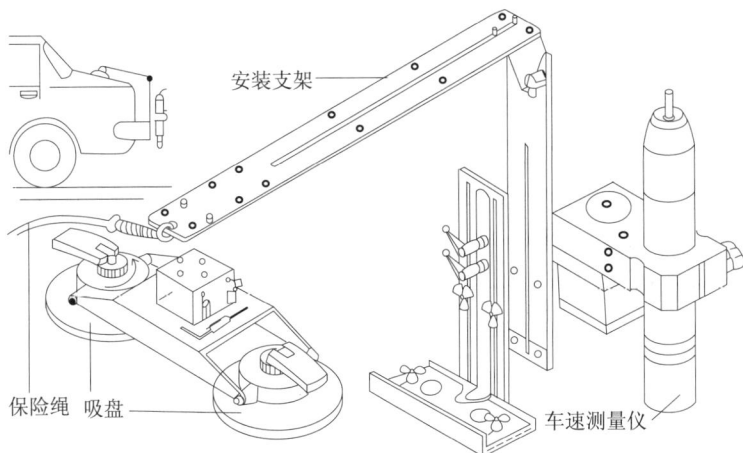

图 4-2-2 非接触式五轮仪

非接触式五轮仪的工作原理与接触式基本一样．只是测距传感器[图4-2-3（a）]不用测量轮而采用了具有空间滤波特性的光电传感器。汽车每行驶一定距离（如0.01m），安置在车速测量仪上的光电头就输出一个电脉冲信号，由控制计算机[图4-2-3（b）]对这些脉冲进行计数和分析处理。

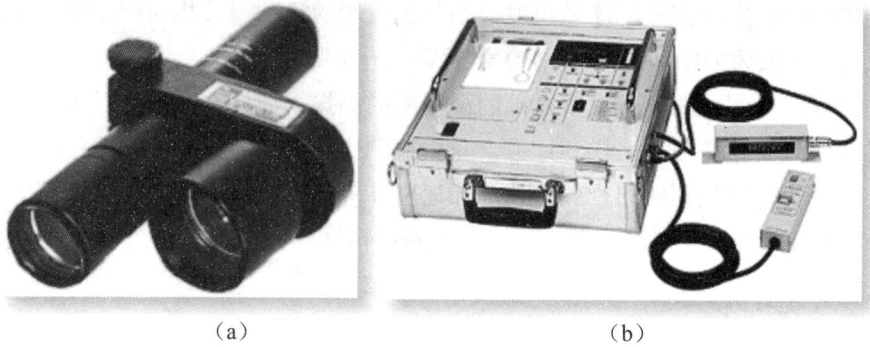

（a）　　　　　　　　　　　　　（b）

图 4-2-3　测距传感器与控制计算机

车速测量仪的光电传感器由发光组件、梳状光电元件和放大器等组成（图4-2-4）。它是一种特殊的传感器，能检测路面上散落的石子、砂子、沥青等各种不同大小的粒子以及轮胎痕迹留下的不规则斑纹上的信息，能将路面每隔一定间距（如2.3mm）整齐排列着的不规则斑纹信息成份所产生的反射光量的变化，投向受光的梳状光电元件，并转变为电信号，输入给测速仪。由于检测信号源自一定间距的反射斑纹，所以将特定时间中的计数值乘上该间距，就可求得速度与距离。

梳状光电元件的结构如图4-2-5所示，由A和B两组条状光敏元件组成。汽车行驶时，道路表面微观结构的变化经过透镜投射到梳状光敏元件上，由于地面明暗色调的变化将改变光敏条上感应出的电流，形成电脉冲信号，记录这种脉冲个数和对应的时间，便可计算获得汽车的行驶距离、车速和加速度等参数。

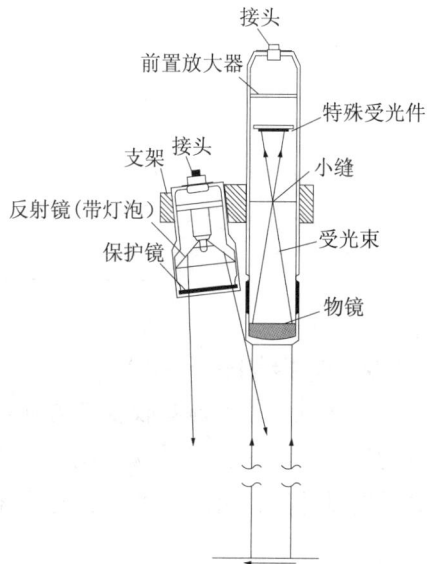

图 4-2-4　非接触式汽车速度计传感原理

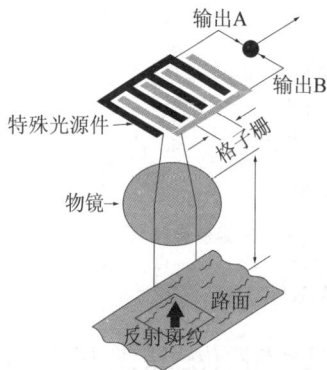

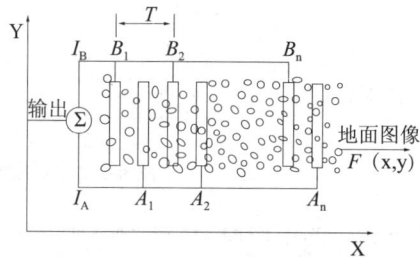

图 4-2-5　梳状光电元件工作原理

任务实施

燃油消耗量道路检测

一、目的与要求

1. 熟悉油耗仪的构造与工作原理。
2. 掌握油耗仪的连接方法。
3. 掌握燃油消耗量道路检测的方法。
4. 操作完毕后设备工具复位。

二、器材与设备

油耗仪一台、检测车辆一辆、五轮仪、常用拆装工具及油管、夹箍若干、清洁用具、清洗剂、润滑油、润滑脂、棉纱等。

三、操作过程

1. 检测规范

汽车路试的基本规范可按照《汽车道路试验方法通则》（GB/T 12534—90）的规定。

2. 检测车辆载荷

除有特殊规定外，轿车为规定载荷的一半（取整数）；城市客车为总质量的65%；其他车辆为满载，乘员质量及其装载要求符合《汽车道路试验方法通则》（GB/T 12534—90）规定。

3. 检测仪器及精度要求

（1）车速测定仪和汽车燃油消耗仪：精度0.5%。

（2）计时器：最小读数0.1s。

4. 检测的一般规定

（1）检测试验车辆必须清洁，关闭车窗和驾驶室通风口，只允许开动为驱动车辆所必需的设备。

（2）由恒温器控制的空气流必须处于正常调整状态。

5. 检测项目

（1）直接挡全油门加速燃料消耗量检测。

（2）等速燃料消耗量检测。

（3）多工况燃料消耗量检测。

（4）限定条件下的平均使用燃料消耗量检测。

一般汽车在进行路试时，以等速行驶燃料消耗量试验来检测汽车燃油消耗量，即汽车在常用挡位（直接挡）从车速20km/h（当最低稳定车速高于20 km/h时，从30km/h开始）开始，以间隔10km/h的整数倍的各预选车速，通过500m的测量路段，测定燃油消耗量Δ（mL）和通过时间 t（s），每种车速试验往返各进行两次，直到该挡最高车速的90%以上（至少不少于

5种预选车速）。两次检测时间间隔（包括达到预定车速所需的助跑时间）应尽量缩短，以保持稳定的热状态。

6. 绘制等速燃料消耗量特性曲线

以车速为横轴，燃油消耗量为纵轴，绘制等速燃料消耗量散点图，根据散点图绘制等速燃料消耗量的特性曲线，绘制时应使曲线与各散点的燃油消耗量差值的平方和为最小。

知·识·拓·展

碳平衡法

碳平衡法是另一种可以在室内对汽车进行燃料经济性检测的方法。它依据汽车燃料在燃烧前与燃烧后的碳元素的平衡原理，即燃料经过发动机燃烧后，排气中C质量的总和与燃烧前的燃油中C质量的总和相等，通过对汽车排气中的CO_2、CO、HC含量取样进行计算来得到燃油消耗量。该方法的测量装置称之为碳平衡法油耗仪，是在底盘测功机上对汽车燃油经济性进行检测的一种不解体的测试装备，可通过对汽车尾气的测量获取汽车燃油消耗量。

该测试方法的研究打破了常规采用容积法、重量法测量的传统观念，避免了容积法、重量法在测试过程中因拆卸燃油管路而引起的安全隐患。碳平衡法油耗仪以其方便、快捷、高效的特点为我国汽车整车综合性能检测站在燃油经济性能检测方面提供了方法。

碳平衡法具有以下特点：

1. 不需拆解被测车辆，适合汽车不解体检测的发展方向。

2. 不需在汽车油路中串接油耗仪，避免了由于回油量大而影响测量精度的问题。

3. 可以和汽车排放检测相结合。

4. 应用碳平衡法进行燃油消耗量的计算是基于以下假设：

（1）废气中碳仅包含在CO_2、CO、HC之中。

（2）废气中的碳量等于试验时所消耗燃油中的碳量。

（3）试验车辆技术状况良好，即曲轴窜气微量，排气系统无泄漏。

项·目·小·结

1. 汽车燃油经济性检测主要内容是单位行程的燃油消耗量（L/100km），其常用评价指标有等速百公里油耗、循环工况百公里油耗。

2. 燃油消耗量检测分为路试和台试。

3. 影响燃油经济性的因素有使用因素、结构因素等。

4. 燃油经济性的检测方法很多，但是最能反映实际使用性情况的方法是工况燃油消耗法。

5. 检测汽车燃油消耗量常通过燃油消耗仪测定燃油的容积或质量。

6. 油耗仪串联在油路中时，一定要排除管路中的空气，确保测量准确。

7. 等速行驶燃油消耗量测定时，汽车尽量选用高挡，按照规定车速，等速通过测试路

段，测定耗油量和时间，折算成等速百公里油耗。

8. 多工况燃油消耗量的测定，根据车型不同，采用不同的车速—时间规范，按多工况循环的累计油耗量折算成百公里油耗量。

测试题

一、判断题

1. 测量汽车燃油消耗量时，对于轿车，车辆载荷为规定乘员数的一半。（　　）

2. 夏季进行汽车燃油消耗量测量时，可以打开空调。（　　）

3. 汽车燃油消耗量测量时，一般要求测试两次，最后的结果是取两次测量值的算术平均值。（　　）

4. 汽车燃油消耗量与燃油供给系、转向系和制动系等的技术状况有关。（　　）

5. 等速百公里燃油消耗量检测是一种综合性的评价指标。（　　）

6. 进行汽车燃油消耗量检测时，将油耗仪连接到油路后，排除空气的目的是为了检测数据的准确。（　　）

7. 汽车燃油经济性的台架检测是将汽车置于底盘测功机上，模拟道路试验条件，进行等速行驶燃油消耗量检测的一种方法。（　　）

8. 在汽车结构已确定的情况下，汽车燃油经济性与汽车使用因素有很大关系。（　　）

9. 汽车燃油经济性检测只能用路试法检测。（　　）

10. 汽车高于或低于技术经济车速行驶，油耗均会上升。（　　）

二、单项选择题

1. 我国汽车燃油经济性指标有（　　）。
   A. 等速百公里油耗
   B. 加速油耗
   C. 减速油耗
   D. 每加仑燃料能行驶的英里数

2. 燃油经济性检测时路试中要求试验行驶的路试的长度是（　　）。
   A. 100m
   B. 500m
   C. 1000m
   D. 5000m

3. 能与车辆使用时油耗量较为贴近的试验方法是（　　）。
   A. 等速百公里油耗试验
   B. 直接挡全节气门开度加速试验
   C. 限定条件下的平均使用燃油消耗量试验
   D. 多工况燃油消耗量试验

4. 台架检测法是在（　　）上进行的。
   A. 五轮仪
   B. 底盘测功机
   C. 侧滑台
   D. 车速台

5. 燃油经济性路试中，路程的测量是通过（　　）获取的。
   A. 五轮仪
   B. 底盘测功机
   C. 侧滑台
   D. 车速台

6. 燃油经济性检测中最容易控制试验条件的是（　　）。

A. 加速试验　　　　B. 制动试验　　　　C. 台架试验　　　　D. 道路试验

7. 影响油耗传感器准确性的主要因素是（　　）。

A. 燃油密度　　　　B. 水蒸汽　　　　C. 杂质　　　　D. 空气

三、多项选择题

1. 常用的车用油耗仪是（　　　）。

A. 容积式　　　　B. 质量式　　　　C. 流量式　　　　D. 流速式

2. 影响燃油消耗的因素主要有（　　　）方面。

A. 车辆的技术状况　　　　　　　　B. 道路条件及气候

C. 车辆载重及拖运情况　　　　　　D. 驾驶操作

3. 车辆技术状况中（　　　）会引起油耗上升。

A. 发动机的技术状况　　　　　　　B. 照明系统的技术状况

C. 底盘的技术状况　　　　　　　　D. 蓄电池电压

四、简答题

1. 评价燃油经济性的指标有哪些？

2. 简述车用油耗仪的类型和基本结构。

3. 车用油耗仪的安装方法及注意事项是什么？

4. 油耗仪有哪几种类型？

项目五 汽车安全性能与检测

项目概述

汽车作为人类现代生活的一种交通工具，确保行车安全是最基本的要求，许多汽车性能都建立在这一基础之上。如果没有安全性能的保证，再好的汽车动力性能也只能成为一句空话。

汽车安全性能是指汽车在使用过程中保持运行安全的能力，通常包括汽车的主动安全性能与被动安全性能。它们是汽车制动性能、操纵性能、通过性能和可靠性能等诸多能力的综合体现，与汽车转向系统、制动系统、传动系统、行驶系统和车身等技术密切相关，与此同时，它还与汽车使用或营运过程中的管理、保养和维护有密不可分的关系。

基于安全性能的重要性，国家通过制定相应的法规标准，从新车开发到在用车使用的各个环节，对汽车安全性能实施严格的检测，以确保人身财产安全不受到威胁。

行车安全涉及到汽车操控、视野、车轴载荷、制动性能、各种车内被动安全设施的完好程度等。为了确保汽车运行过程中车内外人员的安全，在国家标准中对在用车规定了包括制动性能、侧滑、轴荷、灯光、喇叭、车速表校验等在内的安全性能检测项目。

本项目主要包含对汽车的侧滑检测、车轮定位检测、轴重检测、制动性能检测、车速表校验、灯光和喇叭检测等内容。通过本项目学习，对在用汽车使用安全性能检测项目有一个比较全面的了解，对安全性能涉及的基本问题在理论上有基本的认识，熟悉相关检测的国家法规标准，能够熟练使用常规检测设备，并对汽车进行标准规定项目的检测。

任务1 轴重检测

学习目标

1. 了解轴重与汽车制动性能之间的基本关系。
2. 掌握汽车轴重检测台检测的一般方法。
3. 了解主要试验仪器的测量工作原理。
4. 熟悉国家相关标准。

导入

我们常可以看见马路上的汽车装载着不同载荷，空车与满车对汽车制动有影响吗？货物摆放位置不同会引起制动距离改变吗？

知识准备

一、轴重与制动性能的关系

1. 汽车的静态轴重

轴重也称轴荷，是汽车车轴在路面上的法向载荷。在水平路面上，汽车各轴的轴重之和等于汽车的总质量。

图5-1-1是停放于水平路面上的汽车受力图。若分别对后轮和前轮接地点O_2与O_1运用力矩平衡条件，可以写出方程：

$$F_{Z1}L - Gb = 0$$

和

$$F_{Z2}L - Ga = 0$$

由此可得，汽车静态轴重的计算式为：

$$\left. \begin{array}{l} F_{Z1} = \dfrac{G}{L}b \\ F_{Z2} = \dfrac{G}{L}a \end{array} \right\}$$

(5-1-1)

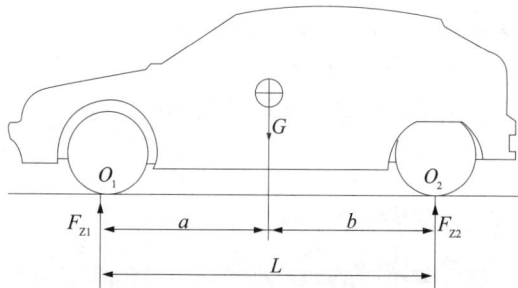

图 5-1-1 静态汽车的受力图

2. 制动状态下的轴重

（1）制动时车轮受力

在制动过程中，因为汽车受到来自地面的制动力远大于其他外力，所以，将其他外力忽略以后，可以绘出如图5-1-2所示的硬路面上车轮受力图。图中T_μ是车轮制动器中摩擦片（块）与制动鼓（盘）接触产生的摩擦力矩（N·m）；F_{Xb}为地面制动力，W为车轮上的垂直载荷，T_p为车轴对车轮的水平推力，F_Z为地面对车轮的法向反作用力，它们的单位均为N。

显然，由对O点的力矩平衡条件可以得到：

$$F_{Xb} = \frac{T_\mu}{r} \qquad (5\text{-}1\text{-}2)$$

式中 r——车轮半径（m）。

（2）制动力与附着力之间的关系

由于地面制动力是摩擦力，将受到轮胎与地面摩擦约束特点的限制，则有

$$F_{Xb} \leqslant F_{Xbmax} = F_\varphi = F_Z \cdot \varphi \qquad (5\text{-}1\text{-}3)$$

式中：F_φ——附着力

φ——附着系数

即当制动踏板力足够大时，地面制动力F_{Xb}将达到附着极限，此后，即使继续增加制动踏板力，地面制动力也不再增加。所以说，紧急制动时，决定汽车制动效能的主要因素包含轴重和附着系数。

（3）制动时轴重的变化

当汽车行驶状况发生改变时，轴重会随之发生变化。图5-1-3是水平路面上汽车无动力制动状态时的受力图，其中只考虑了汽车平动质量减速时产生的惯性力F_j，忽略了滚动和空气阻力，也未考虑车轮运动状态变化引起的附着条件变化。若分别对后、前轮接地点O_2与O_1运用力矩平衡条件，可得

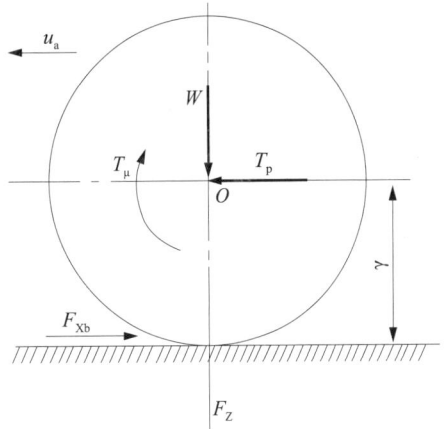

图 5-1-2 制动时车轮受力图

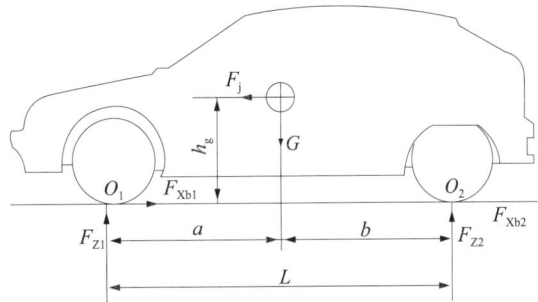

图 5-1-3 制动时汽车的受力图

$$F_{Z1} \cdot L - F_j \cdot h_g - G \cdot b = 0$$

和

$$F_{Z2} \cdot L + F_j \cdot h_g - G \cdot a = 0$$

如令：

$$F_{Xb} = F_{Xb1} + F_{Xb2}$$

则

$$F_{Xb1} + F_{Xb2} = F_{Xb} = F_j$$

所以可得

$$\left.\begin{array}{l} F_{Z1} = \dfrac{Gb + F_{Xb}h_g}{L} \\[3mm] F_{Z2} = \dfrac{Ga - F_{Xb}h_g}{L} \end{array}\right\} \qquad (5\text{-}1\text{-}4)$$

若以 $F_j = \dfrac{G}{g} \cdot \dfrac{du}{dt}$ 代之，又有：

$$\left.\begin{array}{l} F_{Z1} = \dfrac{G}{L}(b + \dfrac{h_g}{g} \cdot \dfrac{du}{dt}) \\[3mm] F_{Z2} = \dfrac{G}{L}(a - \dfrac{h_g}{g} \cdot \dfrac{du}{dt}) \end{array}\right\} \qquad (5\text{-}1\text{-}5)$$

将公式5-1-4和公式5-1-5与公式5-1-1比较，可以发现，制动时汽车的轴重会发生变化，前轴重增加，后轴重减少。这种重量的"转移"取决于制动强度的大小。

想一想：

1. 从制动时前、后车轴重变化出发，分析前轮制动性能不好的汽车与后轮制动性能不好的汽车有何差异？
2. 制动时，各车轴上的轴重变化与哪些因素有关？

二、轴重检测设备

轴重的测量通常采用轴重仪，该设备由包含承载装置与传感器的机械秤和显示仪表两部分构成。其中机械部分主要由台架、称重板和称重传感器组成（图5-1-4），钢结构的台架和称重板四角各装有一只称重传感器，称重平台支承在台架上，台架两端设有锥形导向柱，导向柱穿入称重板上的导套孔内，以确保称重板和台架的相互位置关系。

传感器可以采用电阻应变片式荷重传感器，即当压力作用于传感器时，电阻应变片中的阻值发生变化，从而可以输出一个与所受压力成正比的电信号。

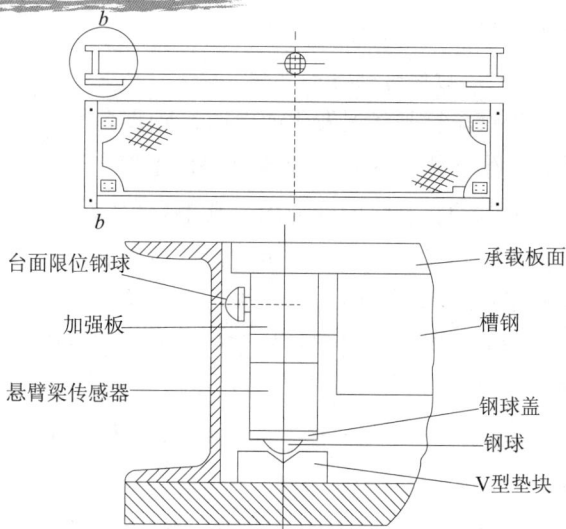

图 5-1-4 轴重仪秤体结构

该信号经过放大和A/D转换之后，由CPU进行分析处理，通过译码，由LED数码管显示出轴重值。

任务实施

轴重测量

一、目的与要求

1. 熟悉相关检测的国家标准。
2. 掌握轴重测量方法。
3. 操作完毕后设备工具复位。

二、器材与设备

轴重仪、性能完好的汽车一辆。

三、操作过程

轴重测量时,按以下步骤操作仪器:

1. 启动仪器电源,按"清零"键,使显示归零。
2. 在引车员引导下,按照仪器称重要求,将汽车驶上轴重仪的称重板,停稳车辆。
3. 按面板上的测试键,读取车轴重量值。
4. 将被检测车辆驶离称重板。

> **注意:**
>
> 1. 不允许轴重大于设备额定测量范围的车辆驶上称重板。
> 2. 检测时,汽车空载。
> 3. 汽车驶上检测台时,应缓慢行驶,摆正停稳。

知识拓展

硬路面上的附着系数

决定制动效能(减速度或制动距离)的重要因素之一是附着系数。它与轮胎花纹磨损、气压充足程度和胎面温度等因素相关。一般说来,随着轮胎磨损程度的增加,附着系数会因为花纹深度的减少而明显下降;轮胎气压降低,增大了轮胎与地面的接触面积,附着能力增强;胎面温度上升,也会增加附着能力。此外,试验发现,制动时路面附着特性与车轮运动方式密切相关。

一、制动时车轮运动方式

图5-1-5显示了汽车制动过程中,伴随制动踏板力的增加,地面上轮胎印痕的变化规律,由此可以知道,其间车轮经历了滚动、边滚边滑和滑动三种运动方式。

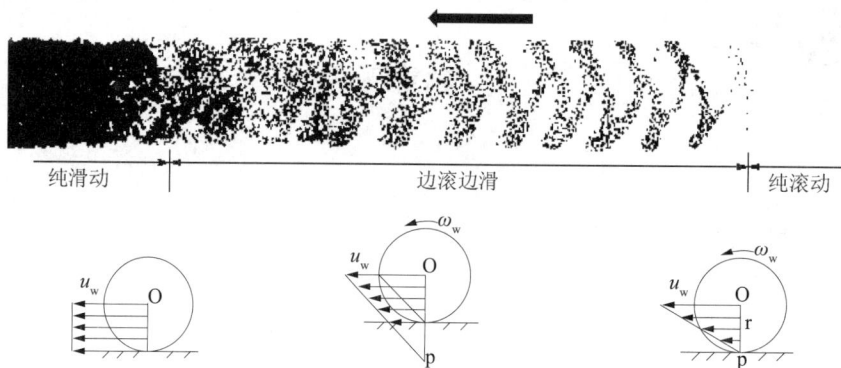

图 5-1-5 制动过程的车轮运动状态

在滚动阶段，几乎看不到轮胎花纹印迹。由力学知识可知，此时轮心速度 u_w、车轮滚动半径 r_r 和车轮角速度 ω_w 之间，存在如下关系：

$$u_w = \omega_w \cdot r_r \qquad (5\text{-}1\text{-}6)$$

在边滚边滑阶段，轮胎花纹印迹从清晰逐渐过渡到模糊，表明车轮滚动成份逐渐减少，滑动成份越来越多。此时，轮心速度中包含滚动和滑动两种成份，即：

$$u_w > \omega_w \cdot r_r \qquad (5\text{-}1\text{-}7)$$

其间差异部分即为滑动速度。

在滑动阶段，连续的轮胎拖痕表明车轮已完全抱死，停止转动。此时有：

$$\omega_w = 0$$

二、滑动率

可以引入滑动率对上述车轮运动方式变化进行定量描述。为此，定义滑动率

$$s = \frac{u_w - \omega_w \cdot r_r}{u_w} \times 100\% \qquad (5\text{-}1\text{-}8)$$

意为轮心运动中滑动成份所占比率。当车轮纯滚动时，$s=0$；车轮抱死时，$s=100\%$；而边滚边滑时，$0 < s < 100\%$。滑动率越大，表示车轮的滑动成份越多。

三、路面附着系数

制动时，车轮所受地面摩擦力可以朝纵、横两个方向分解，分别将此时的纵向附着系数与横向附着系数称为制动力系数 φ_b 和侧向力系数 φ_1。试验发现，在硬路面上 φ_b 随车轮滑动率 s 变化而改变。其变化规律如图 5-1-6 所示。除了松泡的雪地、沙砾和碎石等特殊路面以外，车轮制动力系数会在 $s=20\%$ 左右时达到最大，该最大值被称为峰值附着系数 φ_p；若此后滑动率升高，制动力系数将持续下降；滑动率 100% 所对应的制动力系数称作滑动附着系数 φ_s。所以可知，将车轮滑动率控制在 $s=20\%$ 附近，有利于提高车辆制动效能。此外，滑动率越高，侧向力系数 φ_1 越小，当滑动率接近 100% 时，侧向力系数会降至很低。这便意味着车轮已经很难从地面上获得侧向力，来抵御外界侧向的干扰，极易失去转向控制或发生侧向滑动。

综上所述，将制动车轮的运动状态控制在滑动率为20%左右，既有利于获得最佳的制动效能，也能保持车辆的方向控制能力。

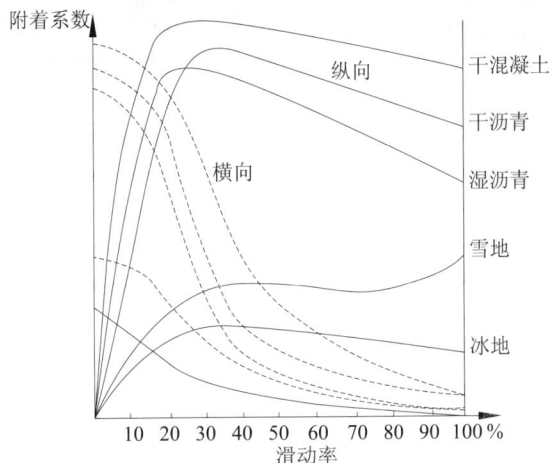

图 5-1-6 制动力系数和侧向力系数的变化

四、制动时方向稳定性

一般将汽车制动过程中维持直线行驶或按照预定行驶方向控制车辆的能力称作汽车制动时的方向稳定性，它包含制动侧滑与制动跑偏两种现象。前者指制动时，汽车某一车轴或两车轴发生的横向移动；后者则指车轮自发偏转导致的方向偏离。

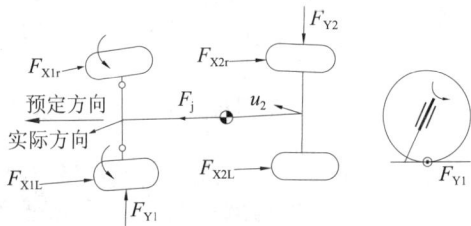

图 5-1-7 制动跑偏汽车的受力图

制动侧滑的原因是，在制动过程中，车轮被抱死（滑动率达到100%），此时的侧向力系数很小，汽车因无法从地面获得足够的侧向附着而丧失抵抗横向干扰的能力，一旦遇到外界干扰，便可能出现横向移动。若侧滑发生于前轮，汽车将因转向车轮得不到侧向外力而丧失转向能力；若侧滑发生于后轮，汽车极有可能出现程度剧烈的甩尾。利用现代ABS（制动防抱系统）控制，可以将制动时车轮滑动率调整到20%左右，使汽车的制动效能和方向稳定性都保持在较好水平之上。

汽车左、右车轮，特别是转向前轮制动器制动力不相等，可能造成车辆跑偏。此时，可以将直线运动的汽车（方向盘未转动）简化成图5-1-7所示的模型。设左侧制动力F_{X1L}大于右侧F_{X1r}，汽车将出现绕质心逆时针转动趋势，由此，前后轴上将出现地面侧向反作用力F_{Y1}和F_{Y2}，显然，由于主销后倾角的存在，使得F_{Y1}对转向轮产生逆时针偏转力矩。由于转向系统存在间隙，该偏转力矩将使转向轮产生微量的向左偏转角，引起汽车向左的偏驶。

当汽车车轮之间制动力存在较大差异，甚至某一制动器出现故障时，极有可能造成制动跑偏，甚至可能因此引起制动侧滑。由于跑偏量随左右制动器制动力差异的增大而增加，所以《机动车安全运行技术条件》（GB 7258——2012）规定，汽车前轴左右车轮制动器制动力不相等度不超过20%，后轴不超过24%。

任务2 制动性能检测

学习目标

1. 了解汽车制动性能及其评价方法。
2. 掌握汽车制动检测台检测的一般方法。
3. 掌握汽车制动道路检测的一般方法。
4. 了解主要试验仪器的测量工作原理。
5. 熟悉国家相关标准。

导入

当汽车行驶于冰雪路面时，依靠什么能够让它按照驾驶员的意愿降低车速？汽车在弯道上制动有可能出现什么情况？为什么？

知识准备

一、制动性能评价

汽车制动性能涉及汽车的行车安全，包括行车制动效能、制动效能恒定性、制动时的方向稳定性、驻车制动性能和应急制动性能等多个方面。

制动效能是指汽车迅速减速直至停车的能力，其评价指标主要有制动距离和制动减速度。前者是制动结果性指标，数值反映了制动过程的综合效果；后者是制动过程性指标，在制动过程中，因地面摩擦、车辆制动参数等多种因素的变化，导致任意时刻的减速度并不恒定。

制动效能恒定性是指特定工况下，汽车维持制动效能的能力。下长坡行驶时，汽车制动器会因连续大强度的使用而剧烈升温（可达700℃），摩擦材料中的有机物质遇热分解，

蒸发出气体，可能导致制动效能衰退；涉水行驶后，由于制动器进水，也可能会出现制动效能的衰退。衰退的程度与制动器摩擦副所使用材料和制动器结构等因素相关。制动器抗热衰退性能一般采用经过一定次数连续制动后，制动效能的保持程度来衡量。根据我国行业标准《汽车制动系结构性能及试验方法》（ZBT 24007—1989）的要求，汽车在一定车速下，以3m/s²的制动强度，连续制动15次后，汽车的制动效能不应低于其冷制动效能（5.8m/s²）的60%。

制动方向稳定性是指汽车制动时抵抗跑偏和侧滑的能力，通常以反映汽车在制动过程中维持直线行驶或按照规定弯道行驶的能力为指标。即规定试验中的汽车必须始终处于确定宽度（如3.7m）的通道之中。

驻车制动性能反映汽车在坡道上的停驻能力，以及保持这种能力的可靠性。而应急制动性能是指车辆制动系统局部出现故障后，维持制动效能的能力。

在用汽车制动性能检测应能充分反映汽车制动系统使用技术状况，有利于全面评价汽车使用过程的制动性能，按照国标《机动车运行安全技术条件》（GB 7258—2012）和《营运车辆综合性能要求和检验方法》（GB 18565—2001）的规定，其检测指标主要有：汽车制动力、制动距离、充分发出的平均减速度、制动协调时间等。国标规定，在用汽车制动性能检测分为制动检测台检测和道路试验检测两种。

制动检验台检测方法受环境影响小，能够迅速、准确、安全地检测车辆制动性，且具有重复性好，能测量各车轮制动全过程，便于分析前后轮制动力分配状况和制动协调时间等特点，故被标准推荐为优先采用的方法。而道路检测方法则具有直观、真实反映汽车综合动态特性的优点，且简便易行，故标准将其确定为，当采用制动检验台检测方法产生争议时，可以采用的复检手段，并以满载状态道路试验结果为准，以保证对汽车制动性能判断的准确性。

1. 制动力

制动过程中，地面作用于轮胎上的制动力是决定汽车制动效果的重要因素。当其没有达到附着（摩擦）极限时，主要受驾驶员制动踏板控制，因此，检测制动力能够反映汽车制动系统技术状况；当其达到附着极限后，由式5-1-3可知，它又反映出最大的汽车制动能力。所以可以认为，制动力是决定制动过程最本质的指标。

2. 制动效能

制动效能包括冷态（起始制动时制动器温度低于100℃）制动距离和减速度。由于各种汽车的动力性和惯性质量不同，一般对其制动效能所提出的要求也不同。轿车和轻型载货车行驶车速高、质量较轻，所以要求的制动效能也高，重型车辆则相反。

制动距离是指具有初速度u_0的汽车，从驾驶员开始操纵制动控制装置（如制动踏板）到汽车完全停住为止所驶过的距离。制动距离与制动控制力、制动系统结构、路面附着条件、车辆负荷等多种因素有关，所以，检测制动距离时，往往需要对制动踏板力、制动系统压力、路面及车辆状况作出特别的限定。在规定检测条件下的制动距离能够反映制动系统的技术状况，制动距离越短，汽车的制动效能越好。

制动减速度是制动时车速变化快慢程度，它与地面制动力大小有关。由于瞬时减速度受诸多因素影响，变化规律复杂（图5-2-1），无法用某一确定值来代表，所以，国家标准中采用了平均减速度的概念来替代，即以充分发出的平均减速度作为评价指标。它在车辆制动过程中较为稳定，能够比较真实地反映制动效果，一般常用作路试检验的制动性能指标。充分发出的平均减速度与地面制动力和车辆的总质量有关。充分发出的平均减速度越大，制动效能越好。

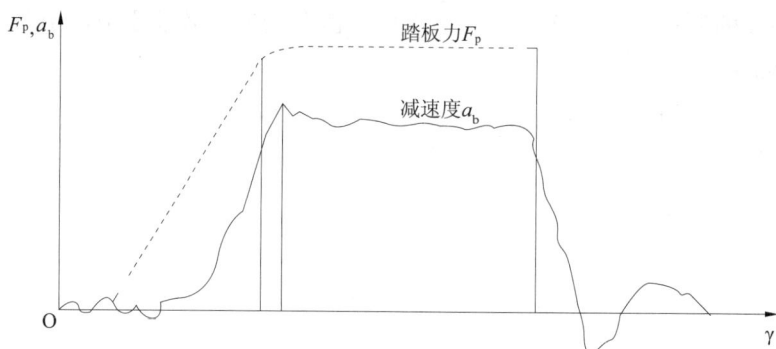

图 5-2-1 汽车制动过程

此时定义，充分发出的平均减速度为：

$$MFDD = \frac{u_b^2 - u_c^2}{25.92(S_c - S_b)} \quad (5\text{-}2\text{-}1)$$

式中 u_0——试验车制动初速度（km/h）；

u_b——$0.8u_0$试验车速（km/h）；

u_c——$0.1u_0$试验车速（km/h）；

S_b——试验车速从u_0到u_b之间车辆行驶过的距离（m）；

S_c——试验车速从u_0到u_c之间车辆行驶过的距离（m）。

3. 制动方向稳定性

评价汽车制动时的方向稳定性可以采用台试和路试检验的方法进行。在路试检验过程中，通过事先设置具有一定宽度的行驶通道（如1.5倍车宽或3.7m），让被试车辆行驶通过该通道时制动，并观察汽车的运动情况，制动时方向稳定性合格的车辆应该在制动过程中没有不可控制的效应偏出该条通道。台试检测时，不应出现左右车轮制动器制动力增长快慢不一致或制动力不等现象。

4. 制动协调时间

制动协调时间是指急踩制动时，从开始操纵制动控制装置（如制动踏板）到汽车减速度（或制动力）达到标准规定的充分发出的平均减速度（或制动力）的75%时所需要的时间。

制动协调时间是制动器制动时间和滞后时间的主要部分，反映了消除制动系统传动间隙和制动力增长的速度，常用作制动性能辅助检测指标。制动协调时间越短，车辆的制动响应越迅速。

二、制动装置基本要求

在国家标准《机动车运行安全技术条件》（GB 7258—2012）中，要求汽车必须设置行

车制动、应急制动和驻车制动装置，应该能够保证三套装置中一个或两个系统的操纵机构的任何部件失效时，仍具有应急制动功能。为此特别对三套装置提出了特殊的技术要求。

1. 行车制动装置的主要技术要求

（1）行车制动器应具有磨损补偿能力，制动控制装置及其部件以及制动器总成应具备一定的储备行程，确保当制动器升温或制动衬片磨损达到一定程度时，在不必立即调整的情况下，仍能保持有效制动。

（2）采用真空助力的制动系统，当助力器失效后，制动系统仍应保持规定的应急制动能力。

（3）行车制动产生最大制动效能时的踏板力，对于乘用车应不大于500N，对于其他机动车应不大于700N。

（4）液压式行车制动系统在达到规定制动效能时，踏板行程不应大于踏板全行程的3/4。制动器装有自动调整间隙装置时，踏板行程不应大于踏板全行程的4/5，且乘用车不大于120mm，其他车辆不大于150mm。

（5）必须采用双管路或多管路行车制动系统，当部分管路失效时，剩余制动效能仍能保持原规定值的30%以上。

（6）液压制动的车辆在保持踏板力为700N达到1min时，踏板不得有缓慢向地板方向移动的现象。

2. 应急制动装置的主要技术要求

应急制动系统应保证在行车制动只有一处管路失效的情况下，在规定距离内将汽车停住。

3. 驻车制动装置的主要技术要求

能够通过纯机械装置锁止，且施加于操纵装置上的力：手操纵时，乘用车不大于400N，其他车辆不大于600N；脚操纵时，乘用车不大于500N，其他车辆不大于700N。

操纵装置具有足够的储备行程，一般应在操纵装置全行程的2/3以内产生规定的制动效能；机构具有自调节装置时，允许在全行程的3/4以内达到规定的制动效能。棘轮式制动操纵装置应保证在达到规定的驻车制动效能时，操纵杆往复拉动的次数不超过三次。

三、检测装备

1. 台式检测设备

试验台测试需要借助专门的试验装置进行。按照检测台支承车轮形式的不同，试验台可以分为平板式和滚筒式两种。

（1）平板式制动试验台

图5-2-2所示的平板式制动试验台由四块可以活动的平板、传感器和信号处理设备组成，左右平板中心的间隔距离可以保证使被测车辆两侧车轮轮距，前后平板中心间距等于轴距，每块平板的长度都大于一个车轮的直径（约1m）。试验时，车辆以低速（5—10km/h）驶上平板，将变速器置于空挡，并实施制动，汽车在惯性作用下，通过车轮将纵向地面制动力作用于平板，使平板产生纵向位移。由于四个平板的纵向运动受到测力传感器的约

束，通过设置在四块平板上的测力传感器，便可以测出作用于每一块平板上的制动力值，该力即为轮胎和平板之间的制动力。该试验装置的优点在于结构简单、运动件少、使用耗能少、测试方便、所需时间短、易于维护，并且能够反映制动时由载荷转移所引起的各系统对车辆造成的影响，容易模拟道路的附着情况。但是，也存在诸如测试数据重复性较差和仪器与测试所需占地面积大等缺陷。为了提高测试数据的可信度，测试必须具有足够的引车距离和稳定的车速。平板式试验台不容易测量制动鼓的失圆度，测量制动力随踏板力的变化不如滚筒式试验台方便。

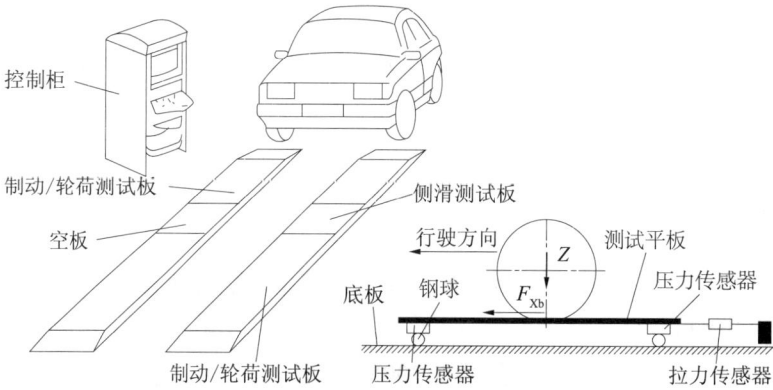

图 5-2-2　平板式制动试验台

（2）滚筒式制动试验台

图5-2-3所示的滚筒式制动试验台由结构完全相同的左右两套（或四套）车轮制动力测试单元和一套指示、控制装置组成，每套车轮制动力测试单元由框架、驱动装置、滚筒组、举升装置和制动力测量装置组成。驱动装置由电动机、减速器和传动链组成，主要将电动机动力经过减速后传给主动滚筒，主动滚筒通过传动链带动从动滚筒旋转。

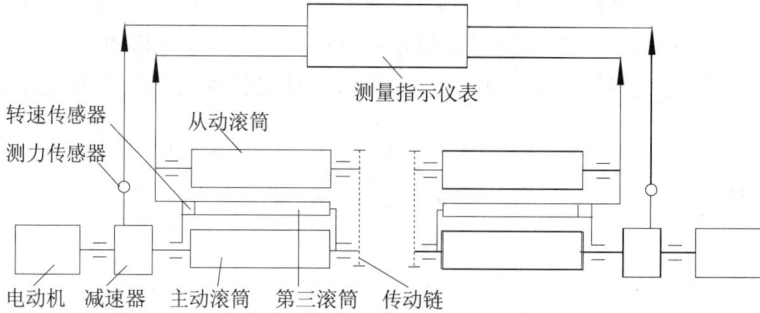

图 5-2-3　滚筒式制动试验台

滚筒式制动试验台依靠每个车轮下部起支承作用的一对滚筒作为测试制动力的部件，滚筒相当于一个活动的路面，用来支承被检测车辆的车轮，并承受和传递制动力。由于车轮与滚筒间的附着系数将直接影响制动试验台所能测得的制动力大小，为了增加滚筒与车轮之间的附着系数，筒面常常刻有槽形花纹或烧结金属砂粒，以便将附着系数保持在0.65以上。有时还使用一些加载装置，以增加附着重量。在主、从动滚筒之间还设置有一个小直径的第三滚筒，它借助弹簧保持在最高位置上，以确保当车轮驶上主从动滚筒时，第三

滚筒能够可靠地与车轮接触。在第三滚筒上安装有转速传感器,用来获取被测车轮的转动信息。当被检测车轮制动,转速下降甚至接近抱死时,控制装置根据转速传感器发出的信号使驱动电动机停止转动,以防止滚筒剥伤轮胎,并保护电动机。制动力测量主要由测量装置完成,测量装置由测力杠杆和测力传感器组成,测力杠杆一端与传感连接,另一端与减速器壳体相连。当被测试车轮制动时,测力杠杆与减速器壳体一起绕主动滚筒轴线转动。传感器将测力杠杆传来的,与制动力成比例的力(或位移)转变成电信号,送给控制与显示装置。据此,一般可以检测出左右车轮制动力和制动协调时间等参数。

测量时,将车辆移动至检验台上,使车轮处于每对滚筒之间,滚筒在电机驱动下带动车轮转动,即相当于车辆不动,路面以一定速度移动。此时,对车轮施加制动,车轮的制动力作用在滚筒上,该力的方向与滚筒的转动方向相反,与滚筒相连的减速器(扭力箱)在该反作用力矩的作用下,发生一定程度的翻转。通过测力装置,便可测得制动力数值(图5-2-4)。

轿车制动力大部分是由前轮制动器提供,由于试验中作用于滚筒的垂直力仅是处于静止状态汽车的前轴轴荷,加之轮胎与筒面间的附着系数较低,造成轮胎与筒面间的附着力明显不足。所以,在滚筒式试验台上测量轿车前轮制动力常常会不准确。在测量左右侧制动力偏差时,常采用检测线上的滚筒试验台,通过计算机采集踏板力增长过程中的左右侧制动力,计算出两者的不相同度。

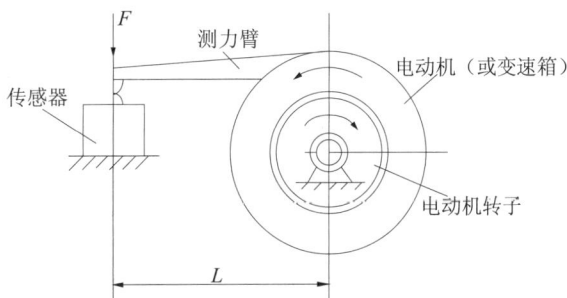

图 5-2-4 滚筒反力式制动力测量原理

(3)检测台的维护

检测台在不使用时,应保持设备及环境的清洁,及时清除泥、水、砂、石,以免侵入设备。滚筒反力式检测台和平板式检测台的维护可以分别按照表5-2-1和表5-2-2中规定的内容方法进行。

表 5-2-1 滚筒反力式检测台的维护

维护周期	维护项目	维护要领	维护方法
1周	滚筒轴承盖螺栓和扭力箱内大齿轮轴端螺钉	检查各螺栓是否松动	紧固松动螺栓
3个月	滚筒轴承处	检查滚筒轴承处润滑脂润滑情况	如脏污或干涸,按厂家规定油品加注润滑脂
6个月	滚筒及滚筒轴承	检查滚筒有无运转杂音或损伤部位	修复
	扭力箱、缓冲器及链条	拆下链罩盒,检查链条脏污和张紧情况	若脏污,则彻底清洗,重新润滑;若松弛,应更换
1年	接受设备检定部门的检定		

表 5-2-2 平板式检测台的维护

维护周期	维护项目	维护要领	维护方法
1个月	测试平板	检查测试平板是否灵活	若不灵活，进行清洁和润滑
	拉力传感器	检查拉力传感器元件两端连接是否松动	若松动，应紧固
6个月	测试平板	拆下测试平板，检查上下V型槽、钢珠和测力杠杆连接处磨损情况	若磨损严重，视情况更换
1年	接受设备检定部门的检定		

2. 道路试验装备

在道路试验检测制动性能时，通常采用第五轮仪或非接触式车速测量仪检测制动初速度、制动距离和制动时间等，也可以采用减速仪。

减速度仪是另一种专门用以测量制动减速度的测试装置，它们通常都是根据牛顿第二定律，即一定质量物体的加速度与所受的力成正比，利用惯性原理设计而成，常见的有摆锤式和滑块式两种。通过直接或间接方式测量出惯性物体所受力的大小，计算出物体的减速度。

图5-2-5所示为摆锤式减速度仪结构示意图。若将此减速度仪固定在静止或匀速直线运动的汽车上，摆锤处于平衡状态而保持在铅垂位置。若汽车做加速或减速运动，则摆锤会在惯性力作用下，偏离平衡位置，锤臂与垂直位置之间出现 θ 夹角。根据力的平衡原理可知，减速度 a 与角度 θ 之间存在 $a=g \cdot \tan\theta$ 的关系（g 为重力加速度常数），所以，只要测量出摆锤的偏离角 θ，就可以计算出减速度的大小。

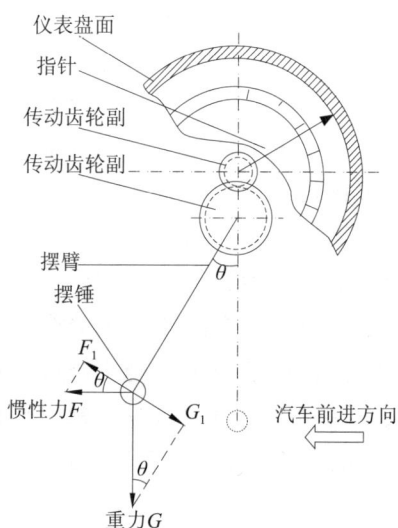

图 5-2-5 摆锤式减速度仪结构

任务实施

制动性能检测

一、目的与要求

1. 熟悉相关检测的国家标准。
2. 掌握制动性能台式和道路检测方法。
3. 操作完毕后设备工具复位。

二、器材与设备

平板式制动试验台或滚筒式制动试验台、五轮仪、减速度仪、性能完好的汽车一辆。

三、操作过程

1. 台式检测

台式检测制动性能项目包括行车制动性能检测和驻车制动性能检测。前者包括各轴制动力、制动力平衡、制动协调时间和车轮阻滞力检测。检测可以在滚筒反力式制动检测台或平板式检测台上进行。同时允许在空载下进行，如若对空载检测结果有质疑，也可以采用满载方式进行检测。

（1）滚筒反力式检测台检测

行车制动性能的滚筒反力式检测台检测按以下步骤完成：

①检测前清洁滚筒表面，确保无异物及油污；将检测仪表清零；确认车辆轮胎气压、花纹深度符合标准规定，胎面清洁。

②将踏板测力计正确安装于制动踏板上。

③汽车空载，乘坐驾驶员一名，让车辆以正直居中方式驶入，确保被测车轮停放于制动检测台两滚筒之间，并将变速器置于空挡。

④降下举升器，起动电机2s后，保持一定采样时间（如5s），测取制动阻滞力。

⑤在显示屏提示施加制动踏板力后，检测人员踩制动踏板到底，然后放松踏板，测得左、右两轮制动力增长全过程数值。

⑥让电机停止转动，将举升器升起，移动车辆，更换被测车轴，重复以上过程，依次检测各车轴制动参数。

⑦卸下踏板测力计，车辆驶离测试区，完成检测。

驻车制动性能的滚筒反力式检测台检测按以下步骤完成：

①检测前清洁滚筒表面，确保无异物及油污；将检测仪表清零；确认车辆轮胎气压、花纹深度符合标准规定，胎面清洁。

②汽车空载，乘坐驾驶员一名，让车辆以正直居中方式驶入，确保被测车轮停放于制动检测台两滚筒之间，并将变速器置于空挡。

③降下举升器，起动电机2s后，保持一定采样时间（如5s），拉紧驻车制动操纵手柄，测取驻车制动力数值。

④让电机停止转动，将举升器升起，车辆驶离测试区，完成检测。

（2）平板式检测台检测

行车制动性能的平板式检测台检测按以下步骤完成：

①检测前清洁平板表面，确保无异物及油污；将检测仪表清零；确认车辆轮胎气压、花纹深度符合标准规定，胎面清洁。

②将踏板测力计正确安装于制动踏板上。

③汽车空载，乘坐驾驶员一名，汽车以5—10km/h（或按出厂说明书允许速度）速度驶上平板，将变速器置于空挡，并紧急制动。系统将给出行车制动测试结果。

④卸下踏板测力计，车辆驶离测试区，完成检测。

驻车制动性能的平板式检测台检测按以下步骤完成：

①检测前清洁平板表面，确保无异物及油污；将检测仪表清零；确认车辆轮胎气压、花纹深度符合标准规定，胎面清洁。

②汽车空载，乘坐驾驶员一名，让车辆以正直居中方式驶入，确保被测车轮停放于制动检测台平板之上，并将变速器置于空挡，拉紧驻车制动操纵手柄，测取驻车制动力数值。

③车辆驶离测试区，完成检测。

注意：

1. 轴重大于检测台允许重量的汽车，请勿开上检测台。

2. 车辆进入检测台时，轮胎应保持清洁。

3. 制动检测过程中，不得转动方向盘。

4. 制动检测过程中，如果车轮在滚筒上抱死，且制动力仍未达到要求时，可以换用道路或其他方式检测。

5. 空载检测时，气压制动系统的气压表指示气压≤600kPa，液压制动系统的踏板力≤400N（乘用车）或450N（其他车辆）。

6. 检测中，为了避免因车轮脱离滚筒而造成的制动力检测误差，可以采用诸如牵引装置或在非测试车轮下加垫三角木的方式，也可以在汽车上适当增加附加质量（轴荷计算时，不计入），还可以将后滚筒抬高（不超过30mm）。

（3）台式检测标准

汽车及汽车列车在制动检测台上测得的制动力应该满足表5-2-3的限值要求。对空载检测的结果若存质疑，可以用表中规定的满载要求进行检测。

表5-2-3 台式检测制动性能要求

机动车类型	总制动力与整车质量比（%）		轴制动力与轴荷①比（%）	
	空载	满载	前轴	后轴
三轮汽车	≥45		-	≥60②
乘用车、货车（总质量≤3500kg）	≥60	≥50	≥60②	≥60②
其他汽车及汽车列车	≥60	≥50	≥60②	-

注：①用平板制动检测台检测乘用车时，应按动态轴荷计算；
②空载和满载状态下的测试均应满足此要求。

制动力平衡要求为，在制动力增长全过程中同时测得的左右轮最大制动力差值，与全过程中测得的该轴最大制动力中大者之比，对前轴应该≤20%；对后轴及其他轴来说，当轴制动力不小于该轴轴荷60%时，该比值应≤24%；当轴制动力小于该轴轴荷60%时，在制动力增长全过程中同时测得的左右轮最大制动力差值，不应该大于轴荷的8%。

汽车制动协调时间的要求是，液压制动汽车不应大于0.35s，气压制动汽车不应大于0.6s，汽车列车和铰接客车不应大于0.8s。

车轮阻滞力要求为，各车轮的阻滞力均不大于车轮所在轴轴荷的5%。

驻车制动力要求为，驻车制动力总和不应小于试验车辆在测试状态下整车重量的20%，若总质量为整备质量1.2倍以下的车辆，驻车制动力总和不应小于试验车辆在测试状态下整车重量的15%。汽车制动完全释放时间（松开制动踏板到制动消除所需时间）不应大于0.8s。

2. 道路试验

道路试验检测方法可以检测制动距离、制动减速度、制动方向稳定性、制动协调时间、应急制动性能和驻车制动性能等。

路试检测采用专用仪器测量，利用仪器可以测得汽车由规定速度制动减速至停车全过程中的车速与制动距离的变化情况，由此计算出充分发出的平均制动减速度，并据此判断制动性能。也可以利用汽车制动过程中轮胎拖印，简易判断制动性能，作为评判参考。

当采用道路检验方法时，检测应在平坦、硬实、清洁、干燥且轮胎与地面间的附着系数不小于0.7的水泥或沥青路面上进行，纵向坡度不大于1%，环境风速小于5m/s，路拱坡度不大于2%的硬路面，气温在0—35℃之间。检测前应进行制动踏板力或制动气压检验，需符合表5-2-4中各项要求，检测过程中脱开发动机进行。

表 5-2-4 道路检测的制动踏板力和制动气压限值

制动系统类型	载荷类型	检验项目	要求
气压制动	空载	气压表指示压力	≤600kPa
	满载		≤额定工作气压
液压制动	空载	踏板力	≤400N（乘用车），≤450N（其他车辆）
	满载		≤500N（乘用车），≤700N（其他车辆）

（1）制动距离法检测行车制动性能

将汽车提速至高于表5-2-5中规定的制动初速度后，变速器置于空挡（自动变速器置于D位），当车辆滑行到规定初速度时，急踩制动踏板，利用检测仪器测取制动距离和方向稳定性，应满足表中规定的指标要求。如果对空载检验制动距离有质疑时，可以按表中满载检验的制动性能要求进行检验。

表 5-2-5 道路试验的制动距离和方向稳定性限值

车辆类型	制动初速度（km/h）	满载检验制动距离要求（m）	空载检验制动距离要求（m）	制动稳定性要求，车辆任何部位不得超出试车道距离（m）
三轮汽车	20	≤5		2.5
乘用车	50	≤20	≤19	2.5
总质量≤3500kg的低速货车	30	≤9	≤8	2.5
其他总质量≤3500kg的汽车	50	≤22	≤21	2.5
其他汽车、汽车列车	30	≤10	≤9	3.0

（2）制动减速度法检测行车制动性能

汽车应按表5-2-6规定的初速度实施紧急制动，其充分发出的平均减速度和制动稳定性应符合表中所列技术要求，单车制动协调时间对液压制动的汽车应不大于0.35s，对气压制动的汽车应不大于0.6s，列车制动协调时间应不大于0.8s。如果对空载检验制动距离有质疑时，可以用表中满载检验的制动性能要求进行检验。

表 5-2-6 道路试验的制动减速度和方向稳定性限值

车辆类型	制动初速度（km/h）	满载时充分发出的平均减速度要求（m/s²）	空载时充分发出的平均减速度要求（m/s²）	制动稳定性要求，车辆任何部位不得超出试车道距离（m）
三轮汽车	20	≥3.8		2.5
乘用车	50	≥5.9	≥6.2	2.5
总质量≤3500kg 的低速货车	30	≥5.2	≥5.6	2.5
其他总质量≤3500kg 的汽车	50	≥5.4	≥5.8	2.5
其他汽车、汽车列车	30	≥5.0	≥5.4	3.0

（3）应急制动检测

四轮以上车辆的应急制动检验应在空载和满载状态下，按照表5-2-7所列的初速度进行检验，测量从应急制动操作起始点至汽车停驻时的制动距离，该值应该满足表中所列的限值要求。

表 5-2-7 道路试验的应急制动限值

车辆类型	制动初速度（km/h）	制动距离（m）	MFDD（m/s²）	允许的最大操纵力（N）	
				手操纵	脚操纵
乘用车	50	≤38	≥2.9	400	500
客车	30	≤18	≥2.5	600	700
其他汽车	30	≤20	≥2.2	600	700

（4）驻车制动检测

驻车制动检验应能保证在空载状态下，汽车在坡度为20%（总质量为整备质量的1.2倍以下的汽车为15%）、轮胎与路面间附着系数不小于0.7的坡道上正、反两个方向停驻五分钟以上。

（5）特殊方式检测

此外，汽车还可以在道路上进行特殊的制动稳定性检测。一般说来，汽车转弯制动检测在平坦的干路面上进行，检测时汽车沿一定半径做圆周运动，直至达到下述稳定状态：当转弯半径为40m或者50m，侧向加速度达到5±0.5 m/s²时，相应车速为51km/h或者57km/h；而当转弯半径为100m，侧向加速度达到4±0.4m/s²时，相应车速为72km/h。保持转向盘转角不变，放松节气门踏板，同时迅速踩下制动踏板，使汽车以不同的等制动减速度制动，记录制动减速度、汽车横摆角速度、汽车航向角的变动量、制动时侧向路径偏离量等参数。根据实验结果绘制最大横摆角速度、汽车航向角的变动量、制动时侧向路径偏离量等参数与制动减速度之间的关系曲线，并依此来评价汽车转弯制动的方向稳定性。该项检测也可在低附着系数的湿路面上进行。

知·识·拓·展

一、影响汽车制动性能的主要因素

改善汽车制动性能主要包括提升轮胎与路面之间的附着能力、缩短制动系统反应时间、稳定制动器摩擦特性和平衡车轮制动力等内容，涉及到汽车结构和使用等方面。道路的附着条件越好，起始制动车速越低，制动系统的反应时间越短，则越有利于缩短制动距离。

1. 提升附着能力

胎面花纹对附着系数的影响主要表现在湿滑的水泥和沥青路面上，磨损严重轮胎的附着系数明显低于花纹清晰的轮胎。但是，在排水能力较强的砾石类路面上，轮胎花纹对附着系数的影响较小。增加轮胎与地面的接触面积，可以提高附着能力，因此，低气压、宽断面和子午线轮胎的附着系数较一般轮胎的高。

路面结构的排水能力对附着系数的影响很大，当路面具有较好排水能力的宏观和微观结构特征时，胎面易于穿透水膜，便于轮胎与路面的直接接触，可以明显改善附着条件。路面清洁程度也会对附着系数造成影响，积尘较多的路面和泥水路面将大大降低附着系数。

在相同路面和轮胎情况下，附着系数会随车速的提高而有明显的降低。特别是当高速车辆行驶有积水的路面时，由于轮胎与地面的接触区域会出现"滑水"现象，可能大大降低汽车的制动与方向控制能力。

使用中，随着胎面温度的上升，轮胎与地面之间的附着能力逐渐提高，有利于制动性能的改善，所以，冷车状态或者寒冷季节行车，应该更加注意提前采取必要的制动措施，以确保行车安全。

2. 缩短制动系统反应时间

制动系统反应时间取决于制动系统类型和结构形式等因素，一般说来，液压制动系统优于气压制动系统；在制动系统中增设能够提高制动力传递介质速度的阀类装置也有利于缩短反应时间。

3. 稳定制动器摩擦特性

制动器的热衰退与制动器摩擦副所使用材料和制动器结构有关。摩擦材料的影响主要是高温下摩擦系数的下降所导致，而制动器结构类型则表现在结构形式对摩擦系数的敏感程度上。由于盘式制动器对摩擦系数的改变最不敏感，因此具有最好的抗热恒定性，同时，由于结构原因，其摩擦副上的排水能力强，抗水恒定性更好。对于各类鼓式制动器而言，它们的制动效能恒定性能从优到劣依次排列为：双从蹄式、领从蹄式、双领蹄式和自增力式。

4. 平衡车轮制动力

制动侧滑与跑偏经常相互关联，严重的跑偏往往会引起侧滑，易于发生侧滑的汽车也有加剧跑偏的趋势。当汽车的各个车轮制动器制动力存在较大差异，或者某一制动器出现故障时，由于整车制动力失衡，极有可能造成制动跑偏。造成汽车制动跑偏的另一结构原因是悬架导向杆系与转向系统拉杆存在的运动干涉。当汽车转向节上节臂处球头销远离车轴中心线，且悬架钢板弹簧的刚度过小，在车辆紧急制动时，由于车轮受到极大的地面制动力作用，转向节上节臂球头销前移的需求便只能转变为相对主销向右的偏移，从而引起转向车轮的偏转，形成汽车跑偏（图5-2-6）。结构性原因一般可以通过改进设计加以控制甚至消除。

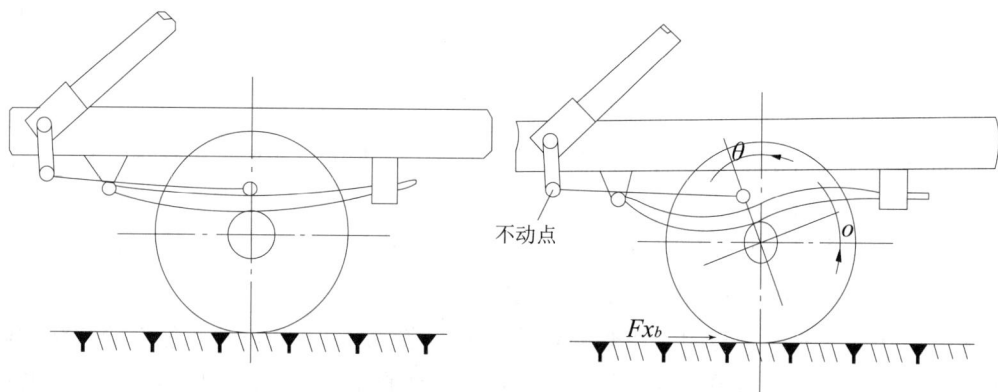

图5-2-6 制动时转向与悬架系统的干涉

试验指出，当前轮发生侧滑时，汽车将因转向车轮得不到侧向外力而丧失转向能力，这对于山区行驶的车辆是相当危险的；当侧滑发生在后轮时，汽车极有可能出现程度剧烈的侧滑，高速行驶的车辆甚至会在道路上发生危险的甩尾调头现象。

为了避免后轴先抱死，提高制动效率，可以在制动系统中增设感载限压阀或感载比例阀。通过对ABS系统（制动防抱死系统）的调整改进，便可以实现以合理分配汽车制动力为目的的汽车电子制动力分配（EBV）。它按照汽车行驶的需要，在监控汽车稳定性时，通过调节后轮制动力，达到使后轴上的制动过程尽量适应或靠近汽车的理想制动过程。当汽车前轴载荷较大时，还可以充分利用前轴上剩余的制动潜能。

二、ABS汽车的检测

当车辆制动系统配备ABS时，由于其结构特殊性，其制动性能检测方法也与普通车辆不同。交通行业标准《汽车防抱死制动系统检测技术条件》（JT/T 510—2004）规定了检测带有ABS车辆制动性能的技术要求和方法。

三、技术要求

1. 制动力
车辆在检测台上测出的制动力应符合表5-2-8的要求

表 5-2-8 ABS系统车辆制动力要求

制动力总和与整车质量的百分比（%）	前轴制动力与轴荷的百分比（%）
≥60	≥60

2. 制动力平衡要求

在制动力增长全过程中，同时测得的左右轮最大制动力差值与全过程中测得的该轴左右轮最大制动力中大者之比，对于前轴不得大于20%；对于后轴制动力大于等于后轴轴荷的60%时不得大于24%；当后轴制动力小于后轴轴荷的60%时，在制动力增长全过程中同时测得的左右轮最大制动力差值不得大于后轴轴荷的8%。

3. 制动协调时间

车辆在检验台上测出的制动协调时间应不大于0.6s。

4. 车轮阻滞力

车辆在检测台上测出的车轮阻滞力应不大于该轴轴荷的5%。

5. 驻车制动性能

车辆在检测台上测出的驻车制动力的总和应不小于该车在测试状态下整车质量的20%。

6. 车轮滑动率

车轮滑动率应在15%—20%的范围内。

四、检测方法

1. 检测条件

（1）空载检测。

（2）汽车制动踏板力或制动气压应符合表5-2-9的要求：

表 5-2-9 制动踏板力和制动气压要求

气压制动系统	液压制动系统	
气压表指示压力≤60kPa	座位数≤9座的载客汽车	其他车辆
	踏板力≤400N	踏板力≤450N

（3）轮胎充气至规定压力值，误差不超过±10kPa；胎面花纹高度不低于1.6mm。

（4）检测台应该具备使被检车辆各车轮和车轴同时测量以下参数的功能：各车轮制动特性测量、制动力测量、制动力平衡测量、制动协调时间测量、车轮阻滞力测量、驻车制动力测量和滑动率测量等。

2. 制动能力

（1）检测程序

检验员将车辆位置摆正于表面清洁、无松散物质及油污的检测台滚筒上，启动检测台，测取技术要求所规定的参数值，并记录车轮是否抱死。

测量制动时，为了获得足够的附着力，以避免车轮抱死，允许在车辆上增加足够的附加质量或施加相当于附加质量的作用力（附加质量或作用力不计入轴荷），也可以采取防止车辆移动的措施。

（2）检测结果处理

当采取增加足够附着质量或施加相当于附着质量的作用力方法后，如果仍出现车轮抱死，在滚筒上打滑或整车随滚筒滚动向后移动的现象，且制动力仍未达到合格要求时，应改用《机动车安全运行技术条件》（GB 7258）中规定的其他方法进行检测。

当车辆经台架检测后，对其制动性能仍有质疑时，可以采用《机动车安全运行技术条件》（GB 7258）中规定的路试检测进行复检，并以满载路试的检测结果为准。

使用台架检测车辆制动力时，当检测结果为不合格，且与标准规定值之差不超过标准规定值的15%时，应在对车辆不进行任何调整的前提下，重新进行检测。

3. 车轮滑动率

（1）检测程序

检验员将车辆位置摆正于表面清洁、无松散物质及油污的检测台滚筒上，启动检测台，使滚筒的线速度达到50km/h以上；待滚筒线速度稳定在±1.5km/h，测取所要求的参数值。

（2）检测结果处理

受检车辆每一车轮的滑动率均应处于15%—20%的范围内。

车轮定位参数检测

学习目标

1. 了解汽车车轮定位参数的内容和作用。
2. 掌握四轮定位参数对汽车行驶性能的影响。
3. 了解四轮定位仪检测原理。
4. 会正确使用四轮定位仪。

导入

每个人走路的姿势不一样，鞋的磨损情况也不一样。同样，每位驾驶员的驾驶习惯和每辆车的技术状况不一样，轮胎磨损的情况也不一样。不过，就磨损来说也分两种情况，一种是正常磨损，一种是异常磨损。观察下面车轮，是何种不正常现象？

知识准备

一、车轮定位参数

为使转向轮操纵轻便、行驶稳定可靠和减少轮胎的偏磨，在转向车轮上设计有主销后倾角 γ、主销内倾角 β、车轮外倾角 α 和前束，习惯上称为"前轮定位参数"。后轮外倾角和后轮前束称为"后轮定位参数"。前轮定位和后轮定位合称为四轮定位。其作用是使前后车轮的行驶轨迹重合，以减少高速时前后轮胎的横向侧滑量和轮胎的偏磨等。同时，转向车轮在向前滚动时将会产生横向滑移现象，即车轮侧滑。

在汽车静止的状态下，根据车轮旋转平面与各车轮定位间存在的直接或间接的几何关系，用专用检测设备对车轮定位进行几何角度的测量，这种车轮定位的检测方法称为静态检测法。

1. 前轮定位

（1）主销后倾角 γ 和主销内倾角 β

设计转向桥时转向主销倾斜安装在转向节上，形成主销后倾角和主销内倾角，使转向轮具有自动回正的功能，以保证汽车直线行驶，即汽车在行驶中，转向轮偶然受到外力作用（如碰到石块）或转向盘稍作转动而偏离直线行驶时，有回复到直线行驶的能力。

①主销后倾角

主销后倾角γ是汽车水平停放时，在汽车的纵向平面内，主销上部向后倾斜的角度γ。当主销具有后倾角时，主销轴线延长线与路面交点A将位于车轮与路面接触点B的前面，成为车轮摆动的支点。当汽车直线行驶时，若转向轮偶然受到外力作用而稍有偏转（例如向右偏转，如图5-3-1中箭头所示），将使汽车行驶方向向右偏离。这时由于离心力的作用，在车轮与路面接触点B处，路面对车轮作用的侧向反作用力Y形成绕主销轴线的回正力矩Y·l，方向与车轮偏转方向相反。回正力矩将使车轮回复到原来中间的位置，从而保证汽车稳定地直线行驶。由于回正力矩与力臂l成正比，且力臂l取决于主销后倾角，所以主销后倾角不宜过大，否则转向时，须在转向盘上施加较大的力，即转向盘沉重。一般γ角不超过2°—3°。

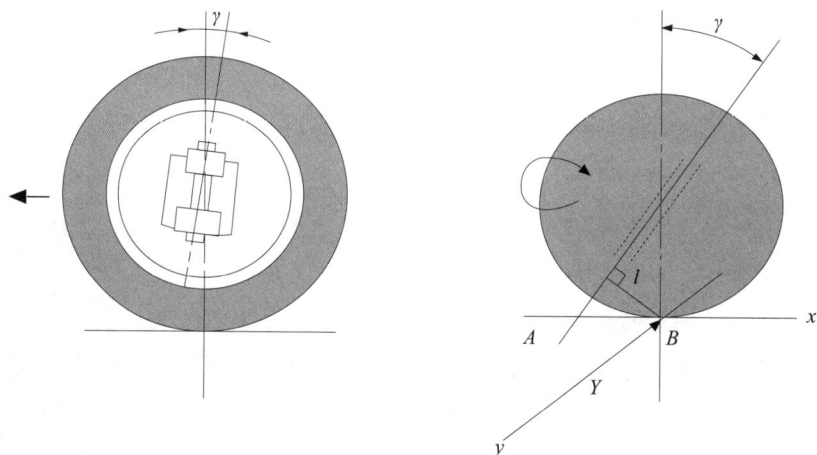

图 5-3-1 主销后倾角

注意：正主销后倾角有以下要点：

1. 正主销后倾角有助于前轮在转向后回到直线行驶的位置。
2. 左前轮的主销后倾角可以比右前轮小一些，以便补偿路拱的影响。
3. 过大的主销后倾角会加剧前轮摆动。
4. 过大的正主销后倾角导致车辆行驶不平顺。
5. 正确的正主销后倾角能改善车辆大方向的稳定性。

目前乘用车广泛采用低压胎，轮胎与地面接触面增大，引起回正力矩增加，因此γ角可减小到接近于零，甚至为负值，但不超过-1°。负主销后倾角将滑柱上支座和下球头销中心线移到车轮及转向节垂直中心线与路面交点的后面。当主销后倾角为负值时，前轮驶入路面凹陷时，主销线并不会指向凹陷处，这就减缓了路面对悬架和底盘的冲击，减小了转向作用力，改善了车辆行驶的平顺性。

注意：负主销后倾角有以下要点：

1. 负主销后倾角无助于前轮在转向后回正到中心位置。
2. 负的主销后倾角导致方向失稳并减弱了对方向的控制。

②主销内倾角

主销内倾角是当汽车水平停放时，在汽车的横向平面内，主销轴线与地面垂线的夹角 β，如图5-3-2所示。主销内倾角 β 有以下两个作用：

a. 具有自动回正的作用。当转向车轮在外力的作用下，由中间位置偏离一个角度时，车轮的最低点将陷入路面以下，但实际上车轮下边缘不可能陷入路面以下，而是将转向轮连同整个汽车前部向上抬起一个相应的高度，这样汽车本身的重力具有使转向轮回复到原来中间位置的效应。

b. 转向轻便。主销内倾角 β 还使主销轴线与路面交点到车轮中心平面与地面交线的距离 c 减小（图5-3-2），从而减小转向时驾驶员施加在转向盘上的力，使转向操纵轻便，同时也可减少从转向轮传到转向盘上的冲击力。但 c 值也不宜过小，即主销内倾角 β 不宜过大，否则在转向时，车轮绕主销偏转的过程中，轮胎与路面间将产生较大的滑动，从而增加轮胎与路面的摩擦阻力，这样不仅使转向变得很沉重，而且会加速轮胎的磨损。故主销内倾角一般不大于8°。

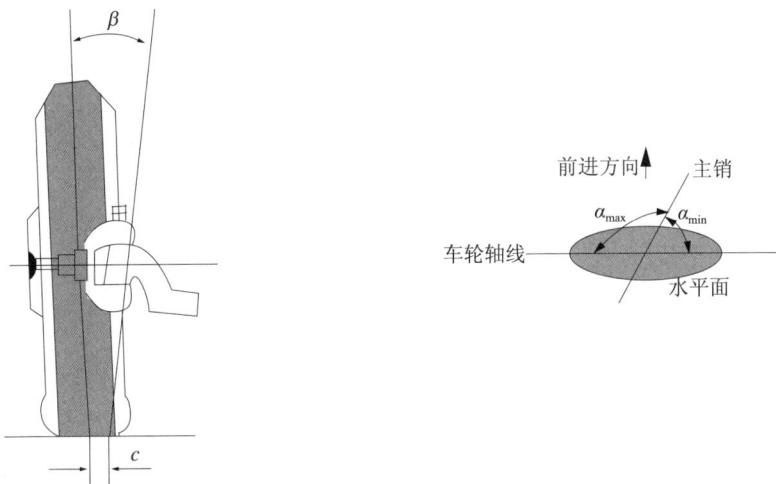

图 5-3-2 主销内倾角

（2）车轮外倾角 α 和前轮前束 $A-B$

除了主销后倾角和内倾角两个角度用于保证汽车稳定直线行驶外，车轮中心平面也不是垂直于地面的，而是向外倾斜一个角度 α，称为车轮外倾角，如图5-3-3所示。外倾为正，内倾为负。车轮外倾角有以下四个作用：

①转向轻便。车轮外倾角的存在，使轮胎接地点向内缩以减小偏距，从而使转向轻便。

②减小轮胎偏磨。如果空车时车轮正好垂直于路面，则满载时车桥将因承载变形，而可能出现车轮内倾。这样会加速汽车轮胎的偏磨。外倾也不宜过大，否则轮胎也会产生偏磨。

③保护轴头螺母。如果没有外倾角，满载后车轮会内倾，则轮毂向外压靠在轮外轴承上，加重轴承和轮毂紧固螺母的负荷，降低它们的使用寿命。因此，为使轮胎磨损均匀和减轻轮毂外轴承的负荷，安装车轮时需预先使车轮有一定的外倾角，以防止车轮内倾。

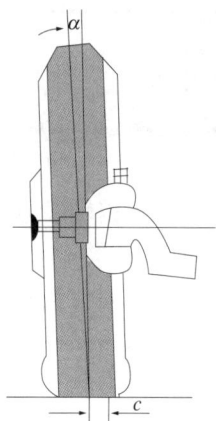

图 5-3-3 车轮外倾角

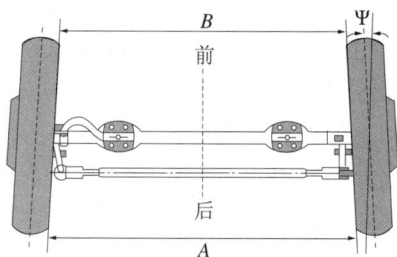

图 5-3-4 前束

④保持轮胎与拱形路面垂直，减少轮胎偏磨。车轮有了外倾角便可与拱形路面相适应。车轮外倾角一般为0°30′—1°。

车轮有了外倾角后，会使车轮在滚动类似于圆锥向外滚开，从而导致两侧车轮向外滚开。由于转向横拉杆和车桥的约束车轮不致向外滚开，车轮将在地面上出现边滚边向内滑的现象，从而增加了轮胎的磨损。为了避免这种由于圆锥滚动效应带来的不良后果，应当将两前轮适当向内偏转，即形成前轮前束（A-B）。

前桥左右车轮的旋转平面不平行，车轮前端胎面中心线间的距离B小于车轮后端胎面中心线间的距离A，称为前轮前束A-B，如图5-3-4所示。

对于每个车轮来说，前端偏向汽车中心纵轴线为正前束，前端偏离汽车中心纵轴线为负前束（又称前张）。

前轮前束可通过改变横拉杆的长度来调整。调整时，可根据各厂家规定的测量位置，使两轮前后距离差（A-B）符合所规定的前束值。一般前束值都小于8—12mm。

（3）转向20°时张角

转向20°时张角定义为转向20°时两前轮转向角度之差，如图5-3-5。转弯时内轮所转的角度常大于外轮，其目的是为了在转弯时使汽车能以后轴延伸线的瞬时中心为圆心顺利转弯。此外当内轮转角较大时，阻力也较大，阻力的不同可使汽车偏向阻力大的一方，使转向更加容易。

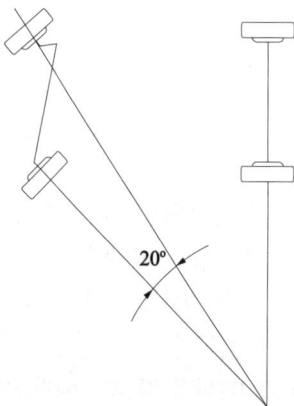

图 5-3-5 转向20°时张角

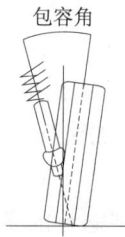

图 5-3-6 包容角

（4）包容角

包容角是主销内倾角与外倾角之和，如图5-3-6所示。

因为包容角是由刚性零件（转向铰节组件或麦弗逊式悬架）确定的，所以它一般是不可调的。当这些零件变形时，主销内倾角将发生变化。因此，包容角是一个用来诊断车轴磨损及悬架变形的有力工具。

2．后轮定位

随着前轮驱动、整体式后桥和非承载式车身结构的汽车出现，产生了后轮定位的问题，后轮定位失准也会产生直线行驶稳定性不好、轮胎异常磨损等故障。

（1）后轮外倾角和前束

后轮外倾角的概念同前轮外倾角。许多前驱动汽车的后轮具有轻微的负车轮外倾角，以便改进转向稳定性。

推力角为零时，后轮单独前束角是指车轮中心线与汽车几何中心线的夹角，左后轮和右后轮的单独前束角应相等。两后轮的前束不一致会形成推力角而引起跑偏。

（2）推力线

后轮定位是通过推力线体现的。推力线是过后桥中心且和后桥中心线垂直相交的一条假想线，指向汽车前进方向。汽车的纵向几何中心线也是一条假想线，它是通过汽车前桥和后桥中心线的直线。推力线和汽车的纵向几何中心线重合，汽车的直线行驶稳定性好。推力线和汽车的纵向几何中心线不重合，后轮沿推力线给汽车一个力矩，引起汽车跑偏，则汽车的直线行驶稳定性不好。

推力角（图5-3-7）是指推力线和汽车的纵向几何中心线不重合时，推力线与纵向几何中心线形成的夹角。推力线朝左，推力角为正；推力线朝右，推力角为负。推力角并非设计参数，而是一种故障状态参数，如左后轮和右后轮的前束不等、后轴安装偏斜、车轴偏角等情况，都会产生推力角。

推力角的存在会使汽车的行驶轨迹偏斜，当推力线向汽车几何中心线的左侧偏斜时，后轮将使汽车顺时针转向。如果驾驶员松脱方向盘，汽车向右转。若使汽车保持直线行驶，需使汽车前轮不断向左偏转进行补偿，这将造成轮胎的羽片状磨损。

（3）车轴偏角

对于车轮安装角度正常的汽车，其左侧前后两个车轮中心线之间的距离应该与右侧前后两个车轮中心线之间的距离相等，即左右轴距相等。若车轮前束值失准或车辆发生了严重的碰撞事故，则会导致同一车轴上的两个车轮的位置发生变化，使右前轮相对于左前轮向前（图5-3-8）或向后偏移。

车轴偏角是指同一车轴左右两个车轮的位置发生变化后，其实际轴线与理论轴线之间的夹角。此时，一个车轮较另外一个车轮后退些。

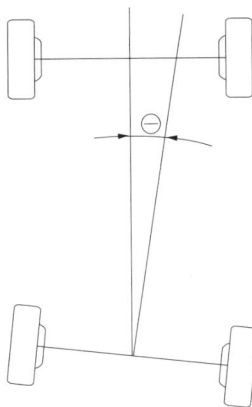

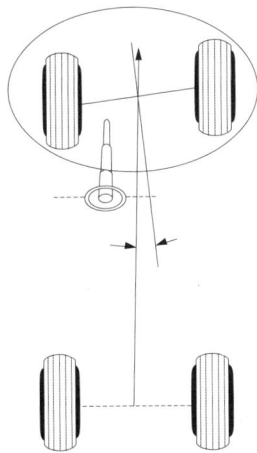

图 5-3-7 推力角　　　　图 5-3-8 车轴偏角

右侧车轮如果向前偏移，则车轴偏角为正；右侧车轮如果向后偏移，则车轴偏角为负。

车轴偏角不是设计角度，而是车辆由于碰撞事故或调整不当产生的。车轴偏角的出现将导致左右轴距的差异，这时汽车会出现跑偏及操纵不稳的现象，行驶方向将偏向轴距较小的一侧。

测量车轴偏角时，要先确定前束正确，因为如果前束不正确，测量时会产生不正常的车轴偏角数值。

想一想：

1. 前轮定位参数偏离正常范围会出现什么现象？
2. 是不是所有车辆的定位参数值都是一样？为什么？

二、车轮定位参数的检测

由于车轮定位参数数值较小，所以测量时需用专用检测设备——四轮定位仪。现代四轮定位仪可同时测量前轮和后轮定位参数，主要有CCD式和3D影像式等，而CCD式四轮定位仪目前使用较多。

1. 四轮定位仪的结构

四轮定位仪是专门用来测量车轮定位参数的设备。可检测的项目包括前轮前束值/角、前轮外倾角、主销后倾角、主销内倾角、后轮前束、后轮外倾角、车辆轮距、轴距、转向20°时的前张角、推力角和左右轴距差等。

四轮定位仪主要由定位平台、转盘、轮毂卡具、附件、定位仪主机和测量头等组成。定位平台用于汽车四轮定位检测和调整时提供符合要求的场地，有地沟和举升机两种形式，如图5-3-9所示。

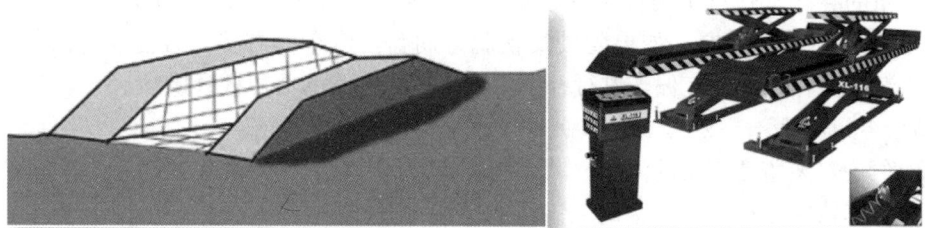

图 5-3-9 地沟和举升机

（1）转盘

转盘是由固定盘、活动盘、扇形刻度尺、游标指针、锁止销和滚珠等组成，如图5-3-10所示。活动盘上装有指针，以指示车轮转过的角度。有的转盘装有位移传感器，构成电子转盘，可将转盘转过的角度转换成电信号，并通过电缆传送给计算机。检测中应将锁止销取下，而检测前后可用锁止销将活动盘锁止，以便前轮上下

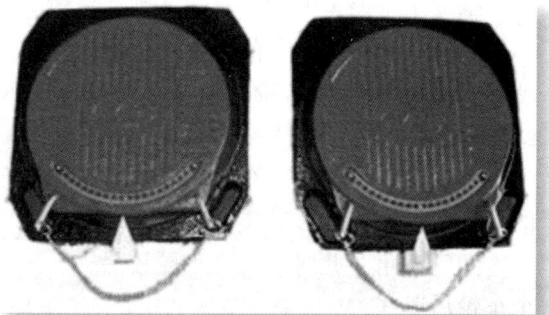

图 5-3-10 转盘

转盘。

转盘的作用有以下几点：

①在主销倾角的检测中，便于静止汽车前轮转向，并转至规定的角度。

②测试两前轮的最大转向角。

用转盘可测出前轮最大转向角（即左、右转向轮转过的极限角）。检查时，先用锁销将上述转盘与底座锁住，转角指针对准"0"刻度。将汽车转向轮直线驶上转角盘的中心位置，保证车轮处于直线水平位置，转向盘位于直线行驶中心位置。拔下插销，可以开始测量。将转向盘分别向左和向右转到极限位置，即可测出左、右极限转向角。

（2）轮毂卡具

轮毂卡具如图5-3-11所示具有3—4个轮爪，材料大多为铝合金。三爪卡具采用自定心方式。四爪卡具采用四点定位方式，误差点取值多，中心对正较好，精度较高。

通过转动手柄可自动定心固定在轮毂圈内侧，其轴销用于安装测量机头。轮爪头具有多种形式，可根据需要进行选择。轮毂卡具装配正确与否对测试结果有很大影响。在装配轮毂卡具时，应使轮爪避开轮毂上平衡块处，同时务必使四个轮爪与轮毂接触均匀。

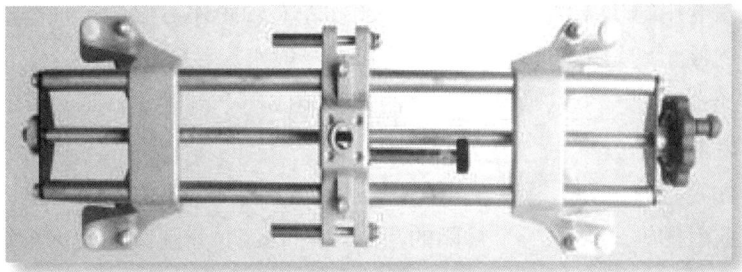

图 5-3-11 轮毂卡具

（3）附件

附件包括制动杆、转向盘锁定杆等，如图5-3-12所示。制动杆在测定主销倾角时，可以防止车轮滚动。转向盘锁定杆可防止在测前束时车轮转向。

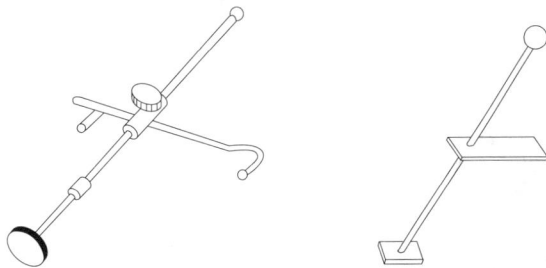

图 5-3-12 转向盘锁定杆、制动杆

（4）定位仪主机

四轮定位仪主机采用PC机构成的虚拟仪表，进行数据处理和测量结果的显示，主要包括计算机、打印机和机柜等。

计算机内置测量软件，计算机硬盘中存有各种车型定位参数的数据库和操作帮助系统等。检测时，四轮定位仪测量出汽车实际的四轮定位参数，并通过打印机输出检测结果。然后计算机自动与相应车型的原始定位参数进行比较，操作人员可按照显示器提供的三维动画提示和实时帮助，进行各车轮定位参数的调整。

常用的四轮定位仪的测量原理相同，只是采用的测量方法（或使用的传感器类型）及数据记录与传输的方式有所不同。

2. CCD式四轮定位仪

CCD（Charge Coupled Devices）是一种半导体数字元器件（又称光电耦合器件），它是在一块硅面上集成了数千个各自独立的光敏元，当激光照射到光敏面上时，受光光敏元将聚集光电子，通过移位的方式，将光量输出，产生光位置和光强的信息。

CCD分为线阵型和面阵型。线阵型CCD的光敏面上的光敏单元排列成一行，而面阵型CCD光敏面上的光敏单元列成二维阵列。车轮定位仪多采用单色、线阵型CCD，测量一个发光光源在CCD视野的水平坐标。

CCD器件温度稳定性好，使用寿命长，具有良好的环境适应能力。现在国内大多使用此CCD测量传感器，但这种传感器机械加工精度高，其电子元器件在维护、使用时要轻拿轻放，并要定期校正。此外，它的制造成本及配件价格较高。

四轮定位仪利用CCD来测量前束、推力角和左右轴距差等参数，而车轮外倾角、主销后倾角和主销内倾角则是用倾角传感器来测量。一般来说，CCD式四轮定位仪将两个CCD和两个倾角传感器（或一个双轴倾角传感器）组装成一个测量头，通过夹具安装在每个车轮轮毂上用于测量。

CCD式四轮定位仪（图5-3-13）共有4个测量头，每个车轮用一个（图5-3-14），在检测前通过光线照射的方式形成一个封闭的矩形。两个CCD分别装在大、小箱体内，用于测量前束角和推力角。两个倾角传感器（即外倾角传感器和内倾角传感器）互成90°放置，用于测量车轮外倾角和主销内倾角。单片机处理系统对传感器的信号经微机处理器进行数据处理，处理结果可直接通过电缆线传输给计算机。但现在测量头大多为无线方式，即通过测量头内高频变送器，将测量结果发送到定位仪的接收器里。这种测量头不需要电缆线束和车轮定位仪相连接，数据连续采集、连续发送，即使碰到障碍物也不影响数据传输。

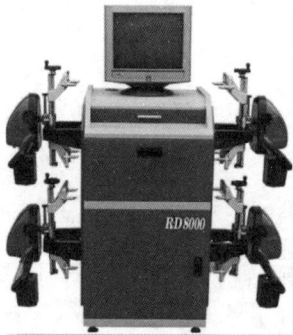

图5-3-13 CCD式定位仪　　　　图5-3-14 测量头安装

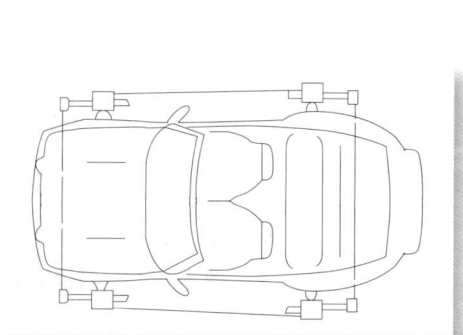

CCD测量前束角的测量原理：测量头的红外发光管发出的光线以一定的角度照射在对面测量头的CCD上，其上相应位置的光敏单元被照射而产生信号电荷，该信号电荷由测量

头内的单片机进行处理，可计算出入射光的角度以及束角的大小。测量头箱体内的CCD用于测量前束角，而小箱体内的CCD用于测量横角。

车轮前束测量前，应保证汽车车体摆正且转向盘位于中间位置。为提高车轮前束的测量精度，一般通过安装在车轮上的4个测量头的前束和横角测量装置发出的共8条光束形成一个测量场，即一个封闭的矩形，如图5-3-14所示。被检汽车置于此矩形中，不仅可以检测前轮的前束、后轮前束，还可以检测出同轴的左、右轴距差及推力角等。

测量头内的外倾角传感器以重力方向作为参考基准，测出夹具轴销与水平平面的夹角，此夹角等于车轮外倾角。

3. 3D式四轮定位仪

3D式定位仪（图5-3-15）的测量方式是采用数字图像识别技术，用数字CCD相机采集装在车轮反光板上的图像信息，以测量出车轮的相对数值，通过前后移动车辆，由CCD摄像头同时采集反光板信息，电脑计算出其坐标和角度，通过软件三维重建，就能实时显示四轮的三维状态。它利用图像识别技术，无需校正，具有丈量精度高、无误差、操纵简单等优点。

反光板用有机玻璃制成，其上有若干规定大小的光斑，作为CCD摄像机监测的目标。如图5-3-16所示，反光板有夹具安装在每个车轮上。测量过程中，应避免外界红外光（比如阳光）在反光板上形成对CCD摄像头的反射光以及遮住反光板至摄像机之间的光路。

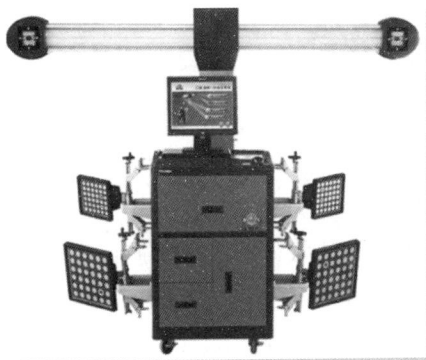

图 5-3-15 3D式定位仪

图 5-3-16 反光板

CCD摄像机固定在定位机旁的两个立柱之内，CCD摄像机的发光二极管发出的固定频率的红外光经柱面镜单方向拉伸，形成一个光平面照射在装夹于车轮上的反光板上。反光板接收到光线后，将光线反射给CCD摄像机。CCD摄像机拍摄成像在其像平面上的反光图像。经过视频线传输和图像采集卡采集后，计算机利用数字图像处理技术计算出反光板与CCD摄像机间的距离，再通过数据处理后，计算出汽车相关尺寸，得出相应的四轮定位参数值。

测量时通过前后移动汽车，使反光板随车轮转动，然后用CCD摄像机拍摄装在车轮的反光板随车轮

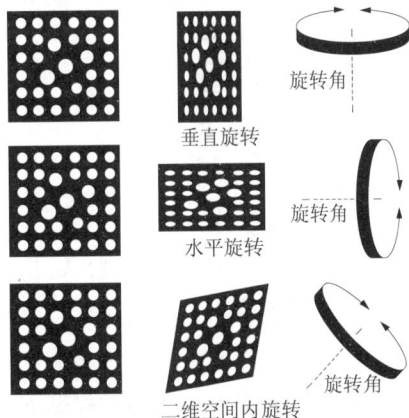

垂直旋转

水平旋转

二维空间内旋转

旋转角

旋转角

旋转角

图 5-3-17 测量原理图

滚动的空间运动图像（图5-3-17），由计算机三维数字图像处理技术对空间运动图像进行处理和坐标变换，通过比较反光板的起始位置和终点位置图像，计算出每个车轮的转动轴线，直接计算出车轮前束角、车轮外倾角。

通过左右转动转向盘，同样用CCD摄像机拍摄装在车轮的反光板随车轮转动的空间运动图像，由计算机三维数字图像处理技术对空间运动图像进行处理和坐标转换，比较两个不同的位置图像，测量车轮转动轴线，直接计算主销内倾角和主销后倾角。

3D图像式四轮定位仪具有以下的主要特征：

（1）检测速度快，工作效率高。

（2）反光板是用有机玻璃制成，因为不是电子测量头（没有CCD器件和倾角传感器），所以不会因精密电子元器件损坏而需重新校准，并且反光板和定位仪主机间无电缆线连接。

（3）由于采用三维空间定位技术，所以不需要倾角传感器，定位平台的不平度也不会影响测量精度。

（4）由于是测量车轮的转动轴线，所以轮毂钢圈的好坏和反光板的安装是否准确都不会影响测量精度。

（5）不需要进行反光板的水平调整和轮毂偏摆补偿。定时时间可节约大约20—30min。

（6）测量时操作人员不需要碰反光板。

友情小贴士：

当汽车出现以下情形时，需要进行车轮定位检测：

1. 直线行驶时需紧握转向盘，否则汽车会跑偏。

2. 轮胎出现异常磨损，如轮胎单侧磨损或出现凹凸状、羽毛状磨损。

3. 转向时转向沉重，以及快速行驶时转向盘发抖。

4. 车辆更换新轮胎、转向节以及减震器等悬架系统配件后。

5. 车辆发生碰撞事故后。

6. 当新车行驶3000km或每行驶10000km后。

任务实施

车轮定位参数检测

一、目的与要求

1. 所有操作要求符合规范，操作应采取正确的步骤、方法。

2. 正确检查车辆，确保符合检测条件。

3. 按要求安装卡具和传感器。

4. 在任务单上完成测量数据的填写。

5. 操作完毕后设备工具复位。

二、器材与设备

四轮定位仪一台、举升机一台、被测车辆一辆、气压表、尺。

三、操作过程

1. 上车前准备工作

对车轮定位进行测量前，一定要检查每一项可能对车轮定位造成影响的因素，并进行必要的校正。正确地进行这些准备工作，可使测量时得到的参数值更为准确。准备工作包括：

（1）被检车辆的载荷是否符合原厂规定。

（2）检查车辆车轮的胎压。

（3）轮胎明显的不均匀磨损或轮胎尺寸差别。

（4）轮胎径向和表面的偏摆。

（5）由于磨损造成的球节间隙。

（6）由于磨损造成的转向横拉杆端头的间隙。

（7）由于磨损造成的前轮轴承间隙。

（8）左右支撑杆的长度。

（9）左右轴距的差别。

（10）转向杆系各部件的变形或磨损。

（11）与前悬架有关的变形和磨损。

（12）车身的横向倾斜（底盘离地间隙）。

其中在车轮定位之前调整底盘离地间隙非常重要，因为在装有独立悬架的车辆中，外倾角和后倾角等定位参数会随着底盘离地间隙的变化而变化。

注意：测量时，应将车辆停在平坦的地面或符合水平要求的举升机上。

2. 安装卡具

（1）车辆在举升机上应处于正前方向，车辆的两前轮要落在两转角盘的中心上。

（2）拉上手刹，摇下左前侧车窗玻璃。

（3）根据轮胎钢圈大小，对卡具进行调整。

（4）卡具安装在钢圈的凸起的外沿，然后挂上安全钩。

（5）使卡臂能够卡在轮纹内。

（6）去下转角盘和后滑板的固定销钉，按压震动前后车身，使前后悬架系统复位。

3. 安装CCD传感器

（1）将电池装入传感器内。

（2）将四个传感器按照对应车轮的位置安装到卡具上（图5-3-18），并连接通讯电缆。

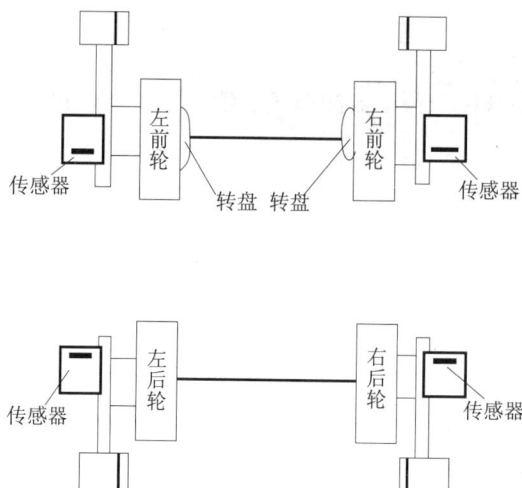

图 5-3-18 传感器安装示意图

（3）将车辆举升后落到举升机最低一格的安全锁止位置，以保证举升平台处在水平状态。

（4）定位仪开机，激活各个传感器。

（5）传感器放水平后拧紧固定旋钮。

4. 操作定位仪

（1）输入登记表格和各项客户信息。

（2）选择车型，输入车辆信息。

（3）转动方向盘，使车轮平直，用转向盘固定架固定转向盘，取下制动踏板固定架，然后用举升机举起车身，使车轮悬空并可以自由旋转。

（4）进行"轮毂偏摆补偿"。将卡具装在车轮上，通过转动手柄夹紧卡具，卡爪头一般要固定在轮毂圈内侧，避免装在外侧时由于轮毂外侧变形而造成测量不准。

注意：

由于汽车使用过程中造成的轮毂钢圈变形，造成转动中轮毂端面左右偏摆，加之夹具安装时难以保证三爪支承点组成的平面与车轮轴心线绝对垂直，它们引起的"摆差"造成夹具轴销与车轮旋转平面不垂直，形成一定的夹角，且随夹具安装在轮毂上的不同位置而随机变化。当轮毂偏摆严重时，会影响车轮定位数据的准确性，甚至得出错误的测试结果。所以，在测量四轮定位参数前，应对轮毂偏摆进行补偿。

（5）根据显示器界面的提示，逐项进行所需的四轮定位参数测量与调整。

（6）如需打印，鼠标在打印机图标位置，然后按回车键确认，就可打印出完整的测量调整结果报表。

（7）如需保存，按保存键。

任务4 车轮侧滑检测

学习目标

1. 了解汽车侧滑检测的意义。
2. 了解侧滑试验台的结构和工作原理。
3. 掌握侧滑检测方法。
4. 通过侧滑检测，了解车轮定位的动态检测方法及结果评价。

导入

一辆新换轮胎的汽车，行驶约400km，前轮就磨出了帘布层，驾驶员感觉方向发抖、发飘，高速时方向颤抖，且油耗增加了许多。想一想这是由哪些原因造成的？

知识准备

一、产生侧滑的原因

侧滑是指由于前束与车轮外倾角配合不当，在汽车行驶过程中，车轮与地面之间产生的一种相互作用力，这种作用力垂直于汽车行驶方向，使轮胎处于边滚边滑的状态，产生侧向滑移现象，称为转向轮侧滑。它使汽车的操纵稳定性变差，增加油耗，并加速轮胎的磨损。当转向轮外倾角过大时，车轮在滚动中因外倾角引起的侧向力不能被前束所引起的向内的侧向力所抵消，车轮向外产生侧滑（图5-4-1）。反之，当前束过大时，车轮向内产生侧滑。

为保证汽车转向轮无横向滑移的直线滚动，要求车轮外倾角和车轮前束有适当的配合。转向轮外倾角产生的外张力应与转向轮前束产生的内向力相互抵消，保持转向轮正直方向行驶。

汽车转向轮侧滑过大，会使汽车的行驶阻力增加，对汽车的动力性、燃料经济性及制动性均不利；转向轮侧滑过大，直接影响汽车操纵稳定

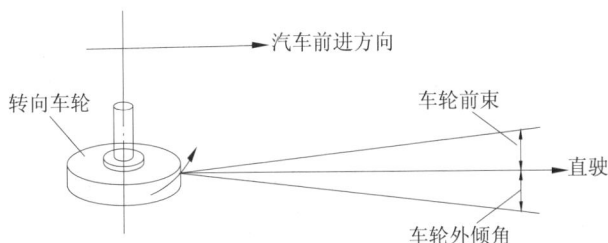

图 5-4-1 外倾与前束综合作用

性，表现为跑偏，高速时方向发抖、发飘；汽车转向轮侧滑增大，会使轮胎磨损加剧，引起轮胎偏磨，导致轮胎使用寿命下降。

因此，检测汽车车轮的侧滑是在用汽车性能检测中的重点检测项目之一。国家标准《机动车运行安全技术条件》（GB 7258—2012）和《营运车辆综合性能要求和检验方法》（GB 18565—2001）对汽车转向轮定位参数检测作了如下规定：

（1）机动车转向轮转向后应能自动回正，以使机动车具有稳定的直线行驶能力。

（2）机动车前轮定位值应符合该车有关技术条件。

（3）机动车转向轮的横向侧滑量，用侧滑仪检测时，其值应在-5m/km—5m/km之间。

二、汽车侧滑检验台

检测车轮侧滑的主要目的是为了判断汽车转向轮前束和外倾角两个参数配合是否恰当，而非测量这两个参数的具体数值。可用汽车侧滑检验台（简称侧滑台）检测侧滑量的大小与方向，其实质是让汽车驶过可横向自由滑动的滑动板，由于前轮前束和外倾角匹配不当而产生侧向作用力，滑动板将产生侧向滑动，测量滑动板移动的大小和方向以表示汽车前轮侧滑量。

侧滑试验台按照测量参数不同，可以分成滑板式侧滑试验台和滚筒式侧滑试验台两大类。滑板式侧滑试验台是通过测量滑板的滑动量来检测车轮侧滑量的。按滑动板数不同，分为单滑板式侧滑台（图5-4-2）和双滑板式侧滑台（图5-4-3）。

图 5-4-2 单滑板式侧滑台

图 5-4-3 双滑板式侧滑台

1. 双滑板式侧滑试验台

检测时，汽车以一定的行驶速度通过侧滑试验台，从而测量转向轮的横向侧滑量。侧滑量是指汽车直线行驶位移量为1km时，转向轮的横向位移量。侧滑量的单位是m/km。汽车侧滑试验台是用来检测汽车前轮侧滑量的一种专门设备。而汽车前轮的侧滑量主要受转向轮外倾角及转向轮前束值的影响。

转向轮前束使得车轮在滚动过程中力图向内收拢，而转向桥限制了这种运动趋势，也即在实际滚动过程中弹性轮胎不断地以侧向微幅移动，来保持不变的轮距。假设让两个只有前束而没有外倾的转向轮向前驶过如图5-4-4所示的滑动板，可以看到左右转向轮下的滑动板在转向轮内向力的反作用力的推动下，出现图中虚线所示分别向外侧滑移的现象。其单边转向轮的外侧滑量 S_t 为：

$$S_t = \frac{L'-L}{2}$$

转向轮外倾角又将使得车轮在滚动过程中力图向外张开，转向桥的限制作用，也会使弹性轮胎不断地以侧向微幅移动来协调这种矛盾。假设两个只有外倾而没有前束的转向轮同时向前驶过两块相对于地面可以左右滑动的滑动板，可以看到左右转向轮下的滑动板在转向轮外张力的作用力的推动下，出现如图5-4-5中虚线所示向内侧滑移现象。其单边转向轮的内侧滑量S_c为：

$$S_c = \frac{L'-L}{2}$$

由于滑板仅有车轮前束时的侧滑量为正值，而滑板仅受车轮外倾角时的侧滑量为负值，所以总的侧滑量$S = S_t + S_c$。侧滑试验台就是应用上述滑板原理来检测出转向轮的侧滑量。

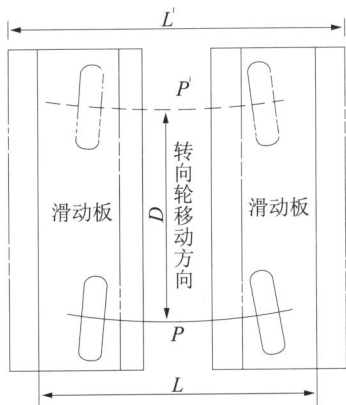

图 5-4-4 由车轮前束引起滑动板的侧滑　　图 5-4-5 由车轮外倾角引起滑板的侧滑

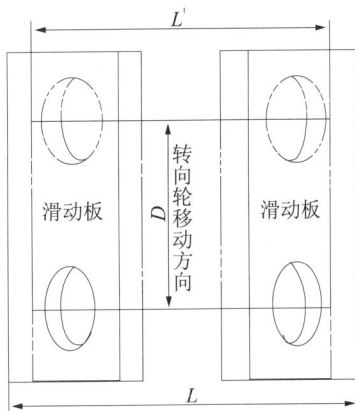

双滑板式侧滑试验台在国内应用广泛，结构如图5-4-6所示，由机械部分、测量装置、指示装置等几部分组成。机械部分包括：左右滑动板、双摇臂杠杆机构、回位装置、导向和限位装置等。滑动板长度有500mm、800mm和1000mm三种，滑动板越长，精度越高。滑动板通过滚轮、轨道和两板间的杠杆机构进行左右等量的相对运动。现在大多数侧滑台的测量装置有两种：电位计式和差动变压式。

测量装置可保证在侧向力的作用下，两滑动板只能在左右方向上作等量位移，而且要么均向内移动，要么均向外移动，在前后方向上不能移动。当车辆在滑动板上前进时，如车轮正前束（IN）过大，则滑动板向外滑动；如车轮负前束（OUT）过大，则滑动板向内侧滑动；当侧向力消失时，在回位装置

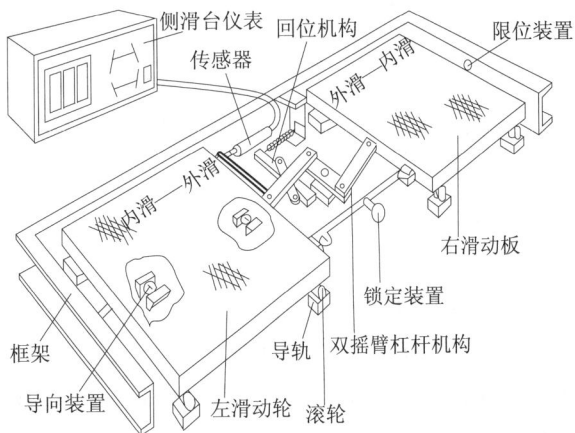

图 5-4-6 数字显示的双板联动式侧滑台结构

的作用下，两滑动板自动回到零位；当关闭锁止装置时，两滑动板被锁止。

电位计式的测量装置安装在如图5-4-7所示的位置。将滑动板的移动量变为电位计触点的位移，从而引起电压量的变化，并传给指示装置。

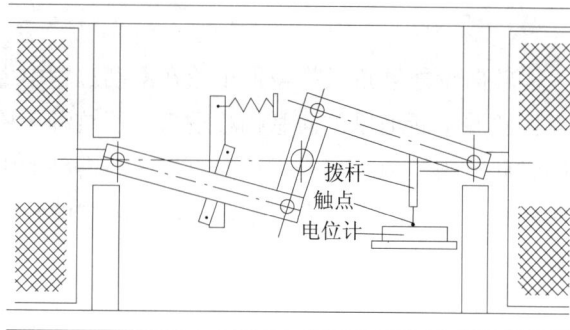

图 5-4-7 双板联动式侧滑试验台

2. 单滑板式侧滑试验台

单滑板式侧滑试验台仅用一块滑板，如图5-4-8所示。汽车左前轮从单滑板上通过，右前轮从地面上行驶。

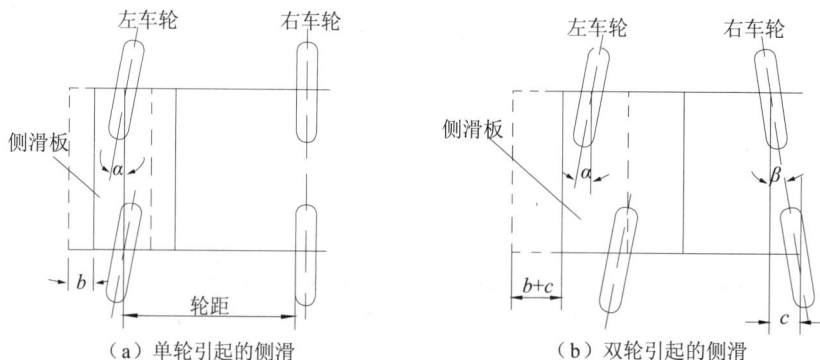

（a）单轮引起的侧滑　　　（b）双轮引起的侧滑

图 5-4-8 单滑板侧滑量测量原理

若右前轮正直行驶无侧滑，而左前轮向内侧滑时，通过车轮与滑动板间的附着作用带动滑动板向左移动距离b，如图5-2-8（a）所示。

若右前轮也具有侧滑，同样右前轮相对左前轮也会向内侧滑。此时，滑动板向左移动距离c，且由于左前轮同时向内侧滑的量为b，则滑动板的移动距离为两前轮向内侧滑量之和，即$b+c$，如图5-2-8（b）所示。

上述$b+c$距离可反映出汽车左右车轮总的侧滑量及侧滑方向。也就是说，采用单板式侧滑台测量汽车的侧滑量时，虽然是一侧车轮从滑动板上通过，但测量的结果并非是单轮的侧滑量，而是左右轮侧滑量的综合反映。此侧滑量与汽车驶过台板时的偏斜度无关。根据这一侧滑量可以计算出每一边车轮的侧滑量，即单轮的侧滑量$(b+c)/2$。

常见的侧滑检测台指示装置有指针和数字显示两种。指针式指示仪表如图5-4-9所示，该仪表把从测量装置传递的滑动板位移量，按汽车每行驶1km侧滑1m定为一格刻度指示。因此，滑动板长度为1m时，单边滑动1mm时指示一格刻度；滑动板长度为0.5m时，0.5mm指示一格刻度。

按照汽车侧滑台的检测标准，常常在指针指示装置的仪表盘上将侧滑量示值分为三个区域：侧滑量0—3m/km（IN或OUT）为合格区域或GOOD区域，标记为绿色；3m/km<侧滑量≤5m/km（IN或OUT）为警示区域或FIRE区域，标记为黄色；侧滑量>5—10m/km（IN或OUT）为不合格区域或BAD区域，标记为红色，当指针到达这一区域时伴有蜂鸣声报警。

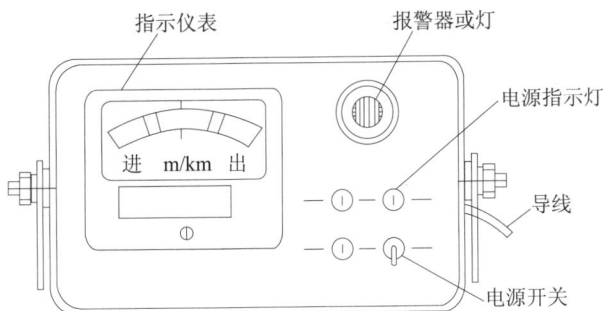

图 5-4-9 指针式指示装置

智能型侧滑仪的数字图形显示方式的指示装置能够及时记录侧滑量数值的大小，并能够将数据进行存储，以保证车轮驶离侧滑台后，操作人员能读取侧滑量的显示值。当后轮通过或前轮后退通过滑板时，自动清零复位，准备下次测量。从这一点来看，它要优越于指针式和常用数字式侧滑仪表。

三、侧滑的检测标准

侧滑试验台实际显示的侧滑值是左、右车轮侧滑量的平均值。侧滑量的单位用m/km表示，即汽车每行驶1km产生侧滑的距离。

按照国家标准《机动车运行安全技术条件》（GB 7258—2012）的规定，对前轴采用非独立悬架的汽车，其转向轮的横向侧滑量，用侧滑试验台检测时侧滑量值应在-5m/km—+5m/km之间。

任务实施

车轮侧滑检测

一、目的与要求

1. 所有操作要求符合规范、操作应采取正确的步骤、方法。

2. 正确检查车辆，确保符合检测条件。

3. 掌握检测步骤和判断侧滑量合格与否的依据。

4. 操作完毕后设备工具复位。

二、器材与设备

侧滑检测台一台、被测车辆一辆。

三、操作过程

1. 被检车辆的准备

（1）轮胎气压应符合汽车制造厂的规定。

（2）轮胎上粘有油污、泥土或花纹沟槽内嵌有石子时，应清理干净。

2. 检测仪器的准备

（1）检查侧滑台工作是否正常，指针是否指在0位，若失准，需按规定方法进行调整。

（2）检查试验台各种导线的连接情况。

3. 检测步骤

（1）将汽车对正侧滑台，并使方向盘处于正中位置。

（2）使汽车沿台板上的指示以3—5km/h速度前进，使车轮平稳通过滑动板，在行进过程中，不允许转动方向盘。

注意：

超过检测台允许轴重的车辆，不得通过侧滑试验台！

（3）当车轮完全通过滑动板后，从指示装置上观察侧滑方向并读取和打印最大侧滑量。

知识拓展

一、影响侧滑量的因素

当车轮外倾角一定时，改变前束值就会导致侧向力及侧滑量成正比的变化。因此，当侧滑量超标时，一般情况下调整前束就能使侧滑量合格。但也有特殊情况，当汽车前部因碰撞变形时，会导致左右轴距不相等或使前轮定位角发生较大的变化，这时会出现这样的现象：汽车侧滑不合格时，驾驶员感觉转向盘还能掌握；当采用调整前束的方法使侧滑合格以后，反而觉得汽车的转向盘掌握不了，汽车无法驾驶。遇到这种情况，首先应测量前束值，看其是否在原厂规定的范围内，如超出原厂规定的范围较多，应将其调回原厂规定的范围内，再检查左右两侧轴距是否一致、前轮定位的其他三个参数是否符合要求。侧滑不合格，不能一味用改变前束的办法去调整。

汽车轮毂轴承间隙过大，左右松紧度不一致；转向节主销与衬套磨损，或转向节臂松动；左右轮胎气压不等，花纹不一致，轮胎磨损过甚以至严重偏磨；横、直拉杆球头松旷，左右悬架性能不等，前后轴不平行，都会影响侧滑量。在检验侧滑以前，应首先消除这些因素。当检验车辆的侧滑不合格时，应注意在这些方面查找原因。

汽车通过侧滑板时的速度，规定为3—4km/h，一般人快步行走的速度可达6km/h。3—4km/h的速度只相当于一般人中速行走的速度。在检验侧滑时，有的驾驶员不自觉地将车速开快了，由于冲击的作用，滑板产生的侧滑量会显著增加。

轮胎气压不符合规定，轮胎上有水、油或花纹中嵌有小石子，都会影响轮胎与滑板之间的作用力，从而影响侧滑量。

二、通过侧滑还可以检测后轴情况

对于无车轮定位的后轮，可用侧滑试验台按下列方法检测后轴是否弯曲变形和轮毂轴承是否松旷。

1. 使汽车后轮从侧滑试验台滑动板上前进和后退平稳驶过，如两次侧滑量读数均为零，表明后轴无任何弯曲变形。

2. 如果两次侧滑量读数不为零，且前进和后退驶过侧滑板后，侧滑量读数相等而侧滑

方向相反，表明后轴在水平平面内发生弯曲。

　　（1）若前进时滑动板向外滑动，后退时又向内滑动，说明后轴端部在水平平面内向前弯曲。

　　（2）若前进时滑动板向内滑动，后退时又向外滑动，说明后轴端部在水平平面内向后弯曲。

　　3. 如果两次侧滑量读数不为零，且前进和后退驶过侧滑板后，侧滑量读数相等而侧滑方向相同，表明后轴在垂直平面内发生弯曲。

　　（1）若滑动板向外滑动，说明后轴端部在垂直平面内向上弯曲。

　　（2）若滑动板向内滑动，说明后轴端部在垂直平面内向下弯曲。

　　4. 后轮多次行驶过侧滑试验台滑动板，每次读数不相等，说明轮毂轴承松旷。

　　对于后轮有定位的汽车，仍可按上述方法检测后轴是否变形和轮毂轴承是否松旷，只要在检测结果中减去定位值，剩余值即为后轴弯曲变形造成的。

任务5 汽车前照灯检测

学习目标

1. 熟悉汽车前照灯的评价指标。
2. 了解汽车前照灯检测的标准。
3. 会汽车前照灯的检测方法。
4. 了解汽车前照灯检测台基本结构与工作原理。

导入

前照灯是汽车夜间行车必需的照明装备，所有汽车的前照灯都具有远光和近光光束，即汽车夜间行驶时，为了避免会车所产生的灯光眩目，驾驶员可以让前照灯"眨眼睛"。所以，灯光系统故障将直接影响行车安全。想一想，你对汽车灯光的要求有多少了解？

知识准备

一、汽车前照灯的评价

前照灯是汽车在夜间或者能见度较低的白天为汽车提供行车照明的重要装备，也是驾驶员发出警示、联络他车的主要信号手段。为此，汽车前照灯的远光光束必须具有足够的发光强度，以确保汽车夜间具有足够的行车照明距离。另一方面，当两车迎面相会时，强烈的灯光照射将导致被照射的驾驶员视觉出现眩晕，瞬间丧失辨别方向的能力，所以前照灯的近光光束必须具有正确的照射方向，以避免光束投向来车驾驶员的眼点。

在汽车行车过程中，由于振动或其他偶然因素，可能引起前照灯安装位置发生改变，进而导致光束偏离正确照射方向；由于灯泡在使用过程中逐渐老化，受污染的反射镜劣化聚光性能等因素，也会降低前照灯的亮度。所有这些变化或将导致驾驶员辨识路况困难，

亦或在夜间与其他车辆交汇时令他车驾驶员眩目，发生危险。因此，定期对汽车前照灯的光强和光束方向进行检测，及时发现问题并加以校正，是国家法规安全条例对行车安全的强制性检测项目。

1. 光强

发光强度是表示光源在一定方向范围内发出可见光辐射强弱的物理量，单位为坎德拉（简称"坎"），用符号cd表示。按照国际标准单位的规定，若一光源在给定方向上发出频率为540×1012Hz的单色光辐射，且在此方向上的辐射强度为每球面度1/683W时，此光源在该方向上的发光强度为1cd。

照度表明受光物体被光源照明的程度，其单位为勒克斯，用符号lx表示。1lx等于1.02cd的点光源在半径为1m的球面上产生的光照度。若发光强度用 I （cd）表示，照度用 E （lx）表示，前照灯距物体的距离为 s （m），则三者之间的关系为：

$$E = \frac{I}{s}$$

即在前照灯发光强度不变的前提下，被照物体离光源越远，其被照明的程度越差，照度越小。

2. 光束偏移值

汽车前照灯应该能够防止眩目，以避免夜间会车时驾车人因眩目而造成交通事故。国家标准对前照灯光束照射位置偏移值的要求如下：

（1）在检验机动车前照灯的近光光束照射位置时，前照灯在距离屏幕10m处，光束明暗截止线转角或中点的高度应该为0.6—0.8H（H为前照灯基准中心高度），其水平方向位置向左向右偏差均不得超过100mm。

（2）四灯制前照灯其远光单光束灯的调整，要求在屏幕上光束中心离地高度为0.85—0.9H，水平位置要求左灯向左偏不得大于100mm，向右偏不得大于170 mm；右灯向左或向右偏均不得大于170mm。

（3）机动车装用远光和近光光束灯时，以调整近光光束为主。对于只能调整远光单光束的灯，调整远光单光束。

（4）机动车前照灯发光强度测试过程中，电源系统应该处于充电状态。

二、汽车前照灯检测装备

前照灯检验仪是按照规定测量距离放置在被检车辆对面，用来检测前照灯发光强度和光轴偏移量的专用设备。

前照灯检测仪有很多类型，按照仪器的结构特征与测量方法的不同，常用汽车前照灯检测仪可以分为聚光式、屏幕式、投影式和自动追踪式等四种类型。它们均由接受前照灯光束的受光器、使受光器与汽车前照灯对正的照准装置、前照灯发光强度指示装置、光轴偏斜方向和偏斜量指示装置、支柱、底板、导轨和汽车摆正照准装置等组成。

聚光式前照灯检测仪结构如图5-5-1所示。当将检测仪置于汽车前照灯前方适当距离时，它利用受光器的聚光透镜把前照灯的散射光束聚合在一起，引导到光电池的光照面上，根据光电池受到的照射强度，来检测前照灯的发光强度和光轴偏斜量。

屏幕式前照灯检测仪结构如图5-5-2所示，在固定屏幕上装有可左右移动的活动屏幕，而活动屏幕上装有能够上下移动的内部带有光电池的受光器。当将被测车辆前照灯置于检测仪前规定距离进行检测时，前照灯的光束照射到屏幕上，移动受光器和活动屏幕，根据光度计指示值为最大时的位置，确定主光轴的方向，然后，由固定屏幕和活动屏幕上的光轴刻度尺，读出光轴偏斜量，同时可以从光度计的指示值得出发光强度。

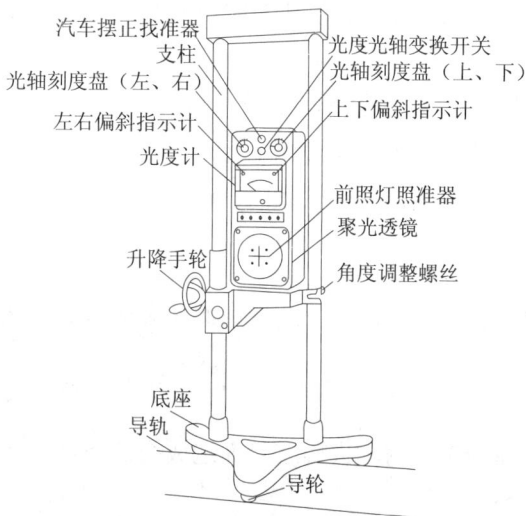

图 5-5-1 聚光式前照灯检测仪

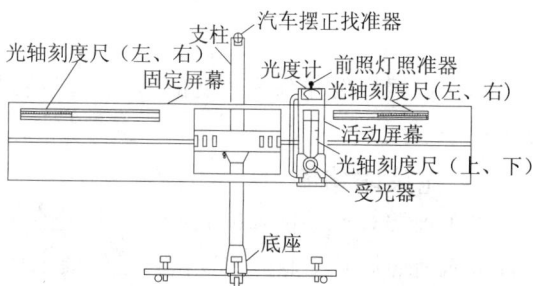

图 5-5-2 屏幕式前照灯检测仪

投影式前照灯检测仪结构如图5-5-3所示，聚光透镜的上下和左右方向各装有两个光电池，前照灯光束影像可以通过聚光透镜、光度计上的光电池和反射镜投射到投影屏上，检测出发光强度和光轴偏斜量。检测时，通过上下和左右移动受光器，使光轴偏斜指示计指针读数为零，找到被测前照灯主光轴的方向。然后，根据投影屏上前照灯光束影像位置，可以确定主光轴的偏斜量，同时从光度计的指示中读出发光强度。

自动追踪式前照灯检测仪结构如图5-5-4所示，它利用当受光器上下或左右光电池受光量不等时，所产生电流差值控制受光器上下移动的电机或控制箱左右移动的电机运转，带动控制箱在导轨上左右移动和受光器的上下移动，直至受光器上下和左右光电池受光量相

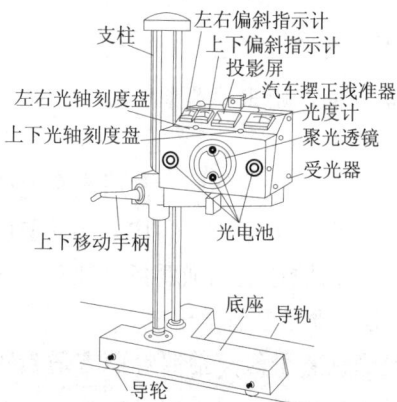

图 5-5-3 投影式前照灯检测仪

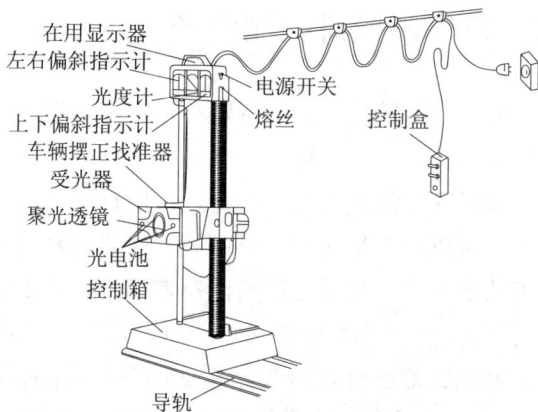

图 5-5-4 自动追踪式前照灯检测仪

同为止。在追踪光轴时，受光器的位移方向和位移量由光轴偏斜指示计显示，发光强度由光度计指示。

上述前照灯检测仪型式多样，但基本检测原理类似。一般均采用能将吸收的光能转变成电流的光电池作为传感器，按照前照灯主光束照射光电池产生电流的大小和比例，来测量前照灯发光强度和光束偏斜量。

前照灯检验仪中测量前照灯发光强度的电路由光度计、可变电阻和光电池等组成，如图5-5-5所示。当按照规定距离将前照灯光线投射向光电池时，电池上的光电转换效应将按照受光强度大小产生相应的光电流，使光度计指针摆动相应角度，指示出所接受的发光强度。

前照灯检验仪中测量前照灯偏斜量的电路如图5-5-6所示，它由两对光电池组成，左右

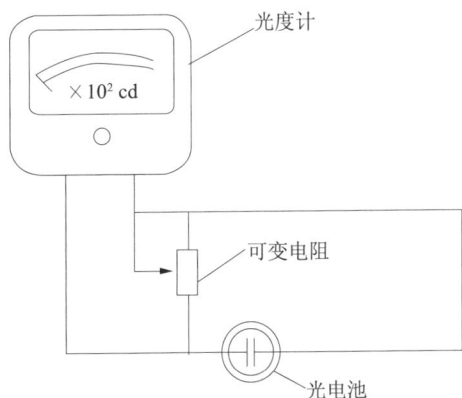

图 5-5-5 发光强度检测原理图　　　　图 5-5-6 光束偏斜量检测原理图

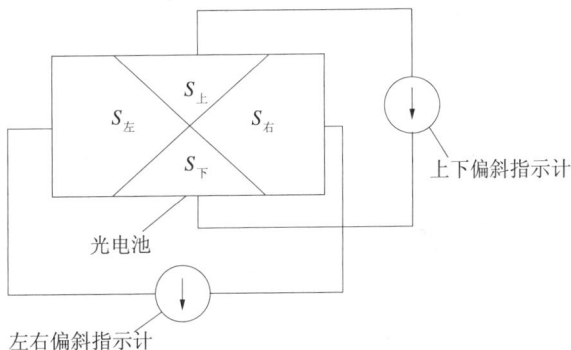

一对光电池$S_左$和$S_右$上接有左右偏斜量指示计，用于检测光束的左右偏斜量；上下一对光电池$S_上$和$S_下$上接有上下偏斜量指示计，用于检测光束的上下偏斜量。当光电池受到前照灯光束照射时，如果光束照射方向偏斜，则分别导致光电池的受光面不一致，产生的电流大小出现差异。光电池产生的电流差值分别使上下偏移指示计及左右偏移指示计的指针摆动，从而检测出光轴的偏斜方向和偏斜量。

图5-5-7a为光束无偏斜时的情况，这时，上下偏斜指示计的指针和左右偏斜指示计指针均垂直向下，处于0位。图5-5-7b为光轴存在偏斜的情形，指示计上下和左右指针会根据光束的实际偏斜情况，出现相应的偏摆指示。

若通过适当的机构调节，对光线照射光电池的位置加以调整，使$S_左$和$S_右$、$S_上$和$S_下$每对光电池受到的光照度相同，让每对光电池输出的电流相等，两偏斜指示计的指针均指向零位，这时的调节量反映了光束中心的偏斜量。当偏斜指示计指针处于零位时，光电池受到的光照最强，四块光电池

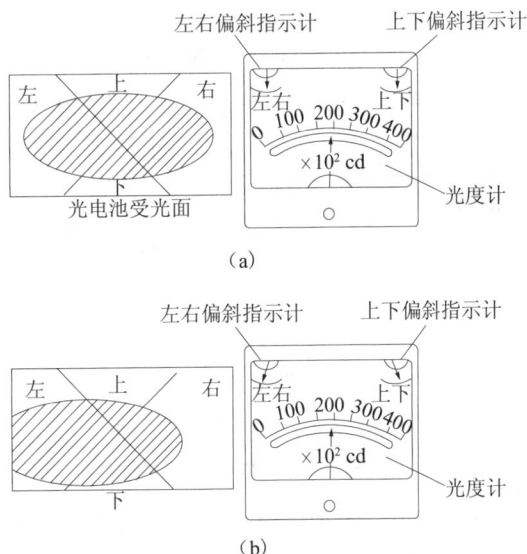

图 5-5-7 光轴偏斜指示计的显示

所输出的电流之和表明前照灯的发光强度。

前照灯检测仪保养主要包括，保持立柱和导轨表面的清洁；按规定，在需要的润滑部位定时加注润滑油；每年应该对前照灯检测仪进行校准等。

任务实施

汽车前照灯检测

一、目的与要求

1. 熟悉相关检测的国家标准。

2. 掌握前照灯测量方法。

3. 操作完毕后设备工具复位。

二、器材与设备

前照灯检测仪、性能完好的汽车一辆。

三、操作过程

1. 前照灯光轴偏斜量和发光强度检测

（1）前照灯检测仪的准备：包括检查聚光透镜和反射镜的镜面污渍；检查水准仪技术状况，调整仪器水平；检查清除导轨上的杂物；光度计和光束偏斜量指示计零位进行调整等。

（2）车辆检查：包括轮胎气压检查、蓄电池和充电系统状态检查、被检车辆前照灯清洁等。

（3）将被检车辆尽可能地与前照灯检测仪轨道保持垂直方向驶近检测仪，并保持规定的距离；用汽车摆正找准器使两者对正。

（4）打开前照灯，移动检测仪，使某一侧前照灯光束照射到受光器上。

（5）按照仪器检测方式说明，采取相应的方法读取光束偏斜量和发光强度值。

（6）同样方式检测另一侧前照灯。

（7）检测结束后，将前照灯检测仪沿轨道或地面退回护拦内，汽车驶离。

注意：

1. 前照灯检测仪的准备在不受光情况下进行。

2. 初检与复检时，尽量由同一检验员引车操作，驾驶员体重变化可能对测试结果造成影响。

3. 移动前照灯检测仪时，严禁移动车辆。

4. 检测完毕后，及时将车辆驶离。

2. 前照灯光轴偏斜量和发光强度检测标准

在国家标准《机动车运行安全技术条件》（GB 7258—2012）中，对机动车辆前照灯光

束照射位置和光束发光强度作了相应的规定，前照灯发光强度应该满足表5-5-1的要求。

表 5-5-1 前照灯远光光束发光强度检测标准　　　　　单位：cd

车辆类型	检测项目			
	新注册汽车		在用车	
	两灯制	四灯制	两灯制	四灯制
设计时速小于70km/h汽车	10000	8000	8000	6000
其他车辆	18000	15000	15000	12000

注：四灯制是指前照灯具有四个远光光束，采用四灯制的机动车若其中两只对称的灯达到两灯制要求时，视为合格。

　　标准规定，检测前照灯近光灯光束照射位置时，前照灯照射在距离10米的屏幕上，乘用车前照灯近光光束明暗截止线转角或中点的高度应为0.7—0.9H，其他机动车应为0.6—0.8H。机动车前照灯近光光束水平方向位置向左偏不允许超过170mm，向右偏移不允许超过350mm。

任务6 汽车车速表检测

学习目标

1. 了解车速表误差形成原因。
2. 掌握汽车车速表检测台检测的一般方法。
3. 了解主要检测仪器的测量工作原理。
4. 熟悉国家相关标准。

导入

车速表在汽车仪表板上占据着重要位置,其显示的车速涉及行车安全和运输效率。不准确的车速显示会给驾驶员带来怎样的问题?产生什么后果?

知识准备

一、车速表的作用

行驶车速关系到行车安全和运输效率,是反映汽车行驶状态的重要参数,因此,它成为驾驶员开车时经常需要关注的行车技术数据之一。较高的行驶车速是提高运输生产效率的保证,但是,过高的车速又可能会因为丧失操纵性能或制动性能不足,导致出现严重的行车安全隐患。随着公路条件的改善,日益严重的交通事故凸显了严格执行公路限速的必要性。为此,我国针对各种道路状况,在特定的道路段内,依法设置各种驾车人必须遵守的限速标志,限定驾车人行驶车速的范围。所以,汽车本身需要装备能够为驾车人提供准确车速信息的仪表,且在汽车整个生命周期内保持准确可靠。

车速表经过长期使用,由于驱动其工作的传动齿轮、软轴和车速表本身技术状况的变化,以及因轮胎磨损导致的驱动车轮滚动半径的变化,指示误差会逐渐增大。过大的车速表指示误差可能引起驾驶员判断失当,进而造成交通事故。为了确保车速表的指示精度,国家标准规定,车速表必须适时进行检测和校验。

汽车车速表一般依靠速度传感器将汽车行驶速度转变成为车速表可以接收的信号，通过车速表指示车辆行驶速度。不论是磁电式或电子式车速表，其主轴都是由与变速器或分动器输出轴上的蜗杆—蜗轮传动副相连的软轴所驱动的。磁电式车速表中主轴旋转时，与主轴固定连接的永久磁铁也一起转动，其磁场会在铝罩上感应出涡流，由此产生的涡流力矩引起铝罩偏转，并带动游丝和指针偏转，直至涡流力矩达到与游丝的弹性反力矩平衡。车速越高，涡流力矩越大，指针偏转角度也越大。电子式车速表的主轴转动会引起传感器产生与主轴转速成正比的脉冲信号，经过电子线路放大后传入仪表，引起指针偏转或给出数字显示。

由于传感器、车速表的制造和装配误差，以及汽车长期使用后，车速表内的机械零件出现的机械磨损、永磁原件出现的退磁老化等原因，都可能造成车速表指示误差增大。此外，汽车轮胎磨损、气压不符合规定等诸多使用因素，也可能引起车速表指示的车速与实际车速之间出现误差。

二、车速表检测方法

车速表误差检测采用在滚筒式车速表检验台上进行。为了模拟汽车在道路上的行驶状态，将被测汽车车轮置于滚筒上，随滚筒一道旋转。

测量时，可以由被测车轮驱动滚筒旋转，也可以由滚筒驱动车轮旋转。滚筒端部安装有起速度传感器作用的测速发电机，测速发电机的转速随滚筒转速的增加而增加，而滚筒的转速与车速成正比，因此，测速发电机发出的电压信号也与车速成正比。

滚筒的线速度、圆周长和转速之间的关系可以表达为：

$$u = 60nL \times 10^{-6} \qquad (5\text{-}6\text{-}1)$$

式中　u——滚筒的线速度（km/h）；

　　　n——滚筒的转速（r/min）；

　　　L——滚筒的圆周长（mm）。

因车速的线速度与滚筒的线速度相等，故上述的计算值便为汽车的实际车速值，由车速表检验台上的速度指示仪表显示，称为速度台指示值。

车轮在滚筒上转动的同时，汽车驾驶室内的车速表也在显示车速值，该值称为车速表指示值。将速度台指示值与车速表指示值相比较，即可得出两者的显示误差为：

$$车速表指示误差 = \frac{车速表指示值 - 速度台指示值}{速度台指示值} \times 100\% \qquad (5\text{-}6\text{-}2)$$

三、车速表检测装备

车速表检测台有标准型、驱动型和综合型三种类型。标准型没有驱动装置，仅依靠被测车轮带动滚筒旋转；驱动型带有自己的驱动装置，由电动机驱动滚筒旋转；综合型则将车速表检测台与制动检测台或底盘测功机组合在一起。

标准型车速表检测台由速度测量装置、速度指示装置和速度报警装置等组成（图5-6-1），其中速度测量装置主要由框架、滚筒装置、速度传感器和举升装置等组成。四个滚筒通过轴承安装在框架上，设置在前后滚筒之间的举升器方便车辆上下试验台。举升装置与滚筒的制动装置联动，即当举升装置升起时，滚筒不能转动。速度传感器一般可以采用测速发电机式、差动变压器式、磁电式和光电式等多种形式，安装于滚筒的一端，将对应于滚筒转速发出的电信号传送至速度指示装置。速度指示装置根据速度传感器发出的电信号，通过公式5-6-1转化成滚筒的线速度（速度台指示速度），并显示在仪表上。速度报警装置是为了方便测量时判明车速表误差是否在合格范围内的提示装置，它可以用来提示检测车速，即当汽车实际车速达到某一规定值时，报警装置闪烁或蜂鸣，提示驾驶员车辆已经达到检测车速，注意观察驾驶室车速表指示值是否处于合格范围内；也可以用来指示检测的合格区域，如将仪表上涂成绿色区域表示车速表指示值与实际车速误差的合格范围。试验时，汽车车速表指示值达到某一检测车速时，应同时观察试验台速度表指示值是否处于合格的绿色区域内。

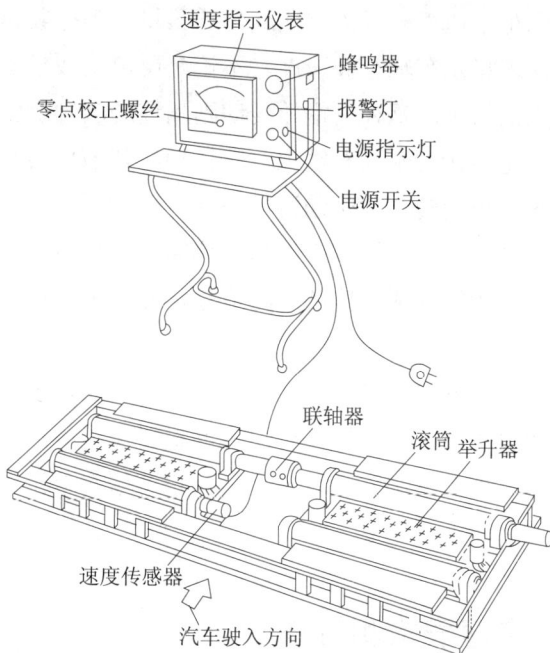

图 5-6-1 标准型车速表检测台

驱动型车速表检测台用于检测后置发动机后轮驱动的汽车。与大多数将车速表信号取自变速器或分动器输出端的汽车不同，后置发动机汽车为了避免因软轴过长导致传动精度和寿命下降，常常将转速信号取自被动的前轮，所以需要检测台自带动力。

这种检测台在滚筒的一端装有能够驱动滚筒旋转的电动机（图5-6-2），在滚筒与电动机之间装有离合器，若试验时将离合器分离，也可作为标准型检测台使用。

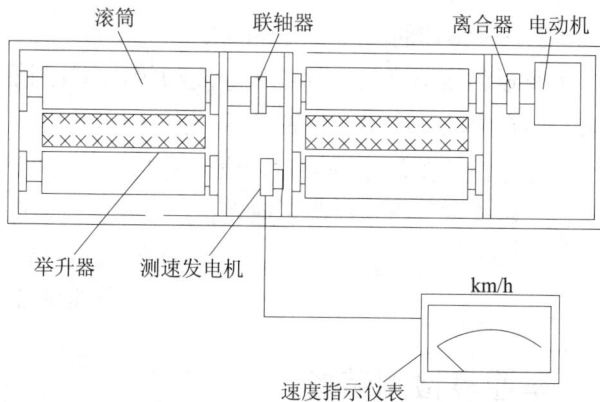

图 5-6-2 驱动型车速表检测台

任·务·实·施

汽车车速表检测

一、目的与要求

1. 熟悉相关检测的国家标准。

2. 掌握车速表误差测量方法。

3. 操作完毕后设备工具复位。

二、器材与设备

车速表误差检测台、性能完好的汽车一辆。

三、操作过程

1. 使用标准型检测台时的车速表误差检测

（1）在滚筒处于静止状态下，做仪表归零调整。

（2）检查举升装置、连接线路。

（3）检查车辆轮胎气压，清洁轮胎表面。

（4）接通电源，升起举升装置，将被检车辆开上检测台，使输出信号的车轮尽可能地与滚筒成垂直状态停放于滚筒之间。

（5）降下举升装置，使轮胎与举升托板完全脱离。

（6）挡块抵住位于检测台滚筒之外的一对车轮，防止车辆的移动。

（7）起动汽车，待驱动车轮在滚筒上稳定后，挂入最高挡位，加速车轮至检测车速。

（8）当汽车车速表的指示值达到规定车速（如40km/h）时，读出检测台速度指示仪表的指示数，或者当检测台速度指示仪表的指示值达到检测车速时，读取车速表的指示值。

（9）检测结束后，轻踩制动踏板，使滚筒停止转动。

（10）升起举升装置，移除车轮挡块，将车驶离检测台。

（11）切断检测台电源。

2. 使用驱动型检测台时的车速表误差检测

（1）在滚筒处于静止状态下，做仪表归零调整。

（2）检查举升装置、连接线路。

（3）检查车辆轮胎气压，清洁轮胎表面。

（4）接通电源，升起举升装置，将被检车辆开上检测台，使输出信号的车轮尽可能地与滚筒成垂直状态停放于滚筒之间。

（5）降下举升装置，使轮胎与举升托板完全脱离。

（6）用挡块抵住位于检测台滚筒之外的一对车轮，防止车辆的移动。

（7）起动汽车，待驱动车轮在滚筒上稳定后，挂入最高挡位，加速车轮至检测车速。

（8）接合检测台离合器，使电动机能够驱动滚筒。

（9）将汽车变速器挂入空挡，松开驻车制动器，启动电动机，驱动滚筒旋转。

（10）当汽车车速表的指示值达到规定检测车速时，读出检测台速度指示仪表的指示值，或者当检测台速度指示仪表的指示值达到检测车速时，读取车速表的指示值。

（11）检测结束后，关断电动机电源，轻踩制动踏板，使滚筒停止转动。

（12）升起举升装置，移除车轮挡块，将车驶离检测台。

（13）切断检测台电源。

注意：

1. 待检车辆轴重应在检测台允许载荷范围内。

2. 检测台滚筒表面应保持清洁、干燥。

3. 检测台仪表应注意避免潮湿和振动。

4. 对于前轮驱动汽车，应在低速状态下操纵转向盘，确保前轮处于直线行驶状态，再开始检测。

5. 被检测车辆如需连续进行高速试验，可适当提高轮胎气压，以免出现轮胎驻波现象。

6. 检测完毕后，应及时将车辆驶离。

3. 车速表误差检测标准

在国家标准《机动车运行安全技术条件》（GB 7258—2012）中对车速表指示误差（最高设计车速不大于40km/h的机动车除外）规定为：

车速表指示车速 u_1 与实际车速 u_2 之间应该符合关系式：

$$0 \leqslant u_1 - u_2 \leqslant \frac{u_2}{10} + 4$$

将被测机动车车轮驶上车速表检测台的滚筒，使之旋转，当该机动车车速表的指示值 u_1 为40km/h时，车速表检测台速度指示仪表的指示值 u_2 为32.8—40km/h范围内为合格。当车速表检测台速度指示仪表的指示值 u_2 为40km/h时，读取该机动车车速表指示值 u_1，u_2 的读数在40—48km/h范围内为合格。

项·目·小·结

1. 地面制动力达到附着极限的大强度制动过程中，决定制动效能的因素是轴重和附着系数。

2. 滑动率是描述制动时车轮运动状态的指标，将车轮的滑动率控制在20%左右，能够获得较好的制动效能，且保证汽车的方向稳定性。

3. 汽车制动性能是指汽车按照驾驶员意图可靠安全地控制车速的能力，包括行车制动效能、制动时的方向稳定性、驻车制动性能和应急制动性能多方面。

4. 根据《机动车运行安全技术条件》（GB 7258—2012）对汽车制动性能的要求，汽车必

须设置行车制动、应急制动和驻车制动装置，且其中一个或两个系统的操纵机构的任何部件失效时，仍具有应急制动功能。

5. 在用汽车制动性能的检测项目主要有：汽车制动力、制动距离、充分发出的平均减速度、制动协调时间、以及制动时的方向稳定性。

6. 制动性能检测设备主要有轴重仪、滚筒反力式制动检测台、平板式制动检测台、制动踏板力计等，制动性能的台式检验主要使用滚筒反力式制动检测台，根据国标规定应该检测的项目包括：轴重、车轮阻滞力、制动力、左右轮制动力平衡、制动协调时间和驻车制动力等。

7. 《机动车运行安全技术条件》（GB 7258—2012）规定，在用汽车制动性能检测可以采用台试检测法，也可以采用路试检测法。一般情况下，采用前者，但若对检测结果存有争议时，可以采用后者进行复检，并以满载状态路试结果为准，以确保判断的准确性。

8. 在制动检测台上检测制动性能时，如果制动力不足、同一车轴左右车轮制动力最大值差过大、制动协调时间过长、或车轮阻滞力过大等，检测结果应该判定为不合格。需要通过故障原因分析，加以排除。

9. 为使转向操纵轻便、行驶稳定可靠和减少轮胎的偏磨，在转向车轮上设计有"前轮定位"参数，通常包括主销后倾角 γ、主销内倾角 β、车轮外倾角 α 和前束。

10. 后轮外倾角和后轮前束称为"后轮定位"，其作用是使前后车轮的行驶轨迹重合，以减少高速时前后轮胎的横向侧滑量和轮胎的偏磨。前轮定位和后轮定位合称为四轮定位。

11. 转向车轮向前滚动时产生的横向滑移现象称为车轮侧滑，它是由于前束与车轮外倾角配合不当，在汽车行驶过程中，车轮与地面之间产生一种相互作用力，这种作用力垂直于汽车行驶方向，使轮胎处于边滚边滑的状态。

12. 汽车前照灯检测是机动车安全检测的必检项目，包括前照灯发光强度和光束照射位置检测。

13. 前照灯发光强度偏低和照射位置偏斜将影响行车安全，需要调整和检修。

14. 车速表误差检测台有三种类型，其中驱动型检测台专门用于检测发动机后置型汽车。

15. 在国家标准《机动车运行安全技术条件》（GB 7258—2012）中，对车速表指示误差规定为：车速表指示车速 u_1 与实际车速 u_2 之间应该符合关系式 $0 \leq u_1 - u_2 \leq \dfrac{u_2}{10} + 4$。

16. 造成车速表误差的主要原因是机件和轮胎磨损，以及车速表本身的故障等。

测试题

一、判断题

1. 汽车制动时，前轴与后轴轴荷不会发生改变。　　　　　　　　　　　（　　）

2. 轮胎与路面最大纵向附着系数出现在车轮抱死状态。　　　　　　　　（　　）

3. 决定汽车制动效能的是地面制动力，而地面制动力受附着力限制。　　（　　）

4. 行车制动的制动力应该在各轴之间等量分配。 （   ）

5. 滚筒式试验台是以滚筒表面代替路面，通过加载装置对滚筒施加载荷，模拟行驶阻力，使汽车在接近于实际行驶状态下进行各种检测的试验装置。 （   ）

6. 采用双管路或多管路行车制动系统的汽车，当部分管路失效时，剩余制动效能仍应能保持原规定值的30%以上。 （   ）

7. 当汽车经台架检测后，对制动性能有质疑时，可以采用道路试验进行复检，并以空载状态路试结果为准，以确保判断的准确性。 （   ）

8. 总质量为整备质量1.2倍以上的汽车，应能保证空载状态下，在$\phi \geqslant 0.7$的20%坡道上，正、反两个方向驻车制动5min以上。 （   ）

9. 前照灯检测不合格有两种情况，即前照灯发光强度偏低和照射位置偏斜。 （   ）

10. 前照灯检测时，四灯制机动车上两只对称的灯达到两灯制要求，视为合格。 （   ）

11. 使用车速表检测台检测时，汽车驶上检测台后应迅速加速。 （   ）

12. 测试前照灯远光光束发光强度时，车辆的电源系统应该处于充电状态。 （   ）

13. 车轮定位动态检测法采用的主要设备是四轮定位仪。 （   ）

14. 后轮定位是使前后车轮的行驶轨迹重合，以减少高速时前后轮胎的横向侧滑量和轮胎的偏磨等。 （   ）

15. 主销后倾角不宜过大，一般γ角不超过2°—3°。 （   ）

16. 侧滑是指由于前束与主销外内倾角配合不当引起的。 （   ）

17. 通过侧滑检测台时不能转动方向盘。 （   ）

二、单项选择题

1. 汽车制动完全释放时间（从松开制动踏板到制动消除所需要的时间）不应多于（   ）。

    A. 0.4s   B. 0.6s   C. 0.8s   D. 1.0s

2. 反力式滚筒检测台用来检测（   ）。

    A. 车轮制动力 B. 驱动轮功率   C. 制动距离   D. 方向稳定性

3. 通常检测制动减速度用减速度仪，检测制动距离用（   ）。

    A. 制动距离仪 B. 底盘测功机   C. 平板检测台   D. 第五轮仪

4. 乘用车行车制动在产生最大制动效能时的踏板力不应大于（   ）。

    A. 500N   B. 600N   C. 700N   D. 800N

5. 装有ABS的车辆制动时，其车轮滑动率应处于（   ）。

    A. 7%—10%   B. 15%—20%   C. 25%—30%   D. 30%—35%

6. 在空载状态下，驻车制动装置应该能够确保汽车在20%坡度、附着系数不小于0.7的坡道上，双向保持固定不动的时间不少于（   ）。

    A. 3min   B. 4min   C. 5min   D. 6min

7. 国标（GB 7258—2012）规定，汽车应在制动力、制动距离、制动减速度和制动协调时间等项目中，（   ）可以判定为合格车辆。

    A. 任意一项合格   B. 任意两项合格

C. 任意三项   D. 四项均合格

8. 制动协调时间包括（   ）。

    A. 消除制动拉杆和制动器间隙时间

    B. 制动器作用时间段的全部

    C. 制动器作用时间段的一部分

    D. 驾驶员反应时间

9. 气压制动汽车（单车）的制动协调时间不超过（   ）。

    A. 0.5s   B. 0.6s   C. 0.7s   D. 0.8s

10. 汽车制动时，与静止状态比较，前轴的轴重将（   ）。

    A. 增加   B. 减少   C. 不变   D. 不定

11. 检测前照灯发光强度的传感器主要是（   ）。

    A. 磁电管   B. 聚光透镜   C. 发光二极管   D. 光电池

12. 检测前照灯近光光束照射位置时，近光光束水平方向位置向左偏不允许超过（   ）。

    A. 150mm   B. 270mm   C. 170mm   D. 350mm

13. 检测车速表时，汽车车速表的指示值达到规定（   ）时，读取检测台速度指示仪表的指示值。

    A. 30km/h   B. 40km/h   C. 50km/h   D. 60km/h

14. 检测乘用车前照灯的近光光束照射位置时，前照灯在距离屏幕10 m处，光束明暗截止线转角或中点的高度应为（   ）。

    A. 0.6—0.8H B. 0.8—0.9H

    C. 0.7—0.9H D. 0.9—1.0H

15. 前轮定位参数有（   ）。

    A. 前束、前轮内倾角、主销外倾角、主销后倾角

    B. 前束、前轮后倾角、主销内倾角、主销前倾角

    C. 前束、前轮外倾角、主销内倾角、主销后倾角

    D. 前束、后轮外倾角、主销外倾角、主销后倾角

16. 主销后倾角的主要作用是（   ）。

    A. 自动回正   B. 减少轮胎的磨损

    C. 减轻转向节的异常损坏   D. 提高乘坐舒适性

17. 汽车转向轮横向侧滑的检测标准范围是（   ）。

    A. −5m/km—+5m/km   B. −3m/km—+3m/km

    C. −1m/km—+1m/km   D. −2m/km—+2m/km

三、简答题

   1. 汽车制动与前后车轴上的轴载有何关系？

   2. 汽车制动时有哪两种失去方向稳定性的现象？它们是什么原因引起的？

   3. 为什么要以充分发出的平均减速度作为制动时的评价指标？

4. 什么是车轮阻滞力？它与车轮所在车轴的轴荷有何关系？

5. 台式检测汽车行车制动性能，对制动力平衡和制动协调时间有何要求？

6. 汽车应急制动的主要技术要求有哪些？

7. 为什么后轮侧滑比前轮侧滑危险？

8. 为什么要对前照灯进行检测？

9. 汽车前照灯近光光束偏斜量的检测标准是什么？

10. 车速表误差的形成原因有那些？

11. 为什么要检测汽车车速表？

12. 为什么要检测车轮定位？

13. 为什么要进行轮毂偏摆补偿？

14. 转向轮横向侧滑产生的原因是什么？

项目六　汽车环保性能与检测

项目概述

  由汽车保有量的迅速增加所带来的大气污染已经到了十分严重的地步，汽车尾气排放对大气环境的污染已超过了传统工业，成为影响我国大中型城市空气质量的主要污染源。为了降低汽车尾气排放和噪声，从新车型式认证和生产一致性认证，到在用汽车排气污染物与噪声监控，我国制定并实施了越来越严格的汽车排放法规。

  汽车环保检测的目的是根据国家标准，通过对使用车辆产生的尾气和噪声开展强制性检测，监控汽车技术状况，减少汽车对环境的破坏。

  本项目主要介绍在用汽车排气污染物检测和噪声检测等方面的内容，在叙述中分别以装用汽油发动机在用汽车作为装用点燃式发动机汽车的代表，以装用柴油发动机在用汽车作为装用压燃式发动机汽车的代表。通过本项目学习，了解汽车排放物污染物和噪声的主要危害和产生的原因，以及检测汽车排放污染物和噪声所使用的设备，掌握常用的检测方法。

任务1 在用汽油车排气污染物检测

学习目标

1. 掌握汽油机排气污染物的主要有害成分及其对人类健康和大气环境的影响。
2. 掌握我国现行的点燃式发动机汽车排气污染物排放标准、检测仪器及常用检测方法。
3. 了解汽油机排气污染物的主要有害物及产生原因，可采用的净化技术。
4. 了解点燃式发动机汽车排气污染物排放检测的其他方法。

导入

美国洛杉矶市曾经多次发生过令人震惊的光化学烟雾事件，导致许多市民患上疾病。事后证明，汽车尾气中的HC和NO_x是罪魁祸首。治理汽车尾气污染的有效的方法之一就是将那些污染物排放量高的车辆找出来，强制其维修或报废。

那么怎样才能找出这些"害群之马"？哪些车辆可以通过维修恢复其原有的性能？哪些车辆应该强制报废？

知识准备

一、汽油车排气污染物主要有害成分对人类健康的影响

汽车排气污染物的成分十分复杂，约有100多种，但就它们在排气污染物总量中所占的比例，对人类健康和大气环境危害程度而言，CO、HC和NO_x是最主要的有害成分。

CO是一种无色无味的气体，与人体血液中血红蛋白的亲和力是氧的200—250倍，会阻碍人体血液对氧气的吸收和输送。当空气中CO体积百分数大于0.1%时，人就会出现明显症状，随时可能诱发心绞痛、冠心病等疾病；当大于0.3%时，在30秒内就能使人致命。

HC包括未燃烧和未完全燃烧的燃油、润滑油及其裂解和部分氧化产物，如烷烃、烯烃、环烷烃、芳烃等数百种成分。烷烃没发现对人体健康有直接影响；烯烃对人体有麻醉作用，对粘膜有刺激作用，烯烃与氮氧化物在紫外线作用下，会形成毒性很强的光化学烟雾，伤害人体，并会产生致癌物质；芳烃具有芳香味，有毒性；苯会引起白血病；多环芳烃具有致癌作用。

排气污染物中的氮氧化物，绝大部分是一氧化氮NO，二氧化氮NO_2的量比较少，通常用NO_x表示排气中的所有氮氧化物。NO为无色气体，其在空气可能存在的浓度没有直接的毒性，高浓度的NO能引起中枢神经障碍。NO在空气中氧化比较缓慢，但在紫外线作用下，会迅速氧化成褐色有特殊刺激性气味的NO_2，并与HC发生光化学反应，在地面附近形成光化学烟雾。NO_2被吸入人体后，会与体内的水分结合生成硝酸，引起咳嗽、气喘，甚至肺气肿。NO_2也是是产生酸雨的主要物质，可使植物由绿色变为褐色，直至大面积死亡。

二、在用汽油车排气污染物检测标准及仪器设备

1. 在用汽油车排气污染物排放检测标准

现行的在用汽油车排放国家标准《点燃式发动机汽车排气污染物排放限值及测量方法（双怠速法及简易工况法）》（GB 18285—2005），规定了点燃式发动机汽车怠速和高怠速工况下排气污染物排放限值及测量方法。排气污染物排放限值如表6-1-1所列。

表 6-1-1 在用点燃式发动机汽车排气污染物排放限值

车型	类别			
	怠速		高怠速	
	CO/%	HC/$\times10^{-6}$	CO/%	HC/$\times10^{-6}$
1995年7月1日前生产的轻型汽车	4.5	1200	3.0	900
1995年7月1日起生产的轻型汽车	4.5	900	3.0	900
2000年7月1日起生产的第一类轻型汽车	0.8	150	0.3	100
2001年10月1日起生产的第二类轻型汽车	1.0	200	0.5	150
1995年7月1日前生产的重型汽车	5.0	2000	3.5	1200
1995年7月1日起生产的重型汽车	4.5	1200	3.0	900
2004年9月1日起生产的重型汽车	1.5	250	0.7	200

注：对于2001年5月31日以前生产的5座以下（含5座）的微型面包车，执行1995年7月1日起生产的轻型汽车的排放限值。

标准定义的在用汽车是指已经登记注册，并取得号牌的汽车，车型定义如表6-1-2所列。

表 6-1-2 车型定义

车型	定义
轻型汽车	最大总质量不超过3500kg的M_1类、M_2类和N_1类车辆
第一类轻型汽车	设计乘员数不超过6人（包括司机），且最大总质量不超过2500kg的M_1类车辆
第二类轻型汽车	GB 18285—2005标准适用范围内，除第一类轻型汽车以外的其他所有轻型车
重型汽车	最大总质量超过3500kg的车辆

对于我国汽车保有量大，大气污染严重的城市和地区，国标在附录中还规定了三种简易工况测量方法，由各省级主管部门根据本地区的实际情况进行选择。但是，对于同一车型的在用汽车，在实施排放检测和定期检测时，不得采用两种和两种以上排气污染物排放检测方法。

该标准也适用于装用点燃式发动机的新生产汽车，新生产汽车的排气污染物排放限值如表6-1-3所列。

表6-1-3 新生产点燃式发动机汽车排气污染物排放限值

车型	类别			
	怠速		高怠速	
	CO/%	HC/×10⁻⁶	CO/%	HC/×10⁻⁶
2005年7月1日起新生产的第一类轻型汽车	0.5	100	0.3	100
2005年7月1日起新生产的第二类轻型汽车	0.8	150	0.5	150
2005年7月1日起新生产的重型汽车	1.0	200	0.7	200

2. 怠速与高怠速工况

双怠速法与旧标准怠速法的主要差异是：双怠速法需要对在用汽油车的两种怠速工况，即正常怠速和高怠速的排气污染物排放进行检测。

怠速工况是指发动机处于无负载运转状态，即离合器处于接合位置，变速器处于空挡位置（对于自动变速箱的车应处于"停车"或"P"挡位），采用化油器供油系统的汽车，阻风门应处于全开位置，油门踏板处于完全松开位置。

高怠速工况是指发动机处于较高转速的无负载运转状态，离合器、变速器及阻风门的位置要求同上，但油门踏板应将发动机转速稳定控制在50%额定转速或制造厂技术文件中规定的高怠速转速。

在GB 18285—2005标准中，轻型汽车的高怠速转速规定为2500±100r/min，重型车的高怠速转速规定为1800±100r/min，如有特殊规定的，应按照制造厂技术文件中规定的高怠速转速。

3. 在用汽油车排气污染物排放检测的仪器设备

（1）在用汽油车排气污染物排放检测的仪器设备

由于我国绝大部分乘用车都已采用闭环控制的燃油喷射系统，并安装了三元催化转化器，为了满足检测项目的要求，应选用四气体分析仪或五气体分析仪。四气体分析仪可检测排气污染物中CO、CO_2、HC和O_2四种气体的含量及过量空气系数（λ）。五气体分析仪除了能检测以上四种气体的含量，还能检测排气污染物中NO的含量。因此，当采用工况法进行排气污染物检测时，应选用五气体分析仪。

GB 18285—2005规定，采用双怠速法检测装用点燃式发动机汽车的CO、CO_2、HC时，应采用不分光红外吸收型分析仪（NDIR），检测O_2、NO时则应采用电化学传感器分析仪，若采用其他等效方法，则需要证明其等效性。

（2）五气体分析仪

五气体分析仪通常由仪器本体、微型打印机、短导管、前置过滤器、采样管和采样探头等组成，如图6-1-1所示。取样探头用以插入排气管内收集废气，前置过滤器和分水过滤器用来滤去待测废气中的灰尘、杂质、油和水分，仪器本体包括排气分析装置、二次过滤器、粉尘过滤器、冷却风扇、转速传感器和油温传感器等。

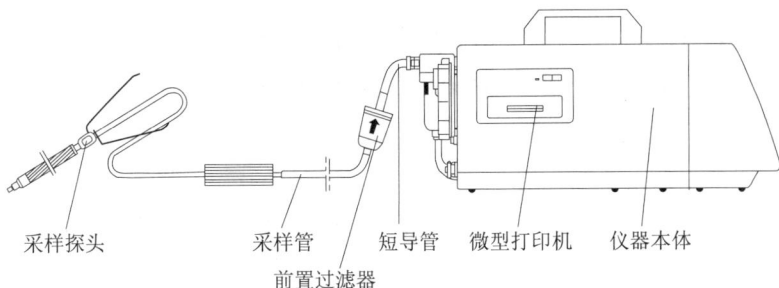

图 6-1-1　五气体分析仪基本组成部分

采样探头　采样管　短导管　微型打印机　仪器本体
前置过滤器

仪器前面板的布置及各部分的名称，如图6-1-2所示。仪器后面板的布置及各部分的名称如图6-1-3所示。不同生产厂家生产的五气体分析仪，在外观及面板布置上可能会存在一些差异，但基本组成及各组成部分功能基本相同。

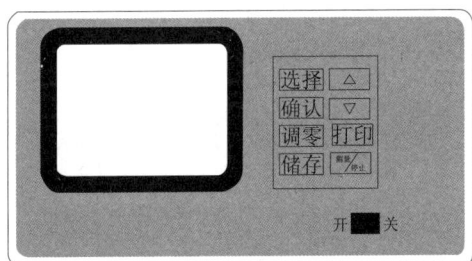

图 6-1-2 五气体分析仪的前面板

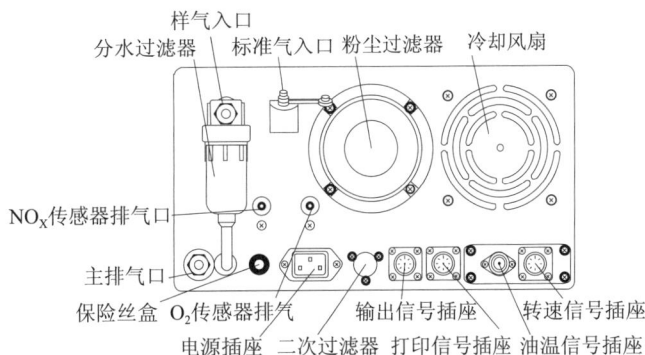

图 6-1-3 五气体分析仪的后面板

（3）不分光红外吸收型分析仪（NDIR）

红外线是波长介于微波与可见光之间的电磁波，其波长范围为0.78—1000μm，在不分光红外线分析仪中使用属于近、中的红外线，其波长范围为0.78—50μm。当红外线通过某气体时，除单原子气体（如Ar、Ne等）和相同原子的双原子气体（如H_2、O_2、N_2等）外，大多数由不同原子构成的极性分子气体（如CO_2、CO、HC等）都具有吸收特定波长段红外线的能力［如CO吸收红外线波长为4.5—5μm，CO_2吸收红外线波长为4—4.5μm，C_6H_{14}（正己烷）吸收红外线波长为3.4—3.5μm］，对于其他波长红外线则不吸收或仅少量吸收，如图6-1-4所示。

因此，根据不同气体对红外线的吸收能力，通过测定测量气室中被测气体的浓度为零时，到达红外接收器上的红外线能量，以及测量气室中被测气体的浓度为待测值时，到达红外接收器上的红外线能量，运用比尔·朗伯（Beer Lambert）定律，就可计算出被测气体的浓度。

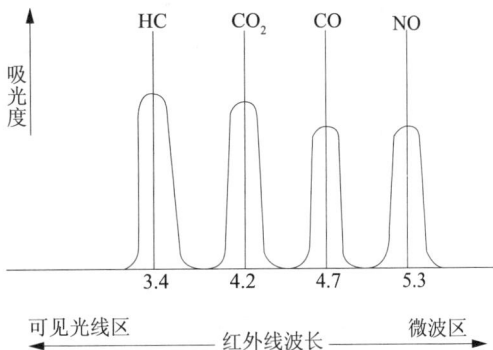

图 6-1-4 各种气体吸收红外线的波长及吸光度

不分光红外吸收型分析仪正是运用上述原理来测量CO_2、CO、HC浓度。不分光红外线是指对特定的被测气体，测量时所用的红外线的波长是一定的。

不分光红外吸收型分析仪测量系统由红外线光源、旋转光栅盘、气样室、测量室和传感器等部分组成。该型分析仪按被测信号转换的传感器不同，可分为电容微音器式和半导体式两种型式。

电容微音器式分析仪的结构原理图及主要组成部件如图6-1-5所示。从两个红外线光源发出的红外线，分别通过标准气样室和测量气样室后到达测量室。标准气样室内充有不吸收红外线的N_2气体，测量气样室充有被测量的发动机排气。测量室由两个分室组成，两者之间留有通道，并在通道上装有金属膜片式电容器作为传感器。为了能够从排气中选择需要测量的成分，在测量室的两个分室内，充入适当含量的与被测气体相同的气体。在测量CO浓度分析装置的测量室内充入CO气体，在测量HC浓度分析装置的测量室内充入正乙烷气体。

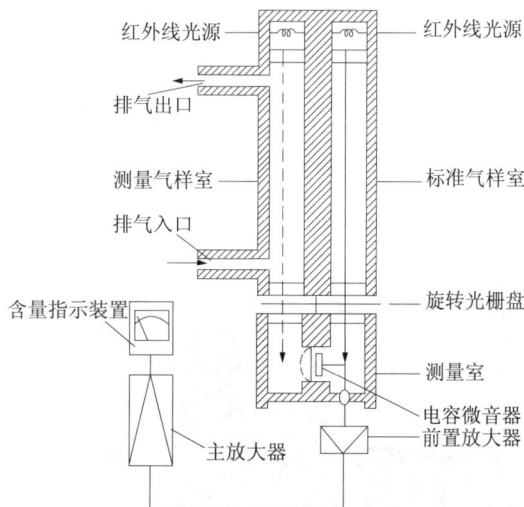

从两个红外线光源射出的能量为I_0的红外线，透射过标准气样室和测量气样室，在通过旋转光栅盘（也称截光器）后，转化为红外线脉冲，周期性交替射入检测室的两个接收室。两个接收室里面充

图 6-1-5 电容式不分光红外分析仪系统原理图

有与被测气体成分相同的气体，中间用兼作电容器极板的金属膜片隔开。由于被测气体吸收红外线，使得透射过测量气样室的红外线的能量减弱为I，而标准气样室的气体不吸收红外线，透射过的红外线能量仍然为I_0。由此左右两个接收室吸收的红外线能量不同，从而使两室之间产生温度差，进而导致两室之间产生压力差，并使金属膜片发生弯曲变形。被测气样的浓度越高，两室之间的压力差越大，金属膜片弯曲变形也越大。由于红外线是周期性交替射入左右两个接收室的，因此膜片弯曲变形呈现周期性的变化，进而使电容微音器的电容量也同步发生周期性变化，电容量变化的频率与射入两个接收室红外线脉冲的交替周期相同（即与旋转光栅盘旋转的速度有关），电容量变化的幅度与金属膜片的弯曲变形量对应（即与测气样的浓度有关）。通过调制器把电容微音器电容量的变化转化为对应的交流电压信号，经放大器放大，再经过整流，最后输出与被测气体成分浓度对应的直流电压信号。处理控制模块根据输出电压与被测气样浓度的函数关系，计算出被测气体的浓度，输出到含量指示装置。

半导体式分析仪的结构原理图及主要组成部件如图6-1-6所示。两个红外线光源发出的红外线，穿过旋转光栅盘后，转化为红外线脉冲，周期性交替透过标准气样室和测量气样室后，经聚光管聚光，然后输送到测量室，由传感器测出红外线能量强度。

该分析仪采用的测量传感器是一种能将红外线能量强度转化为电信号的半导体元件。由于该半导体元件本身不具有对被测气体吸收红外线波长范围的选择性，为此在测量传感器前面设置了一片光学滤色片，仅让被测气体吸收波长范围内的红外线通过。

从标准气样室透过的红外线由于未被吸收，因此能量保持不变；从测量气样室透过的红外线，由于已被被测气体吸收掉一部分对应波长范围的红外线，因此能量有所减小。两束存在能量差的红外线周期性交替投射到传感器上，传感器将红外线的能量差转换为电压差，经放大器放大，处理控制模块根据电压差与被测气样浓度的函数关系，计算出被测气体的浓度，输出到含量指示装置。

（4）电化学传感器分析仪

电化学传感器分析仪是将被测气样以适当形式置于电化学反应器（即电化学电池）中，检测其浓度的分析仪器。五气体分析仪中安装的氧传感器和NO传感器都属于电化学电池式传感器，分别用于测量汽车排气污染物中O_2和NO的浓度。现以氧传感器为例说明其工作原理。

氧传感器是一种金属—空气有限度渗透型电化学电池，它由阳极（金属Pb）、阴极（高活性的O）和含水胶状电解质（KOH）组成，如图6-1-7所示。其工作原理是：空气通过渗透膜进入氧传感器内部后，空气中的氧分子，首先在氧传感器的阴极发生反应，被还原成氢氧根离子；随后，在金属阳极，铅和氢氧根离子反应，铅被氧化成氧化铅。

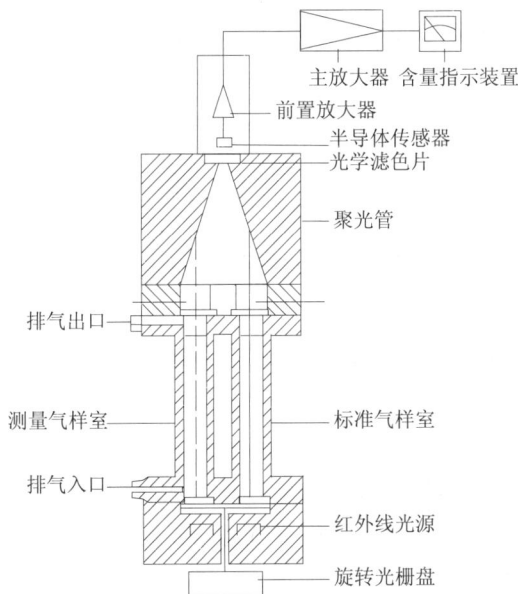

图 6-1-6 半导体式不分光红外分析仪系统原理图　　　图 6-1-7 氧传感器的工作原理

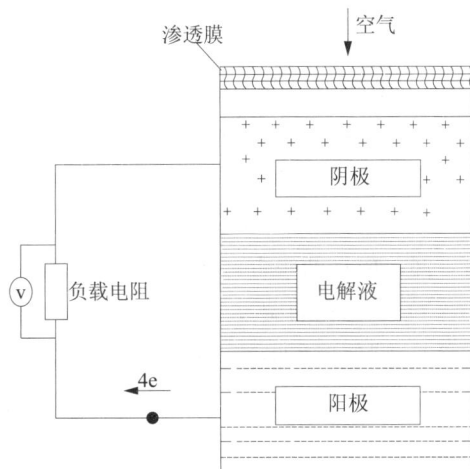

从上述的工作原理可知，氧传感器本质上是一个氧电池，其所产生的电流与所消耗的氧气有关。当被测气样中的氧分子，通过渗透膜扩散到阴极进行电化学反应时，氧传感器就会产生电流，电流的大小与扩散到阴极的氧分子数有关，而氧分子数又正比于被测样气中氧的含量，由此确立了氧传感器所产生电流大小与被测气样中氧含量的函数关系。通过在氧传感器输出端跨接一个负载电阻，就可将氧传感器输出电流的大小转换为电压的高低，由此就可根据电压值得到被测气样中的氧的浓度。

正常情况下氧传感器可稳定输出9—13mV电压值，其输出电压的漂移值每年低于5%。它的设计寿命约为2年（在温度20℃的空气中）。设计寿命是指从启封时开始算起，不管仪器是否投入使用。氧传感器的使用寿命与氧气接触反应量有关，在温度和氧的浓度较高的环境条件下，其使用寿命会缩短（通常只有1年左右），当寿命期接近结束时，输出信号会迅速降为0mV，此时必须更换氧传感器，仪器才能正常工作。

任务实施

在用汽油车排气污染物检测（双怠速法）

一、目的与要求

1. 掌握双怠速法的工况特点及操作要领。
2. 掌握在用汽油车排气污染物的检测和双怠速法的限值标准。
3. 掌握测量仪器及车辆准备过程的工作内容。
4. 掌握在用汽油车排气污染物检测（双怠速法）的操作方法。
5. 操作完成后，仪器的规范拆除及摆放。

二、器材与设备

符合制造厂规定正常状态的在用汽油车一辆、转速测量仪、点火正时仪、冷却液和润滑油温度测量仪、四气体或五气体分析仪、常用拆装工具等。

三、操作过程

1. **检测仪器准备**

（1）检测系统连接：按操作说明书要求，完成检测仪器采样探头、采样软管、水分离器等的连接，各连接部位不得漏气。

（2）暖机及泄漏检查：接通仪器电源，按操作说明书要求预热仪器及自动泄漏检查，如有泄漏，应仔细检查并排除。

（3）仪器自动调零

（4）抽气流量检查：把采样探头置于洁净空气中，完成检测仪抽气流量检查，如抽气流量不符合要求，应按操作说明书要求仔细检查采样探头、前置过滤器、粉尘过滤器等是否堵塞，并排除。

2. **被检测汽车检视及准备**

（1）被检汽车检查：被检汽油车应处于制造厂规定的正常状态，发动机进气系统应装有空气滤清器，排气系统应装有排气消声器，且不得有泄漏。

（2）车辆监控仪器安装：应在发动机上安装转速测量仪、点火正时仪、冷却液和润滑油温度测量仪等测量仪器。排放检测时，发动机的冷却液和润滑油温度应不低于80℃，或者达到汽车说明书规定的热车状态。

（3）填写测试报告：按GB 18285—2005规定的测试报告样式，填写各项内容。

3. **排气污染物检测**

（1）安装采样探头：确认被检汽车处于怠速状态，将采样探头插入排气管中，插入深度应不小于400mm，并固定在排气管上。当车辆排气管长度小于测量深度时，应使用排气加长管。

（2）高怠速排放检测：发动机从怠速状态加速至70%额定转速，运转30s后降至高怠

速状态。在维持15s后，由具有平均值功能的仪器读取30s内的平均值，或者人工读取30s内的最高值和最低值，其平均值即为高怠速排气污染物的测量结果。对于采用闭环电控燃油喷射系统和三元催化转化器的汽车，还应同时读取过量空气系数值。把各项测量结果填入测试报告中的相应栏目。

（3）怠速排放检测：发动机从高怠速降至怠速状态，维持15s后，由具有平均值功能的仪器读取30s内的平均值，或者人工读取30s内的最高值和最低值，其平均值即为怠速排气污染物的测量结果。把各项测量结果填入测试报告中的相应栏目。

> **注意：**
>
> 当发动机为多排气管结构时，应取各排气管测量结果的算术平均值作为测量结果。

4. 检测结束后的工作

（1）排放检测仪器的处理：测试结束应立即取出采样探头，并垂直吊挂到指定位置。待仪器的指示值接近为零时，按"复位"键关闭仪器的气泵。

（2）车辆监控仪器的处理：拆除全部因检测要求临时安装的监控仪器，做好必要的清洁工作，摆放到指定位置。

（3）检测结果裁定：根据测量结果，比照GB 18285—2005规定的限值，对被测车辆通过与否做出裁定。

GB 18285—2005附录A.3.14给出了测量流程图（图6-1-8），可供确定操作流程时参考。

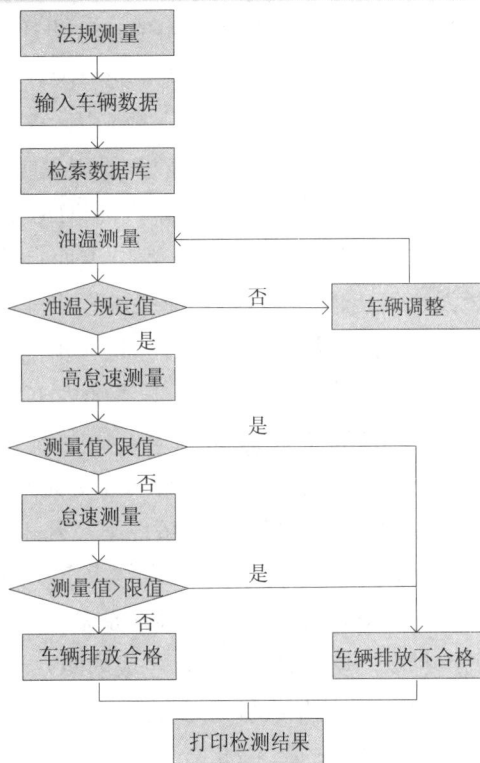

图 6-1-8 双怠速法测量流程

知识拓展

一、汽油机排气污染物生成原因

1. CO的生成原因

CO是一种不完全燃烧的产物，其生成量主要与混合气的浓度有关。当过量空气系数$\lambda < 1$时，由于氧不足，燃料中的碳不能被完全氧化成CO_2，即生成中间产物CO。

当$\lambda > 1$时，理论上不应有CO产生，但实际燃烧过程中，仍有少量的CO产生，这主要是由于CO_2和H_2O在高温下吸热产生热离解反应造成的。

2. HC的生成原因

HC的生成与CO一样，也是一种不完全燃烧的产物，因而与过量空气系数λ有关。但是即使在λ≥1的情况下，由于淬熄效应、缝隙效应及吸附效应等原因，往往也会产生很高的HC排放量。

在怠速及大负荷工况下，由于λ<1，则因不完全燃烧，会导致HC的排放量增加。在加速或减速过程中，由于短时的混合气过稀或过浓，也会使HC的排放量增加。

发动机工作时，尽管燃气的温度很高，但燃烧室壁面由于受到冷却水的冷却，温度一般小于300℃。靠近燃烧室壁面的混合气，受到低温壁面的冷却影响，其温度远低于燃气温度。当火焰传播到燃烧室壁面时，由于壁面的冷却作用（也称冷激作用），使火焰温度迅速降低，最终导致火焰熄灭，在壁面形成一层厚度约为0.1—0.2mm的未燃烧或未完全燃烧的淬熄层，由此产生大量的HC，这就是所谓的壁面淬熄效应。

另外，燃烧室中各种狭窄的缝隙，如活塞头部与气缸壁之间形成的窄缝，以及火花塞中心电极周围，淬熄效应十分强烈，火焰无法进入使其中的混合气燃烧，由此产生大量的HC，这种现象称为缝隙效应。研究表明，壁面淬熄效应和缝隙效应产生的HC，约占HC排放总量的30%—50%左右，是汽油机HC排放的主要来源。

在进气和压缩过程中，气缸壁面上的润滑油膜、燃烧室等处的多孔性积碳，会吸附未燃混合气及燃料蒸汽，在膨胀过程和排气过程中会像淬熄层一样逐步脱附释放出来，这些HC少部分可以被氧化，但大部分则随废气排出气缸，由油膜和积碳吸附而产生的HC，占HC排放总量的20%—30%，是汽油机HC排放的第二个主要来源。

3. NO的生成原因

汽油机排气中的NO_x，绝大部分是NO，与NO的浓度相比，NO_2的浓度可以忽略不计。

NO主要是在高温富氧条件下，氧和氮按捷尔杜维奇链式反应机理生成的。捷氏链式反应都是强烈的吸热反应，只有在大于1600℃的高温下才能进行，因此也称为高温NO生成机理。影响NO生成量的主要因素是温度、氧的浓度和反应时间。在氧的浓度足够的条件下，温度越高，反应时间越长，生成的NO量越多。

NO的其他生成机理还有激发NO生成机理和燃料生成NO机理，但由于激发生成和燃料生成的NO量较少，因此高温条件下氧和氮的链式反应是NO的主要来源。

二、影响汽油机排气污染物生成的主要因素

影响汽油机排气污染物生成的因素很多，也很复杂，但这些排气污染物毕竟是燃烧化学反应后的产物，因此本质上与影响化学反应的因素一样，主要是反应物的浓度、反应温度和反应时间，各种因素大都是通过这三种方式来影响燃烧和有害物生成过程。

1. 混合气浓度的影响

混合气浓度的影响，即过量空气系数λ对NO、CO、HC的影响，如图6-1-9所示。

对于CO，当λ<1时，由于缺氧造成的燃烧不完全，CO排放浓度随着λ变小而急剧上

升，随着λ增大而快速下降。当λ≥1以后，CO的下降趋势逐渐趋缓。

对于HC，从λ<1到λ=1.15左右，HC随λ增大而减小。当λ>1.15以后，由于燃烧温度下降，淬熄层变厚，HC排放浓度增加。

对于NO，在λ=1.08左右时，由于高温和富氧同时得到满足，NO排放浓度达到最大。当λ<1.08以后，由于氧的含量随λ减小而下降，NO排放浓度也快速下降。当λ>1.08以后，燃烧温度随λ增大而下降，NO排放浓度也快速下降。

图 6-1-9　过量空气系数λ对CO、NO及HC排放浓度的影响

2. 点火提前角的影响

减小点火提前角，可使最高燃烧温度下降，NO排放浓度下降。

减小点火提前角，会使后燃期延长，排气温度升高，有利于HC进一步氧化，使HC的排放浓度下降。

3. 发动机负荷及转速的影响

负荷减小，残余废气量对新鲜混合气的稀释程度增大，燃烧时间延长，最高燃烧温度下降，NO排放浓度下降。但由于仅减小负荷，混合气的浓度没有变化，因此对HC、CO排放浓度影响不大。

转速增加，会使缸内的紊流增强，燃烧情况改善，使HC排放浓度下降。

当使用较浓的混合气时，转速增加，导致散热时间缩短，最高燃烧温度上升，使NO排放浓度增加；当使用较稀的混合气时，由于火焰传播速度下降，最高燃烧温度下降，使NO排放浓度下降。

4. 发动机运行工况

汽车发动机的运行工况主要包括怠速、加速、减速、稳定等，由于不同工况对混合气浓度有不同的要求，因此不同的运行工况，三种污染物的排放量有很大差异。

一般而言，发动机处于怠速工况时，由于残余废气的影响，需采用较浓的混合气，因此HC和CO的排放浓度较高。

在减速工况时，因进气管内产生瞬时的强真空，使管壁燃油蒸发加快，导致混合气产生过浓，也会导致HC和CO的排放浓度提高。

加速和大负荷工况时，因缸内的温度较高，则会使NO排放浓度升高。

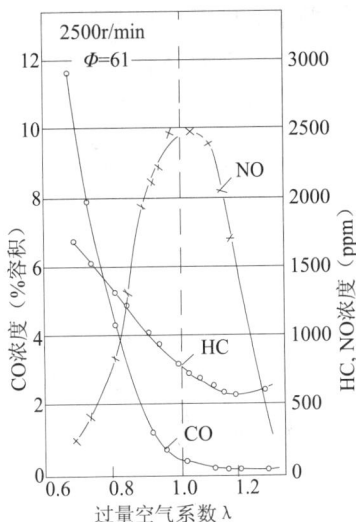

三、可采用的净化措施

为了减少汽油机污染物的排放量，除了采用发动机电控技术外，还需视情况采取必要的机内净化和机外净化措施。

1. 机内净化措施

机内净化措施主要通过对燃烧过程、缸内气体流动、混合气浓度、点火提前等的优化

和调整等措施，从源头上减少有害物生成量，是一种治本的措施。可采用的技术措施有：采用缸内直喷分层燃烧系统，采用电控可变EGR率废气再循环系统，采用电控可变进气涡流强度的进气系统等。

2. 机外净化措施

机外净化包括机前处理和机后处理两种类型。

机前处理主要是针对燃料的改性处理，主要措施包括：在汽油中添加清除或减少积碳的洁净剂，在汽油中添加氧化剂，对汽油进行磁化处理等。

机后处理主要是针对废气的净化处理，主要措施包括：在采用浓混合气时的二次空气喷射控制，安装三元催化转化器等。

3. 维护保养措施

用清洁剂或人工方法及时清除发动机燃烧室内的积碳，有些燃烧室内积碳较厚的车辆，在清除积碳后，可使HC的排放量大幅降低。

四、点燃式发动机汽车排气污染物排放检测的简易工况法

点燃式发动机汽车排气污染物排放检测中采用的简易工况法，需在专门设计的底盘测功机上进行，其基本原理及检测过程与新车型式认证和生产一致性认证中"轻型汽车排气污染物测试"类似，检测工况与所采用的测试方法有关，测试中使用的仪器设备与新车测试相比做了必要的简化，检测时间也缩短了很多，因此通称为简易工况法。

GB 18285—2005标准中列出的简易工况法有瞬态工况法、稳态工况法和简易瞬态工况法三种方法，其主要参照标准是美国的IM240方法、ASM方法和VMAS方法。

由于简易工况法的设备价格较高，对检测人员有较高要求，且检测费用比较贵，目前在我国汽车检测中并未得到普及运用，以下对上述三种方法仅作简要介绍。

1. 瞬态工况法

瞬态工况法也称瞬态加载法（简称IM240方法），它对测试设备的要求与新车型式认证试验相同。由于测试车辆要变负荷变车速运行，因此底盘测功机应具有多点载荷设定的功率吸收装置和惯性飞轮组，用来模拟道路行驶阻力和车辆加速惯量。

采样系统和分析仪器与新车试验一致，采样系统为定容稀释采样法（CVS）。CO、CO_2检测采用不分光红外线法（NDIR），总碳氢化合物（THC）的分析采用氢离子火焰分析仪（FID），NO_x的分析采用化学发光分析仪（CLA），测试结果以g/km表示。

IM240方法的主要优点是：测试结果与FTP测试规程有很好的相关性，CO、HC及NO_x的相关因子分别达到91.8%、94.7%和84.3%。由于IM240方法的测试结果相对FTP结果的离散性很小，因此IM240方法的错判率很低。

IM240方法的主要缺点是：测试设备价格昂贵，设备的维护比较复杂，检测时间较长，对检测人员有较高的要求。

2. 稳态工况法

稳态工况法也称稳态加载加速模拟（简称ASM方法），是继IM240方法后提出的一种较IM240简单的检测方法。它包含两个等速工况段，即ASM5024工况和ASM2540工况。

ASM5024工况，车速为24公里/小时，按车辆加速度为1.47m/s²时负荷的50%进行加载，故称为ASM5024工况。ASM2540工况，车速为40km/h，按车辆加速度为1.47m/s²（实际为1.1m/s²左右）时负荷的25%进行加载，故称为ASM2540工况。ASM方法只有稳定的匀速过程，加载保持固定值。

排气污染物分析仪器为双怠速法广泛使用的五气体分析仪，CO、HC和CO_2采用不分光红外线法（NDIR），NO_x和O_2采用电化学法，检测结果以浓度表示。

ASM方法的主要优点是：在满足测试基本要求的前提下，对试验设备进行了最大限度的简化，整套ASM方法测试设备价格仅为IM240的1/3左右，操作维护比IM240方法简单。

ASM方法主要不足是：检测结果与美国联邦新车型式认证规定的FTP测试规程相关性较差，CO、HC及NO_x的相关因子分别为43.5%、49.2%和71.4%。产生这一结果的主要原因是，ASM方法采用的是等速等负荷的稳态行驶工况，IM240与FTP都是变速变负荷的瞬态行驶工况，工况的差异对排放有明显的影响。由于ASM方法与新车试验的相关性较差，造成ASM方法误判率偏高，特别对电控汽油喷射加三元催化转化器的汽车，误判率最高可达35%左右，准确率最差时可低到65%（以IM240的准确率为100%计）。

ASM方法的另一不足之处是：该方法基于污染物排放浓度而不是排放质量，发动机排量小的车辆排放质量少，排量大的车辆排放质量多，但其排放浓度却有可能相同，因而ASM方法无法对不同发动机排量车辆的污染物排放量作出公允判断。

3. 简易瞬态工况法

简易瞬态工况法也称瞬态加载法（简称VMAS法），是一种适用于IM240相同的底盘测功机的瞬态加载的简易工况法，它既吸取了IM240方法测量稀释排气量，最终可得出污染物排放质量的优点，同时也吸取了ASM方法利用直接取样浓度分析仪对各种污染物浓度进行测试的长处。VMAS方法采用一个被称为"气体流量分析仪"的测量装置，测量被测汽车经过稀释的排气的流量，经过计算处理，最终得出每种污染物每公里的排放质量。

VMAS方法的主要优点是：运行工况包含了怠速、加速、匀速和减速多种工况，能反映车辆实际行驶时的排放特征。1998年，美国EPA在纽约对VMAS方法与IM240方法做了对比试验。试验对846辆随机选取的车辆做了VMAS与IM240同步测试，两种方法测试结果数据的相关性计算表明，当VMAS采用与IM240相同的工况时，两种方法测试结果具有极好的相关性，CO的相关系数为0.993，HC的相关系数为0.93，NO_x的相关系数为0.992。

VMAS方法与新车的FTP检测有很高的相关性，准确率高，误判率仅为5%以下（以IM240准确率为100%计）。对于配置电控汽油机的汽车，当车辆的氧传感器有问题时，该车有可能通过ASM方法的测试，但一般难以通过VMAS的测试。

VMAS方法能检出三种污染物的质量排放量（即g/km），有利于归纳排放因子，估算和统计城市机动车污染物排放总量，对城市制定机动车污染控制规划具有实际意义。

任务2 在用柴油车排放检测

学习目标

1. 掌握柴油机排气污染物中的主要成分及其对人类健康和大气环境的影响。
2. 掌握我国现行的压燃式发动机汽车排气烟度排放限值标准、检测仪器及常用检测方法。
3. 了解柴油机排气烟度产生的原因,可采用的净化技术。
4. 了解压燃式发动机汽车排气烟度排放检测的其他方法。

导入

汽油机和柴油机是目前汽车上使用最普遍的动力源,由于两者使用的燃料性质不同,因此它们的污染物排放有很大的差异。那么柴油机的排气污染物究竟有何特点?与汽油车相比,柴油车排气污染物的检测方法及限值标准有何不同?如何控制和减少柴油车排气污染物的排放量?

知识准备

一、在用柴油机汽车排烟对人类健康的影响

颗粒状物质(PM)是柴油机排烟的主要构成物,也是柴油机排气污染物中最主要的有害物,其中碳烟颗粒排放量约为汽油机的30—80倍。柴油机颗粒排放物的当量粒度大多在0.002—1.3μm,属于能长期悬浮在空气中的亚微米颗粒物,被称为细微的特殊物质(PM2.5)。研究表明,柴油机的颗粒排放物包括碳烟颗粒、吸附和凝聚在碳烟颗粒上的有机可溶成分,未燃的燃油及润滑油微滴等物质。它们不仅污染大气环境,同时也会引发呼吸系统、循环系统及生殖系统的多种疾病,对人们的健康造成严重伤害。由细微颗粒物造成的灰霾天气对人体健康造成的危害,甚至要比沙尘暴更大。

粒径10μm以上的颗粒物,会被挡在人的鼻子外面;粒径在2.5μm至10μm之间的颗粒物,能够进入上呼吸道,但部分可通过痰液等排出体外,另外也会被鼻腔内部的绒毛阻挡,对人体健康危害相对较小;而粒径在2.5μm以下的细颗粒物则不易被阻挡,一些细小的颗粒能深达到人体肺部,从而引发人体整个范围的疾病,包括哮喘、心血管疾病、支气管炎等。有些超细颗粒还可以通过支气管和肺泡进入血液,颗粒上吸附的硫酸盐及有机可溶

成分等，具有不同程度的诱变和致癌作用，对人类的健康造成更大的伤害。

北京市环保部门的监测和分析表明，柴油机的碳烟颗粒、机动车的氮氧化物和挥发性的有机物，是北京市PM2.5的三大来源之一。

因此，通过检测严格控制在用柴油车排气烟度，对降低PM2.5对大气环境的污染、减轻对动植物和人类的伤害具有重要意义。

二、在用柴油车排气烟度检测标准及仪器设备

1. 在用柴油车排气烟度排放标准

现行的在用柴油车排气烟度排放国家标准是《车用压燃式发动机和压燃式发动机汽车排气烟度排放限值及测量方法》（GB 3847—2005）。它规定在用压燃式发动机汽车排气烟度排放检测须进行自由加速试验，并对试验方法和排气烟度排放限值也作出了相应的规定。排气烟度排放限值，如表6-2-1所列。

表 6-2-1 在用压燃式发动机汽车排气烟度排放限值

车辆生产年份	检测方法及限值	
	滤纸烟度法	不透光烟度法
	烟度（Rb）	光吸收系数（m^{-1}）
1995年6月30日以前生产的在用汽车	≤5.0	/
1995年7月1日起至2001年9月30日期间生产的在用汽车	≤4.5	/
自2001年10月1日起至本标准实施之日生产的汽车（自然吸气）	/	2.5m^{-1}
自2001年10月1日起至本标准实施之日生产的汽车（涡轮增压式）	/	3.0m^{-1}

注：1. 对新生产汽车，要求进行自由加速试验，所测得的排气光吸收系不应大于该汽车型式核准批准的自由加速排气烟度排放限值，再加0.5m^{-1}。

2. 对于本标准实施后生产的在用汽车自本标准实施之日起，要求进行自由加速试验，所测得的排气光吸收系数不应大于车型核准批准的自由加速排气烟度排放限值，再加0.5m^{-1}。

标准规定的自由加速试验，应在汽车上进行，试验前不应长时间怠速，以免燃烧室温度降低或积污。被检车辆的每个自由加速循环的起点均应处于怠速状态。对于装用重型柴油机的车辆，将油门踏板放开后至少应等待10秒。在进行自由加速测量时，必须在1秒内，将油门踏板快速、连续地完全踩到底，使喷油泵在最短时间内供给最大油量。

对每一个自由加速测量，在松开油门踏板前，发动机必须达到断油点转速。对带自动变速箱的车辆，则应达到制造厂申明的转速（如果没有该数据值，则应达到断油转速的2/3）。对于这一点，在测量过程中必须进行检查，例如通过监测发动机转速，或延长油门踏到底后与松开油门前的间隔时间，对于重型汽车，该间隔时间应至少为2秒。

自由加速试验至少应进行6次，取最后三次自由加速测量结果的算术平均值作为检测结果。在计算均值时可以忽略与测量均值相差很大的测量值。

2. 在用柴油车排气烟度检测的仪器设备

GB 18285—2005规定，采用自由加速试验检测装用压燃式发动机汽车的烟度时，应根据在用汽车的生产年份，采用不透光烟度计或滤纸式烟度计，允许使用等效测量仪器。但是如果使用不透光烟度计之外的仪器，需对该仪器对汽车的等效性予以证实。滤纸式烟度计应符合《柴油车滤纸式烟度计及技术条件》（HJ/T 4—93）的规定，烟度单位为Rb。

（1）不透光烟度计

不透光烟度计是通过测量柴油机排气不透光程度来确定排气烟度的检测仪器。被测气体封闭在一个内表面不反光的容器内；确定通过气体的光通道的有效长度时，应考虑保护光源和光电池的器件可能产生的影响，且有效长度应在仪器上标明；不透光烟度计的显示仪表应有两种计量单位，一种为绝对光吸收系数单位，从0 到趋于∞（m^{-1}）；另一种为不透光度的线性分度单位，从0到100%；两种计量单位的量程，均应以光全通过时为0，以全遮挡时为满量程。

典型的不透光烟度计由主机、连接电缆、测量单元及采样探头等组成，如图6-2-1所示。主机的主要功能是接受测量单元、转速及油温传感器的输入数据，输入数据的分析处理，测量结果的显示和打印，测量控制等。

测量单元主要由排烟进出口、样气室、清洁空气室、光源及光电池、控制旋钮等组成，基本构造如图6-2-2所示。各部件的基本功能是：样气室中充满一部分通过采样探头、连接管、排烟入口导入的柴油机排气；清洁空气室充满由内置鼓风机吹入的新鲜空气；相互对置的光源和光电池，分别发出光和接受光；控制旋钮，用于控制光源和光电池位置，进行零点校正或检测。

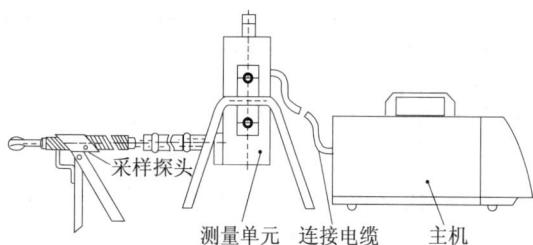

图 6-2-1 不透光烟度计的组成部件

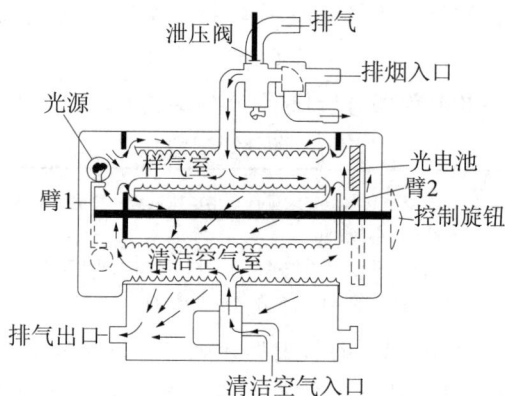

图 6-2-2 测量单元的基本构造及测量原理

测量前，控制旋钮，先将光源和光电池旋转至清洁空气室两侧，完成仪器的零点校正，并把此电压信号输送到主机。然后，控制旋钮，将光源和光电池旋转至样气室，并把需要测定的一部分废气经排烟入口连续导入样气室，主机根据光线透过样气后光电池的电压，即可测量出光线的不透光度。

主机显示屏既可将不透光度以线性分度，以0表示无烟，以100表示全黑，显示出样气的不透光度，也可根据光吸收系数k与不透光度的关系，经计算处理后，以光吸收系数值的形式显示出来。

这种烟度计的优点是可连续测量通过样室的一部分排气的不透光度，可用于发动机非稳态工况下烟度的测定；不仅能测出排气中的碳烟烟度，也能显示排气中水气和油雾所产生的烟度；由于测量单元上的样气室长度是固定的，因此测量不会受到排气管直径的影响。测量单元上带有压力调节阀，可使样气室中样气的压力保持在规定的范围内。为防止低温时排气中的水蒸汽凝结和高温时仪器损坏，最新型号的烟度计都带有加热和冷却装置，以保证样气管中烟气的温度在规定范围内。

该烟度计的主要缺点是光学系统易受污染，必须注意清洗，以免影响测量精度。此外，该烟度计的调整较复杂，对操作人员的技术水平有较高的要求。

（2）滤纸式烟度计

滤纸式烟度计按抽气泵和滤纸检测工作的自动化程度可分为手动、半自动及全自动三种型式。手动式是指抽气泵抽气和复位、滤纸检测工作等过程全部由手动完成；半自动式是指抽气泵抽气和复位、滤纸检测等过程由仪器自动完成，但每个步骤的操作需人工控制；全自动式是指按下仪表面板的"测量"键，仪表自动完成抽气泵抽气和复位、滤纸的检测等全过程的操作。全自动滤纸式烟度计由采样系统和测量控制系统两部分组成，如图6-2-3所示。采样系统包括空气压缩机、取样探头、取样导管、走纸机构和抽气泵等部件；测量系统包括光电传感器、微处理器、结果输出装置和操作控制等装置。全自动滤纸式烟度计的检测过程，可分为抽气采样、滤纸走位、光电检测及清洗复位四个过程。以上四个过程，除光电检测及过程控制由测量控制系统完成外，其余三个过程均由采样系统完成。

抽气采样过程中，抽气泵活塞向下运动，被测排烟经采样探头、采样软管和滤纸夹持机构，经滤纸过滤后进入抽气泵。被抽取的排烟在通过压纸机构内的滤纸时，排烟中的碳颗粒沉积在滤纸上，形成一个规定面

图 6-2-3 全自动滤纸式烟度计结构原理图

积的烟斑，滤纸被染黑的程度与碳颗粒浓度有关。抽气过程结束后，压纸机构打开，在走纸机构作用下，被染黑的滤纸从滤纸夹持机构的中心移到光电传感器的中心。

光电检测过程主要由光电传感器、光源及微处理器完成。检测时，从光源射向滤纸的光线，一部分被滤纸上的碳粒吸收，另一部分反射给光电传感器。光电传感器（也称反射光检测器）是一个光电变换器，受到反射光的照射，就会产生光电流。光电流的大小与反射率（即反射光的强弱）有关，即与滤纸的染黑程度有关，微处理器根据反射率与烟度的对应关系，即可计算烟度值并输出。

检测完成后，控制系统打开压缩空气阀门，引入清洁的压缩空气，清洗取样管路，为下次测量做好准备。

滤纸式烟度计结构简单可靠，调整比较方便，精度也较高，可在室内外广泛使用。但该仪器不能测量白烟和蓝烟，所用滤纸品质对测量结果有一定影响。为保证测量精度，应定期采用全白、全黑或其他标准色度的滤纸对仪器进行校正。

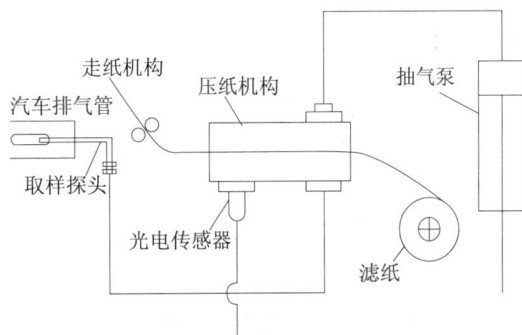

任·务·实·施

在用柴油车排放检测

一、目的与要求

1. 掌握自由加速试验的操作要领。

2. 掌握在用柴油车自由加速试验（不透光烟度法）的限值标准。

3. 掌握测量仪器及车辆的准备过程的工作内容。

4. 掌握在用柴油车自由加速试验（不透光烟度法）的操作方法。

5. 操作完成后仪器的规范拆除及摆放。

二、器材与设备

符合制造厂规定正常状态的在用柴油车一辆、转速测量仪、冷却液和润滑油温度测量仪、不透光烟度计，常用拆装工具等。

三、操作过程

1. **检测仪器准备**

（1）检测系统连接。按操作说明书要求，完成检测仪器采样探头、采样软管、测量单元及主机的连接，各连接部位不得漏气。

（2）仪器预热。接通仪器电源，按操作说明书要求预热仪器。

（3）仪器校准。按仪器提示步骤，进行仪器校准。

2. **被检测汽车检视及准备**

（1）被检汽车检视。被检柴油车应处于制造厂规定的正常状态，排气系统不得有泄漏。

（2）监控仪器安装。应在被检车辆的发动机上安装转速测量仪、润滑油温度测量仪等仪器，发动机润滑油温度应不低于80℃，或者达到汽车说明书规定的热车状态。

（3）填写测试报告。按照GB 3847—2005附件IA给出的测试报告样式，填写各项内容。

3. **排气烟度排放检测**

（1）安装采样探头。确认被检汽车处于怠速状态；安装采样探头，应保证采样探头与排气管的横截面之比不小于0.05，在排气管中探头开口处测得的背压应不超过735Pa。

（2）确定试验阈值。仪器确定启动和停止试验阈值设定。

（3）自由加速试验。按仪器提示或按GB 3847—2005附录Ⅰ的规定完成自由加速试验，读取烟度值，计算并填入测试报告中的相应栏目。

4. **检测结束后的工作**

（1）烟度检测仪器的处理。测试结束应立即取出采样探头，摆放到指定位置。按仪器操作规范关闭电源。

（2）车辆监控仪器的处理。拆除全部因检测要求临时安装的监控仪器，做好必要的清洁工作，摆放到指定位置。

（3）检测结果裁定。根据测量结果，对照GB 3847—2005规定的限值，对被测车辆通过与否做出裁定。

知识拓展

一、柴油机排气污染物生成原因

由于柴油机的燃油，是以喷注状喷入气缸，在气缸内与空气混合形成可燃混合气，然后开始燃烧。因此在柴油机排气有害物生成原因的分析中，常用柴油机喷注模型（图6-2-4）进行定性分析，可以得到比较符合实际的解释。柴油机排气中的主要有害物是颗粒排放物（PM），为此对一氧化碳（CO）、碳氢化合物（HC）和氮氧化物（NO_x）生成原因仅作简要介绍，而对颗粒排放物（PM）的生成原因将作较为详细的讨论。

图 6-2-4 柴油机喷注分区模型

1. 碳氢化合物的生成原因

柴油机排气中的HC主要来自三个方面：喷注过稀不着火区，由于混合气的浓度已超过混合气着火的下限，不能燃烧而产生燃油分解产物和不完全氧化产物；喷注心部和后喷部，由于氧气不足而形成不完全燃烧产物；燃烧室壁面发生的淬熄效应，产生未燃燃料。

2. 一氧化碳的生成原因

CO是燃烧过程的中间产物，在燃烧初期它生成于过稀不着火区和稀火焰区，但随着燃烧过程的进行，缸内温度升高，CO与氧反应生成CO_2的消失反应会因温度升高而逐渐增强。由于柴油机的过量空气系数恒大于1，燃烧室内有充裕的空气可以利用，因此柴油机的CO排放量比汽油机低得多。

3. 氮氧化物的生成原因

NO_x是氮和氧在高温条件下氧化反应的产物，在稀火焰区，由于氧气充足，混合气浓度比较适宜，是喷注最早着火的地方，且在火焰通过后的很长时间内仍能保持很高的温度，该区域是NO_x生成浓度最高的区域。

4. 颗粒排放物的生成原因

（1）颗粒排放物的主要组成物质及特征

柴油机颗粒排放物的主要组成物质是未燃的燃油、润滑油及碳粒，这三种物质在排烟的颜色上，分别呈现为白烟、蓝烟和碳烟。因此通过对排气烟色的检测和观察，可以对柴

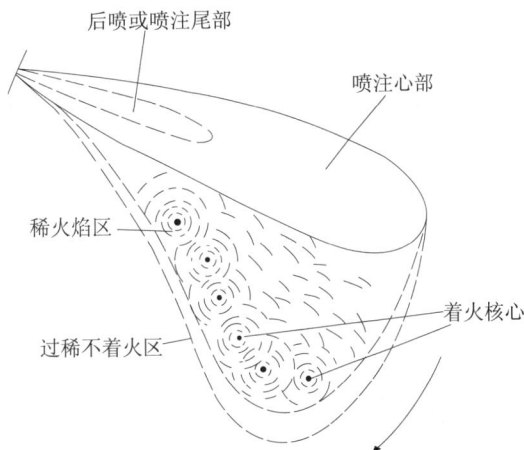

油机颗粒排放物的浓度及成分作出定性的判断。

白烟呈现白色蒸汽云状，大部分为未燃的燃油颗粒，颗粒的直径较大，可达1.3μm。柴油机在冷起动及低温怠速工况经常会出现冒白烟的情况。

蓝烟呈现蓝色烟雾状，蓝烟中除了微小未燃的燃油颗粒外，还包括润滑油颗粒，颗粒的直径在0.4μm左右。在暖机及低温小负荷工况，柴油机常会出现冒蓝烟的情况。

碳烟呈现黑色烟雾状，主要由比重较大、颗粒细微的碳粒组成，颗粒的直径为0.002—0.6μm。在急加速及大负荷工况下，柴油机经常会出现冒黑烟的情况。

（2）颗粒排放物的生成原因

多年来，国内外专家学者在柴油机颗粒生成机理上做了大量的研究工作，但由于柴油机的异相燃烧过程非常复杂，至今仍未完全掌握颗粒的生成原因。

①白烟、蓝烟的生成原因

已有的研究成果关于白烟、蓝烟的生成原因有三种解释，即温度成因说、着火条件不良成因说和润滑油窜缸成因说。

温度成因说认为，当缸内温度低于250℃时，由于燃料不能着火，而形成白烟排出；当缸内温度高于250℃，但小于着火温度时，将形成蓝烟；碳烟则在混合气着火后才能生成，因此在上述两种情况下，不会形成碳烟。

着火条件不良说认为，由于白烟、蓝烟的主要成分是未燃燃料和润滑油，因此燃料与空气混合不佳及着火条件不良，是形成白烟、蓝烟的主要原因。

润滑油窜缸成因说认为，在暖机和小负荷工况，由于温度比较低，窜入气缸未经燃烧的润滑油首先凝结在排气管内壁，当负荷增大，排气温度升高，这部分润滑油蒸发，形成蓝烟排出。

②碳烟的生成原因

理论研究发现，汽油等轻质燃料的气化是一个物理过程，而柴油等重质燃料的气化还包含了化学的裂解分馏过程，这就是汽油机碳烟排放很少，而柴油机碳烟排放多的一个根本原因。已有的研究表明，柴油在高温缺氧条件下的裂解脱氢反应及较低温度条件下的聚合冷凝，是生成碳烟颗粒的两个主要途径。

裂解脱氢反应主要发生在喷注心部及尾喷区域，该区域不仅存在富油缺氧的先天条件，而且扩散燃烧过程产生的2000—2500K高温，在该区域驻留的时间也较长。在高温和缺氧条件下，已形成气相的燃油发生裂解生成乙炔和氢，随后氢被氧化，而乙炔则凝聚成碳烟的微粒，通过后期进一步的聚合，最终形成大小不等的碳烟颗粒。高温缺氧区域裂解脱氢反应过程生成的碳烟颗粒，是柴油机碳烟颗粒的主要来源。

聚合冷凝主要发生在燃烧室壁面等非火焰区域，在这些温度低于1500K的低温区域，燃料中芳香烃或多环化合物通过聚合和冷凝形成碳烟的初始粒子，并缓慢产生较大分子量的物质，最后生成碳烟颗粒。低温区聚合冷凝反应生成的碳烟颗粒，仅是柴油机碳烟颗粒的一个次要来源。

应该指出，在燃烧过程中生成的碳烟颗粒，还存在继续燃烧及消失的可能性。在温度高于碳的反应温度、扰流火焰较强的地方，早期生成的碳烟颗粒，在燃烧后期与空气再次

混合后，可被完全燃烧掉。如果氧气不足，或者局部温度降至碳的反应温度以下，则碳烟颗粒不能被进一步氧化，最后成为碳烟颗粒排放物排至大气。

二、影响柴油机排气污染物生成量的主要因素

1. 过量空气系数λ的影响

对柴油机而言，在忽略充气效率变化的前提下，可以认为循环进气量基本保持不变，因此过量空气系数λ的变化与喷油量的变化密切相关，即与负荷的变化密切相关。因此，研究过量空气系数λ对四种排气污染物的影响，相当于研究负荷对四种排气污染物的影响。柴油机HC、CO、NO_x、PM排放随过量空气系数变化的规律如图6-2-5所示。

从图6-2-5中可以看到，HC排放浓度随λ增大，呈现由低到高的变化规律。在小负荷工况或怠速工况下，由于喷油量很少，导致过稀不着火区扩大，因此HC的排放浓度较高。随着负荷的增加，也即喷油量增加，过稀不着火区缩小，故HC排放浓度下降。

CO排放浓度随λ的增大，呈现高→低→高的变化规律。在小负荷工况，由于在过稀不着火区形成的CO较多，同时缸内温度较低，对CO氧化作用弱，因此CO的排放浓度随λ增大而上升。当负荷增大到一定程度，由于氧的浓度下降，CO排放浓度随着λ的减小快速上升。

NO_x排放浓度随λ增大，呈现由最高逐渐降低的变化规律。当λ大于NO_x生成浓度最高值所对应的过量空气系数后，缸内最高燃烧温度随负荷减小而下降，NO_x生成浓度随之逐渐减小。

PM排放量随λ增大，呈现由快速减少到基本不变的变化规律。在大负荷工况下，当λ小于某一范围时，高温缺氧导致的裂解脱氢反应，使PM随λ减小而急剧增加。当λ大于上述范围时，λ对PM排放量影响较小，PM排放量基本保持不变。

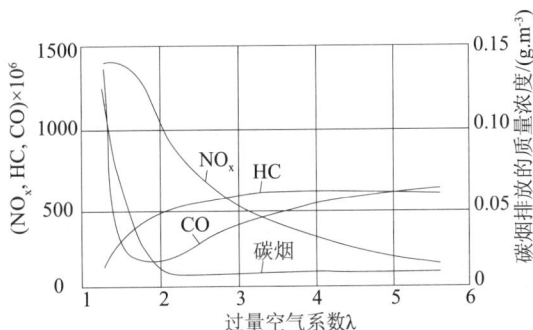

图 6-2-5 柴油机有害污染物与 λ 的关系

2. 进气涡流的影响

适当提高进气涡流强度，有利于燃油和空气的混合及未燃烃的氧化，因此可使HC下降；但过强的进气涡流，会使过稀不着火区扩大，并产生喷注重叠现象，使HC排放浓度上升。

提高进气涡流强度，有助于加快CO的消失反应，可使CO的排放浓度下降。

提高进气涡流强度，可以改善燃油和空气混合，使燃烧速度加快，但会造成局部高温，使NO_x排放浓度上升。一般而言，有利于降低CO的技术措施，往往会带来NO_x生成量增加的问题，因此应抓住主要矛盾，采取相应的技术措施。

提高进气涡流强度，有利于加快油滴的蒸发速度，改善混合气的品质，不仅使PM的生成量减少，同时也有利于已生成PM的进一步氧化，最终使PM排放量下降。

3. 供油参数的影响

增大喷油提前角，会使滞燃期延长，过稀不着火区域扩大，HC的排放浓度增大，反之则相反。喷油器压力室容积大，易产生滴油现象，使HC排放浓度增大，反之则降低。

每一工况都有一最佳喷油提前角，增大或减小喷油提前角，都会导致CO排放浓度增加。

增大喷油提前角，会使最高燃烧温度提高，NO_x生成量将随之增加，反之则降低。因此，就降低NO_x而言，减小喷油提前角是最有效的方法。

提高喷油压力，可提高升雾化质量，改善燃烧，但也会使最高燃烧温度提高，导致NO_x生成量增加。

在喷油量不变，且喷油结束时间不变的情况下，提高喷油速率，意味着应减小喷油提前角，可使NO_x的生成量减少。同样，在喷油速率和喷油压力不变化的情况下，增大喷孔直径，也可使NO_x的生成量减少。

增大喷油提前角或较大地推迟喷油开始时间，都能达到降低PM排放的效果。对于前者，由于喷油提前，使滞燃期延长，燃烧温度提高，PM生成量也随之减少。对于后者，较大地推迟喷油开始时间，把扩散燃烧推迟到膨胀行程，燃烧温度下降，PM生成量也随之减少。提高喷油速率，缩短喷油持续时间，都可以使PM的生成量减少。由于高温缺氧是造成碳烟生成量增加的主要原因，因此凡是能提高η_v，即增加进气量的措施，都可减少PM的排放。

三、净化措施

1. 机内净化措施

机内净化技术措施主要包括燃油喷射系统的改进，喷射参数的优化，进气涡流组织及燃烧室的改进等方面。

（1）采用电子控制技术

采用电子控制技术，根据发动机运行工况及传感器输入信号，对喷油提前角、喷油规律及进气涡流强度等重要影响参数进行优化控制，是全面改善柴油机排放性能和经济性的最有效手段。

（2）采用废气再循环技术

废气再循环技术是降低柴油机NO_x生成量的主要技术措施。同时，也可降低HC和CO的生成量。

（3）其他技术措施

还可采用多气门结构、优化燃烧室结构形状等结构技术措施。

2. 机外净化技术措施

机外净化技术措施一般可分为机前净化处理和机后净化处理，对参与燃烧的物质（燃油和空气）在进入气缸前所做的有利于减少有害物排放的技术处理，称为机前净化处理；对完成燃烧后排出气缸的废气所做的净化处理，称为机后净化处理。

（1）机前净化处理

机前净化处理的技术措施，目前主要集中在改进燃料及增加进气量两个方面。

降低柴油的含硫量，可以有效地降低柴油机的PM排放，但这将提高柴油的炼制成本。在柴油中添加钡盐消烟剂也可降低柴油机的PM排放，但钡盐的水溶液具有毒性，以某种形式随废气排出的钡盐，会造成二次污染。

采用进气管喷水或柴油加水乳化技术，可以降低NO_x和HC的排放。当柴油和水的比例达到1:1时，NO_x与HC的排放总量可降低50%左右，功率仅下降约4%。采用喷水技术需要解决的主要问题是，如何防止由此产生的气缸腐蚀及喷水量的调节。

采用增压中冷技术是降低柴油机有害物排放，提高柴油机动力性和经济性的有效措施，该项技术可以使柴油机CO、HC、NO_x及PM的排放都得到有效的改善。

（2）机后净化处理

机后净化处理的主要技术措施是在排气管中安装净化装置，使排入大气的有害物减少。

采用颗粒过滤器可有效减少排入大气的PM，目前需要解决的主要问题的是有效使用寿命和再利用。

由于柴油机的平均过量空气系数恒大于1，一般均需借助还原剂，才能使NO_x的排放量降低到令人满意的效果。目前主要有三种方法，选择性非催化还原方法（SNCR）、非选择性催化还原法（NSCR）及选择性催化还原法（SCR）。

选择性非催化还原法（SNCR）是，在高温排气中直接喷入还原剂NH_3，在高温条件下，NH_3和NO_x经过一系列反应，最终生成N_2和H_2O。该方法的主要问题是，净化温度范围比较窄（1100—1400K），当温度大于1400K时，NO_x排放量反而会升高。

非选择性催化还原法（NSCR）是先在排气中喷入还原剂NH_3或HC等，然后在催化剂作用下对排气中的NO_x进行还原。该方法的主要问题是，还原剂很容易被直接氧化，且消耗量大，现已被淘汰。

选择性催化还原法（SCR）是先在排气中喷入还原剂NH_3或尿素，然后在催化剂作用下对排气中的NO_x进行还原。由于SCR转换器中的催化剂具有很强的选择性，不仅对NO_x的还原具有加速作用，而且还会抑制还原剂的氧化反应，故SCR是目前普遍采用的方法。该方法主要缺点是需要一套复杂的控制还原剂喷射系统。同时还应指出，许多NO_x的SCR转化器会加速N_2O的生成，N_2O是强温室气体，其致热势为CO_2的150倍。因此在应用SCR技术时，也应重视CO_2和N_2O对温室效应的影响。

四、在用汽车加载减速试验不透光烟度法

在用柴油车加载减速试验，也称LUGDOWN方法，我国的香港地区用此检测方法，监测和控制柴油车的排气污染，取得了很好的实际效果。GB 3847—2005第26.1条规定自本标准的实施之日起，压燃式发动机在用汽车排放监控，应采用本标准规定的排气烟度排放限值及测量方法。在机动车保有量大、污染严重的地区，可采用本标准附录J中所规定的加载减速工况法。附录J适用于装用压燃式发动机，最大总质量大于400kg，最大设计速度大于或者等于50km/h的在用汽车。

加载减速试验分别在最大功率点、最大功率对应转速的90%转速点和最大功率对应转

速的80%转速点等3个加载工况点测试柴油车的烟度。

测试设备主要包括底盘测功机、分流式不透光烟度计和发动机转速计，并由计算机控制系统集中控制。由于测试和数据采集是完全自动的，要求烟度计必须配备与测功机控制单元的数据采集方式兼容的数据传输装置，且烟度计的采样频率必须大于每秒10次。

测试时，烟度计采样探头插入柴油车排气管中的深度不得少于400mm。测试数据包括轮边功率、发动机转速和排气烟度。只有轮边最大功率、发动机转速范围和3个工况点测得的光吸收系数k或烟度值均满足标准限值，排放测试才可以判定为合格。

任务3 汽车噪声检测

学习目标

1. 掌握汽车噪声对环境及人们身心健康的影响。
2. 掌握我国在用汽车定置噪声限值标准、检测仪器及检测方法。
3. 了解汽车噪声产生的原因，可采用的降噪技术措施。
4. 了解汽车噪声检测的其他方法。

导入

随着汽车向快速和大功率方面的发展，汽车噪声已经成为一些大城市的主要噪声源。对城市环境噪声影响最大的汽车噪声有何特点？车外和车内噪声的检测和评价方法有何不同？如何控制和降低车辆噪声？

知识准备

一、汽车噪声对环境及人们健康的影响

噪声对人类和环境的危害是严重的，它广泛影响着人类的各种活动，使人产生不愉快情绪，睡眠受到干扰，工作受到妨碍，甚至引起生理机能的变化和听力的损害。

噪声对人心理影响的主要表现为使人烦躁、激动、发怒，甚至失去理智，容易使人产生不愉快情绪的噪声级因时间、地区和人的心理因素而异。50%的人诉说情绪受害的噪声级，白天在室外的大致范围是：住宅区为50dB（A），商业区为55—59dB（A），学校为50—54dB（A），医院为45—49dB（A）。此外，高音调多的噪声和强度、频率结构不断发生变化的场合，更易使人产生不愉快感。

噪声容易使人疲劳，影响人的思维活动和精力集中，对工作有严重妨碍，有人认为噪声级超过90dB（A），工作谬误率将显著增加。此外，噪声的掩蔽效应，常常使人不易发觉一些危险信号，容易造成工伤事故。

噪声对睡眠的影响是毋容置疑的，老人和病人更易受到干扰。一般来说，20—25dB（A）为无声场合；30dB（A）时对人的睡眠尚无影响；35dB（A）的连续噪声，使人入睡时间延长20%左右，醒来时间要提前10%；40dB（A）的连续噪声，可使10%的人夜间多梦，熟睡时间大大缩短；70dB（A）的连续噪声，干扰睡眠的影响范围扩大到50%。突然的噪声对睡眠的影响更明显，40dB（A）时可使10%的人惊醒；60dB（A）时可使70 %的人

惊醒。

调查发现，大量心脏病和溃疡病的产生和恶化与噪声有着密切的联系。实验证明，50—70dB（A）的噪声会引起交感神经的紧张反应和内分泌系统的失调，因而导致心率加快、血压升高和消化系统机能变坏。不少人认为，当代生活中的噪声是造成心脏病和溃疡病的一个重要原因。此外，噪声还会引起失眠、疲劳、头晕、头痛、恶心、呕吐、记忆力减退等症状，严重影响着少年儿童的身心健康和智力发展，甚至对胎儿也会造成发育不良和早产等有害影响。当噪声超过140dB（A）时，还会引起视觉模糊、血压波动、全身血管收缩、说话能力失常等严重疾病。

噪声会造成重听和耳聋，这是众所周知的事实。根据国际标准化组织ISO的标准，500Hz、1000Hz和2000Hz三个频率的平均听力损失超过25dB的称为噪声性耳聋。此时，进行正常交谈，句子的可懂度下降13%，句子加单音词的混合可懂度降低38%。大量调查研究表明，耳聋发病率随噪声级的增加而上升，在80dB（A）以下，能保证长期工作不致耳聋；在85dB（A）环境下工作40年，有10%的人听力受损；在90dB（A）下工作，有21%的人可能产生噪声性耳聋；100dB（A）下，耳聋病人高达41%。

噪声对自然界的生物也有影响，强噪声会使鸟类羽毛脱落，不产卵，甚至内出血和死亡。150dB以上的高能量的脉冲声波对物质结构有较大的破坏力，可使建筑物出现裂缝而损坏，使金属及发声体本身出现疲劳破坏，甚至由噪声造成的飞机、导弹失事事件也有发生。

二、汽车噪声检测标准及仪器设备

1. 汽车噪声的评价指标

（1）噪声的声压和声压级

声压是指声波作用于大气，使大气压强发生变动的能量，声压的单位用Pa表示。声音的强弱取决于声压，声压越大，听到的声音越强。正常人刚刚能听到的最微弱声音的声压为2×10^{-5}Pa，称为人耳的"听阈"；使人耳产生疼痛感觉的声音的声压为20Pa，称为人耳的"痛阈"。从"听阈"（2×10^{-5}Pa）到"痛阈"（20Pa），相差达百万倍。显然，用声压的绝对单位来表示声音的强弱很不方便，于是引入声压级参数。声压级是指某点的声压P与基准声压（听阈声压）P_0的比值，取常用对数再乘以20的值，单位为分贝（dB）。

"听阈"的声压级为0dB，"痛阈"的声压级为120dB。因此，人耳听觉范围内的声压级为0—120dB。

（2）噪声的频率和响度级

人们对声音的感觉不仅与声压有关，而且也与频率有关。人耳可闻声音的频率范围为20—20000Hz。一般的声源，并不是仅发出单一频率的声音，而是发出具有很多频率成分的复杂声音。声音听起来之所以会有很大的区别，就是因为它们的组成成分不同。为此要全面了解一个声源特性，仅知道它在某一频率下的声压级是不够的，还必须知道它的各种频率成分和相应的声音强度。因为频率相同，听起来可能并不一样响。相反，不同频率的声

音，虽然声压级也不同，但有时听起来却一样响，可见用声压级测定的声音强弱与人们的生理感觉往往不一样。因此，对噪声的评价常采用与人耳生理感觉相适应的指标，这个指标就是响度级，其单位用"方（phon）"来表示。选取1000Hz纯音作为基准音，若噪声听起来与该纯音一样响，该噪声的响度级就等于这个纯音声压级的分贝数。

（3）噪声级

为了能测出与人耳感觉相一致的响度级，理应使用"响度级计"来测量声音的强弱，但要设计和制造出对于不同频率的声音均具有与人耳感觉一致的仪器较为困难。为了模拟人耳在不同频率有不同的灵敏性，在声级计内设有一种能够模拟人耳的听觉特性，把电信号修正为与听觉近似的网络，这种网络称作计权网络。

通过计权网络测得的声压级，已不再是客观物理量的声压级，而是经过修正的声压级，称作计权级或噪声级。国际电工委员会（IEC）对声学仪器规定了A、B、C等几种国际标准计权网络，它们是参考国际标准等响曲线而设计的，单位记作dB（A）、dB（B）、dB（C）。由于A计权网络的特性曲线接近人耳的听感特性，故目前普遍采用A计权网络对噪声进行测量和评价，记作dB（A）。

2. 在用汽车噪声检测标准

我国现行的在用汽车噪声检测标准和方法的主要依据是《营运车辆综合性能要求和检测方法》（GB 18565—2001），该标准从在用汽车的汽车定置噪声、客车车内噪声、驾驶人耳旁噪声及喇叭声级四个方面，对汽车噪声进行控制，并规定了噪声的限制和测量方法。在具体操作时，汽车定置噪声按《声学 机动车辆定置噪声测量方法》（GB /T 14365—1993）规定的要求检测；客车车内噪声和驾驶人耳旁噪声按《机动车辆噪声测量方法》（GB /T 1496—1979）规定的要求检测；喇叭声级按《机动车运行安全技术条件》（GB 7258—2012）规定的要求检测。

《营运车辆综合性能要求和检测方法》（GB 18565—2001）对在用汽车的汽车定置噪声限值规定，如表6-3-1所列。

表6-3-1 在用汽车定置噪声限值

车辆类型	燃料种类		1998年1月1日前出厂车辆	1998年1月1日起出厂车辆
轿车	汽油		87	85
微型客车、货车	汽油		90	88
轻型客车、货车、越野车	汽油	$n \leqslant 4300r/min$	94	92
		$n > 4300r/min$	97	95
	柴油		100	98
中型客车、货车、大型客车	汽油		97	95
	柴油		103	101
重型货车	柴油	$P \leqslant 147kW$	101	99
		$P > 147kW$	105	103

注：n—发动机额定转速；

　　P—发动机额定功率。

3. 声级计及工作原理

声级计是一种能把噪声以近似人耳听觉特性来测定其噪声级的仪器。声级计根据测量精度分为精密声级计和普通声级计，根据所用电源分为交流式声级计和直流式声级计。

声级计一般由传声器、放大器、衰减器、计权网络、检波器、指示器和电源等组成，所需电源由干电池供给。声级计的外形结构如图6-3-1所示。

（1）传声器

传声器（也称话筒）是把声压信号转变为电压信号的装置，常见的传声器有晶体式、驻极体式、动圈式和电容式等多种型式。

动圈式传声器由振动膜片、可动线圈、永久磁铁和变压器等组成。振动膜片受到声波压力作用后，带动和它装在一起的可动线圈在磁场内振动，由此产生感应电流。

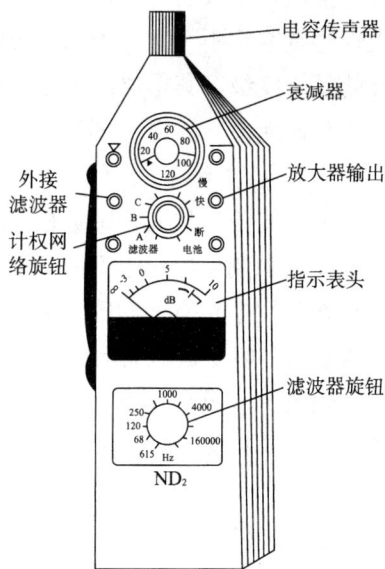

图 6-3-1 声级计

电容式传声器主要由金属膜片和靠得很近的金属电极组成，实质上是一个平板电容。金属膜片与金属电极构成了平板电容的两个极板，当膜片受到声压作用时，膜片发生变形，使两个极板之间的距离发生变化，也即平板电容的电容量发生变化，从而产生交变电压，其波形在传声器线性范围内与声压级波形形成比例，实现把声压信号转变为电压信号的作用。

（2）放大器

放大器的作用是把传声器的微弱电信号放大。声级计要求放大器有一定的放大倍数，一定的动态范围，较宽的频率范围，非线性失真要小（不大于1%）等。目前流行的许多国产和进口的声级计，在放大电路中都采用两级放大器，即输入放大器和输出放大器，各组放大器前都接有衰减器。

（3）衰减器

衰减器的作用是改变信号的衰减量，以便使表头指针指在适当的位置。之所以需要改变信号的衰减量，是因为声级计不仅要测量微弱信号，也要测量较强的信号。例如：要测量25—140dB范围的声级，因为声级计的检波器和指示器不可能有这么宽的量程范围，所以需采用衰减器以方便地解决此问题。为了提高信噪比，衰减器分为输入衰减器和输出衰减器两部分。输出衰减器接在第一组放大器和第二组放大器之间，而且在一般测量时，使输出衰减器尽量处在最大衰减位位置。这样当测量较大信号时，由于输出衰减器的衰减作用，使输入衰减器的衰减量减小，加到第一组放大器的输入信号就因此提高了，信噪比也同样得到了提高。

（4）计权网络

计权网络的作用是为了模拟人耳听觉在不同频率有不同的灵敏性和听觉特性，把电信号修正为与听感近似的网络，这种网络称为计权网络。通过计权网络测得的声压级，已不

再是客观的物理量声压级（叫线性声压级），而是经过听感修正的声压级，称为计权声级或噪声级。

计权网络一般有A、B、C三种，A计权声级是模拟人耳对55dB以下低强度噪声的频率特性，B计权声级是模拟55—85dB的中等强度噪声的频率特性，C计权声级是模拟高强度噪声的频率特性。三者的主要差别是对噪声的衰减程度不同，A衰减量最多，B次之，C最少。A计权声级由于其特性曲线接近于人耳的听感特性，是目前国内外噪声测量应用最广泛的一种。A计权声级常用来评价城市的交通噪声和工厂噪声。从声级计得出的噪声级读数，必须注明测量条件，如单位为dB，且使用的是A计权网络，则应记为dB（A）。

（5）检波器

检波器用来将放大器输出的交流信号检波（整流）成直流信号，以便在指示器上获得适当的指示。这个直流电压的大小要正比于输入信号的大小。根据测量的需要，检波器分为峰值检波器、平均值检波器和均方根值检波器。峰值检波器能给出一定时间间隔中的最大值，平均值检波器能在一定时间间隔中测量其绝对平均值。均方根值检波器能对交流信号进行平方、平均和开方，得出电压的均方根值，最后将均方根电压信号输送到指示器。

（6）电源

电源的作用是为声级计供电，对于便携式声级计，为了便于现场测量，要求采用电池供电。声级计除供给电容传声器极化电压外，另外还要供给各部分需要的不同工作电压和电流。因此，需要把电池电压变换成各种电压。一般采用直流变换器，首先由振荡器把直流电压变成交流电压，通过变压器变压，然后再由整流电路整流成所需要的各种直流电压。为了保证输出电压稳定，通过负反馈电路控制调整管或直接控制加到振荡器的电压，这样当电池在使用中电压降低、负载不同及环境变化时，输出电压保持不变，从而保证声级计各部分正常工作。

任务实施

在用汽车定置噪声检测

一、目的与要求

1. 掌握汽车定置噪声场地要求及测点布置。
2. 掌握汽车定置噪声的限值标准。
3. 掌握测量仪器及车辆准备过程的工作内容。
4. 掌握汽车定置噪声的测量方法。
5. 操作完成后仪器的规范拆除及摆放。

二、器材与设备

符合制造厂规定正常状态的在用汽车一辆、冷却液和润滑油温度测量仪、声级计及安装附件、常用拆装工具等。

三、操作过程

1. 被检测汽车检视及准备

（1）被检车辆位置：车辆尽量置于测量场地的中央，如图6-3-2a所示。

（2）被检车辆检查：车辆发动机机罩、车窗与车门应关闭，车辆的空调器及其他辅助装置应关闭。

（3）被检车辆状态：变速器挂空挡，拉紧驻车制动器，离合器接合；发动机冷却液温度、机油油温应符合汽车制造厂的规定。

（4）填写测试报告：按GB/T14365—95给出的机动车辆定置噪音测量记录表，填写各项内容。

2. 声级计标定及传声器布置

（1）声级计标定

根据声级计使用说明书指示，对检测用声级计进行标定。

（2）传声器布置

根据被检车辆的结构特点，布置传声器，如图6-3-2（b）、6-3-2（c）所示。传声器与排气口端等高，在任何情况下，距地面不得小于0.2m；传声器的参考轴应与地面平行，并和通过排气口气流方向且垂直地面的平面，呈45°±10°夹角。传声器朝向排气口，距排气口端0.5m，放在车辆外侧。车辆装有两个或更多的排气管，且排气管之间的间隔不大于0.3m，并连接于一个消声器时，只需取一个测量位置，传声器应选择位于最靠近车辆外侧的那个排气管；装有多个排气管，并且各排气管的间隔又大于0.3m的车辆，对每一个排气管都要测量，并记录其最高声级；排气管垂直向上的车辆，传声器放置高度应与排气管口等高。传声器朝上，其参考轴应垂直地面。传声器应放在离排气管较近的车辆一侧，并距排气口端0.5m；车辆由于设计原因（如备胎、油箱、蓄电池等）不能满足图6-3-2（a）和图6-3-2（b）放置时，应画出测点图，并标注出传声器选择的位置；传声器朝向排气口，放在尽可能满足上述条件，并距最近障碍物大于0.2m的地方。

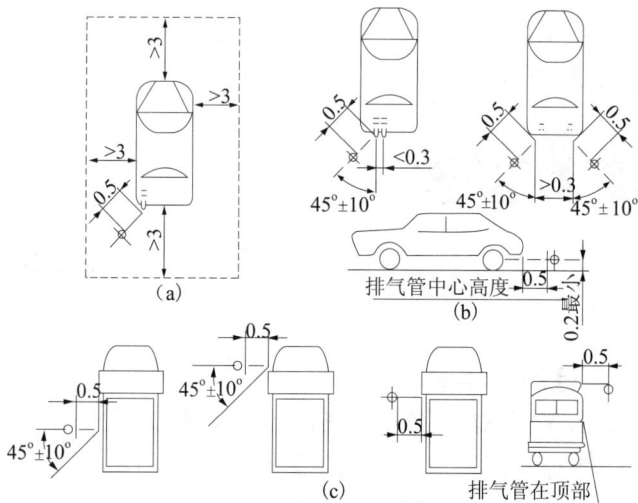

图 6-3-2 定置噪声测量场地和传声器布置

3. 在用汽车定置噪声检测

（1）发动机提速：测量发动机平稳加速至 $\frac{3}{4}n \pm 50\text{r}/\text{min}$（$n$为汽车制造厂家规定的发

动机额定转速）。

（2）噪声测量：当发动机稳定在上述转速后，测量由稳定转速尽快减速到怠速过程的噪声，记录最高声级值。

（3）重复测量：每类试验的每个测点重复进行试验，直到连续出现3个读数的变化范围在2dB之内为止，并取其算术均值作为测量结果。

4. 检测结束后的工作

（1）检测仪器拆除：拆除声级计并关闭电源，声级计及附件摆放到指定位置。

（2）检测结果裁定：根据测量结果，对照GB/18565—2001规定的限值，对被测车辆通过与否作出裁定。

知识拓展

一、汽车噪声的来源

汽车的噪声源大致可分为两类，一类是与发动机运转有关的噪声，另一类是与汽车行驶有关的噪声。

发动机运转产生的燃烧噪声、机械噪声、进排气噪声和风扇噪声，以及驱动压气机、发电机等各种附件发出的噪声，这些都属于发动机运转噪声。

汽车行驶产生的噪声，主要包括变速器、传动轴及驱动桥等传动机构的机械噪声，轮胎车轮与路面摩擦发出的噪声，制动器在制动过程中发出的噪声，车身振动及和空气阻力发出的噪声，鸣号时发出的喇叭噪声等，这些都可归于与汽车行驶有关的噪声。

汽车这些噪声源发出的噪声，对汽车外部环境而言，是城市交通噪声的重要公害源；对汽车内部环境而言，影响车辆乘坐的舒适性。

汽车发出的噪声，很大程度上与汽车类型、行驶工况和路面条件有关。

二、汽车噪声的主要影响因素

1. 发动机运转时产生的噪声

（1）燃烧噪声

汽油机的正常燃烧噪声在发动机噪声中占次要地位。汽油机发生爆震、表面点火等不正常燃烧时，燃烧噪声会显著增大。

柴油机的燃烧噪声主要与压力升高率有关，影响压力升高率的主要因素是喷油定时和喷油规律。

（2）机械噪声

发动机机械噪声是相对运动零件之间产生撞击和振动发出的噪声，主要包括：活塞连杆组噪声、配气机构噪声、柴油机燃油供给系统噪声及其他机械噪声。

活塞连杆组噪声是发动机最主要的机械噪声源，噪声大小与活塞的配缸间隙、发动机转速、发动机负荷、润滑条件、活塞的结构及材料、活塞环数及弹力、气缸壁厚度等因素有关。

配气机构噪声是由于气门开启和关闭时产生的撞击及系统振动产生的噪声。噪声大小与气门运动速度、气门间隙、配气机构结构型式、零件刚度及质量等因素有关。

柴油机燃油供给系统的噪声主要是由于喷油泵、喷油器和高压油管系统振动产生的噪声。噪声大小与喷油泵泵体的刚度及材料等因素有关。

进、排气噪声是发动机进、排气过程中气体的压力波动和气体流动所引起的振动产生的噪声，按噪声形成机理，都属于空气动力学噪声。其中排气噪声是仅次于发动机本体噪声，与风扇噪声同等重要的噪声源。排气噪声的大小与消声器的消声效果、发动机转速与负荷等因素有关。进气噪声比排气噪声小，但其低频成分可使车身发生共振，是产生车内噪声的原因之一。

（3）风扇噪声

风扇噪声是发动机的重要噪声源。风扇噪声主要与风扇的结构、材料、效率、导风罩、风扇组件的相对位置等因素有关。

2．汽车行驶时产生的噪声

（1）传动机构噪声

变速器的噪声主要是因齿轮振动引起的噪声，以及轴承运转声、润滑油搅拌声、发动机振动传至变速器箱体而辐射的噪声等。影响变速器噪声水平的主要因素有齿轮的运转状况、齿轮的设计参数及加工精度、齿轮材料、变速器箱体的密封及隔声性能等。

（2）传动轴噪声

传动轴噪声是由于传动轴变形、轴承松旷及装配不良等因素造成的，严重时甚至引起车身发生抖动，且车速越高，响声越严重。

（3）驱动桥噪声

驱动桥噪声主要由齿隙不合适、齿轮装配不当、轴承调整不当等原因引起。汽车行驶时驱动桥所在位置发出较大的响声，且车速越高，响声越大。

（4）制动噪声

制动噪声是汽车制动过程中，在由制动器摩擦引起的制动器等部件振动发出的高频尖叫声。影响制动噪声的大小与制动蹄摩擦片长度方向上的压力分布规律，手制动系统及零部件刚度等因素有关。

（5）轮胎噪声

轮胎噪声包括轮胎花纹噪声、道路噪声、弹性振动噪声以及轮胎旋转时搅动空气引起的风噪声。影响轮胎噪声的因素主要有轮胎花纹、车速及负荷、轮胎气压、轮胎磨损程度、路面状况等。

三、降低汽车噪声可采用的技术措施

1. 发动机噪声控制

（1）燃烧噪声控制

对燃烧室进行科学的设计，合理组织混合燃烧过程，点火（或喷油）时间也要安排得当，使气缸内气体压力得到有效控制；选用小直径的气缸，适当减小各配合件的间隙，提高缸套和气缸体刚度；选用非金属材料，采取隔振、隔声等措施；采用增压技术。

（2）机械噪声控制

适当减小各零部件的配合间隙；优化设计，提高加工精度；采用和加强机外消振的措施；采用合适的非金属材料及衰减噪声性能好的材料。

（3）气体动力噪声控制

①进气噪声控制

合理地设计和选用空气滤清器；合理设计进气管和进气道，减少进气系统内压力脉动的强度和气门通道处的涡流强度；采取进气消声措施。

②排气噪声控制

合理设计排气管的形状与长度，以避免气流产生共振和减少涡流；采用高消声技术、低功率损耗和宽消声频率范围的排气消声器；采用阻抗复合式结构和双层复合金属板或树酯陶瓷复合材料的消声器。

③冷却风扇噪声控制

风冷发动机的风扇改用后置静轮；增大风扇直径，降低风扇转速；采用不等片距风扇；采用非金属材料风扇；合理设计风扇、护风圈及散热器之间的位置。

2. 汽车行驶噪声控制

（1）机械噪声控制

汽车行驶时机械噪声的控制方法与发动机类似，适当减小各零部件的配合间隙；提高装配精度；避免超速行驶；采取消振、隔振措施。

（2）制动噪声控制

优化制动器设计；提高制动器部件刚度。

（3）轮胎噪声控制

采用低噪声轮胎；轮胎气压符合要求。

四、汽车噪声检测的其他方法

1. 客车车内噪声

（1）客车车内噪声的限值

GB 7258—2012规定，客车以50 km/h的速度匀速行驶时，客车车内噪声声级应不大于79dB（A）。

（2）测量条件

①道路条件

汽车车内噪声受道路表面结构的粗糙度影响很大，平滑路面可以产生平稳的车内噪声。因此，试验路段应该是硬路面，必须尽可能平滑，不得有接缝、凸凹不平或类似的表面结构。道路表面必须干燥，不得有雪、污物、石块、树叶等杂物。

②车辆条件

在测量过程中，发动机的所有运行条件，如燃料、润滑油、点火正时或喷油时间等，都应该符合制造厂家的规定。在测量开始前，发动机应该稳定在正常的工作温度范围内，或以中等速度行驶一段路程。所采用的轮胎应该与制造厂家规定的型号一致。轮胎气压必须符合制造厂家的规定要求。

车辆在测试噪声时，必须是空载，只有汽车的标准装备、测试装备和必不可少的人员方可留在车内。在公共交通用车，且座位在8个以上的车辆中，留在车内的人员不得超过3人。

车门窗、辅助装置、可调节的座椅的进风口及出风口，如有可能，都必须关上。辅助装置，如刮水器、暖风装置、风扇以及空调等，在测量试验过程中不得工作。

③车辆运行条件

从车辆匀速行驶、全油门加速行驶和车辆定置三种运行条件中，选出可以代表被检车车内噪声的运行条件。

a. 匀速行驶。从60 km/h或最高车速的40%（取两者较小值）到120 km/h或最高车速的80%（取两者较小值）范围内，至少以等间隔的5种车速进行A声级测量。

b. 全油门加速行驶。当汽车达到稳定的初始工作状态（变速器处于最高挡位，发动机应有一个最低的初始转速），须尽可能快地使油门全开，同时启动记录装置开始记录，直到发动机转速达到（汽车制造厂）规定额定转速的90%或达到120 km/h车速（取两者较小值），记录停止。

c. 车辆定置。变速器置于空挡，使发动机在低速空转；然后，将油门尽可能快地完全打开，使发动机加速到最高空转，并在此位置上至少持续5s。

④测点位置

一个测量点须选在驾驶人座位。对于轿车来说，也可以在后排座位上追加一个测量点。对于客车，应该考虑在中间和后部追加测量点，沿汽车纵向轴线附近。

传声器离车厢壁或座椅垫的距离必须大于0.15m。传声器应以最大灵敏度的方向水平指向测量位置坐着或站立的乘客视线方向。

座位处的传声器位置，如图6-3-3所示。传声器的垂直坐标是在（无人）座椅的表面与靠背表面的交线以上0.75±0.01m处，水平坐标应在座椅的中心面（或对称面）上。在驾驶人座位上，水平横坐标向右到座位中心面的距离为0.20±0.05m。

站立处的传声器位置。垂直坐标应在地板以上

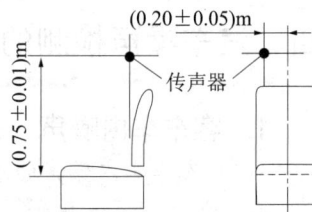
图6-3-3 传声器相对于座椅的位置

1.6±0.1m处，水平坐标应在所选测点站立的位置上。

卧姿的传声器位置。卧姿指客车或货车的卧铺等状态。传声器须放在（无人）枕头的中部以上0.15±0.02m处。

（3）车内噪声测量方法

① 对于匀速行驶试验，至少要在车内噪声测量条件中所规定的5种车速下记录A计权声级的数值。按GB 7258—2012的规定，客车只测以50 km/h的车速匀速行驶时的车内噪声。

② 对于油门全开加速试验，应记录在所规定的加速范围内出现的A计权声级最大值，并应在报告中加以说明。

③ 对于定置噪声试验，应记录怠速A计权声级读数和油门全开过程中最大声级读数，并应在报告中加以说明。

2. 驾驶人耳旁噪声

（1）驾驶人耳旁噪声的限值

GB 7258—2012规定，汽车驾驶人耳旁噪声声级应不大于90dB（A）。

（2）驾驶人耳旁噪声测量方法

测量汽车驾驶人耳旁噪声一般选在驾驶人的右耳附近，声级计按图6-3-3所示测点位置放置，声级计的传声器应朝向驾驶员耳朵方向。

测量汽车驾驶人耳旁噪声时，车辆应处于静止状态且变速器置于空挡，发动机应处于额定转速状态，车辆门窗应紧闭。

环境噪声应低于被测噪声值至少10dB（A）。

声级计应置于"A"计权、"快"挡。

3. 喇叭声级

（1）汽车喇叭声级限值

为了使汽车喇叭起到警示功能，喇叭声级不能过低，但同时为减少喇叭噪声对城市环境的影响，对喇叭声级应作适当控制。根据GB 18565—2001规定，喇叭声级应在90—115dB（A）的范围内。

（2）喇叭声级测量方法

汽车喇叭噪声的测点位置，如图6-3-4所示。测量汽车喇叭声级时，应将声级计置于汽车前2m、离地高1.2m处，其传声器朝向汽车，轴线与汽车纵轴线平行。

测量时应注意不被偶然的其他声源峰值所干扰。测量次数宜在2次以上，并注意监听喇叭声是否悦耳。

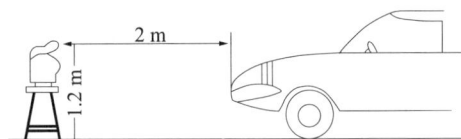

图 6-3-4　汽车喇叭噪声的测点位置

项·目·小·结

1. 在用汽油车排气污染物的主要有害成分是一氧化碳（CO）、碳氢化合物（HC）和氮氧化物（NO_x）。

2. 我国现行的在用汽油车排放标准是GB 18285—2005《点燃式发动机汽车排气污染物排放限值及测量方法（双怠速法及简易工况法）》。该标准对点燃式发动机汽车排气污染物排放检测方法及限值作出规定。

3. 目前我国点燃式发动机汽车排气污染物排放检测方法普遍采用双怠速法，分析仪器选用四气体分析仪或五气体分析仪，对CO、CO_2、HC的检测采用不分光红外吸收型分析仪（NDIR），对O_2、NO_x检测采用电化学传感器分析仪。

4. 双怠速法需要检测两种怠速工况，正常怠速和高怠速的排气污染物排放浓度。

5. CO的生成量主要与混合气的浓度有关；HC的生成也与混合气的浓度有关，同时还与淬熄效应、缝隙效应及吸附效应有关；NO_x的生成量主要与温度、氧的浓度和反应时间有关。

6. 影响CO、HC和NO_x的主要因素包括：混合气的浓度、点火提前角、发动机转速及负荷、发动机的运行工况等。

7. 为降低有害物排放，可采取的净化措施包括：机内净化、机外净化及维护保养等。

8. GB 18285—2005列出的简易工况法包括：瞬态工况法、稳态工况法及简易瞬态工况法。

9. 柴油机排烟的主要构成物是颗粒状物质（PM），它是柴油机排气污染物中最主要的有害物，其中碳烟颗粒排放量约为汽油机的30—80倍。

10. 我国现行的在用柴油车排放标准是GB 3847—2005《车用压燃式发动机和压燃式发动机汽车排气烟度排放限值及测量方法》。该标准规定了车用压燃式发动机和压燃式发动机汽车排气烟度排放限值和测量方法。

11. 压燃式发动机汽车排气烟度检测采用自由加速试验。在烟度检测仪器选用上，GB 3847—2005规定，应根据车辆的生产年份选用滤纸式烟度计或不透光烟度计。

12. 自由加速试验规范要求，必须在1秒内将油门踏板快速、连续地完全踩到底，使喷油泵在最短时间内供给最大油量。对每一个自由加速过程，在松开油门踏板前，发动机必须达到断油点转速。对自动变速箱的车辆，则应达到制造厂申明的转速（如果没有该数据值，则应达到断油点转速的2／3）。

13. 在进行自由加速试验烟度检测时，自由加速试验至少进行6次，取最后三次自由加速测量结果的算术平均值作为检测结果。在计算均值时可以忽略与测量均值相差很大的测量值。

14. 影响CO、HC、NO_x和PM生成量的主要因素包括：过量空气系数λ（也即发动机负荷）、进气涡流和供油参数等。

15. 对于机动车保有量大、污染严重的地区，可采用GB 3847—2005附录J中所规定的加载减速试验（不透光烟度法）。

16. 噪声的主要评价指标有声压与声压级、噪声频率与响度级、噪声级等。

17. 声级计是一种能把噪声以近似人耳听觉特性测定其噪声级的仪器。在声级计内设有一种能够模拟人耳的听觉特性，把电信号修正为与听觉近似值的网络，这种网络称作计权网络。

18. 通过计权网络测得的声压级，是经过修正的声压级，称作计权级或噪声级。国际电工委员会规定了A、B、C几种国际标准计权网络，目前普遍采用A计权网络对噪声进行测量和评价，记作dB（A）。

19. GB 18565—2001《营运车辆综合性能要求和检测方法》，从在用汽车的汽车定置噪声、客车车内噪声、驾驶人耳旁噪声及喇叭声级四个方面，对汽车噪声进行控制，并规定了噪声的限制和测量方法。

20. 声级计一般由传声器、放大器、衰减器、计权网络、检波器、指示表头和电源等组成。

21. 进行汽车定置噪声测量时，车辆尽量置于测量场地的中央，车辆的状态及传声器的布置应符合国标规定。

22. 汽车的噪声源大致可分为两类，一类是与发动机运转有关的噪声，另一类是与汽车行驶有关的噪声。

23. 发动机运转产生的燃烧噪声、机械噪声、进排气噪声和风扇噪声，以及驱动压气机、发电机等各种附件发出的噪声，这些都属于发动机运转噪声。

24. 汽车行驶产生噪声，主要包括变速器、传动轴及驱动桥等传动机构的机械噪声，轮胎车轮与路面摩擦发出的噪声，制动器在制动过程中发出的噪声，车身振动及和空气阻力发出的噪声，鸣号时发出的喇叭噪声等，这些都可归属于与汽车行驶有关的噪声。

25. 为了降低发动机噪声，可从燃烧噪声控制、机械噪声控制、气体动力噪声控制等方面着手，通过优化发动机工作过程、优化结构设计及选用低噪声材料等方法来降低发动机的噪声。

测试题

一、判断题

1. 汽油车尾气中排出的一氧化碳和碳氢化合物在紫外线作用下，会形成光化学烟雾。（　　）

2. 2005年7月1日起新生产的轻型汽车的怠速排放限值为CO（0.5%）、HC（100×10^{-6}）。（　　）

3. 在GB 18285—2005标准中，轻型汽车的高怠速转速规定为2500±100r/min。（　　）

4. 不分光红外线是指对特定的被测气体测量时，所用的红外线的波长是一定的。（　　）

5. 采样探头插入排气管中的插入深度不应小于400mm。（　　）

6. 排烟中颗粒状物质是柴油机排气污染物中最主要的有害物。（　　）

7. 对于2001年9月30日以后生产的在用柴油车，应用不透光烟度计检测其排气烟度。（　　）

8. 在进行自由加速试验时，被检车辆的每个自由加速循环的起点均应处于怠速状态。（　　）

9. 自由加速试验至少要进行5次，取最后三次测量结果的算术平均值作为检测结果。（　　　）

10. 在机动车保有量大、污染严重的地区，可采用加载减速试验（不透光烟度法）。（　　　）

11. 目前普遍采用A计权网络对噪声进行测量和评价，记作dB（A）。（　　　）

12. 1998年1月1日起出厂的汽油机轿车的定置噪声限值是87dB（A）。（　　　）

13. 声级计是一种能把噪声以近似人耳听觉特性，测定噪声级的仪器。（　　　）

14. 进行定置噪声检测时，传声器在任何情况下，距地面都不得小于0.3m。（　　　）

15. 国标规定，客车以50 km/h的速度匀速行驶时，车内噪声声级应不大于79dB（A）。
（　　　）

二、多项选择题

1. 在用汽油车排气污染物的主要有害成分是（　　　）。

  A. 一氧化碳   B. 碳氢化合物

  C. 氮氧化物   D. 颗粒排放物

2. 被 GB 18285—2005新国标完全替代的标准是（　　　）。

  A. GB 14761.5—1993   B. GB/T 3845—1993

  C. GB 18285—2000   D. GB 3847—2005

3. 不分光红外吸收型分析仪主要用来检测排气中的（　　　）。

  A. CO_2 B. CO

  C. HC   D. NO

4. 在$\lambda \geq 1$的情况下，汽油车仍会产生较高HC排放量的原因是由于（　　　）。

  A. 淬熄效应   B. 离解效应

  C. 缝隙效应   D. 吸附效应

5. GB 18285—2005标准中列出的简易工况法有（　　　）。

  A. IM240方法   B. ASM方法

  C. LUGDOWN方法   D. VMAS方法

6. 在用柴油车排气污染物的主要有害成分是（　　　）。

  A. 二氧化碳   B. 碳氢化合物

  C. 氮氧化物   D. 颗粒排放物

7. 不透光烟度计可用来测量柴油车排烟的（　　　）。

  A. 不透光度   B. 光吸收系数

  C. 光反射率   D. 染黑程度

8. 柴油机碳烟生成的主要原因是（　　　）。

  A. 润滑油窜缸   B. 高温条件下的裂解脱氢反应

  C. 低温度条件下的聚合冷凝   D. 着火条件不良

9. 减少柴油机碳烟颗粒物排放可采取的技术措施有（　　　）。

  A. 采用废气再循环技术   B. 降低柴油的含硫量

  C. 采用增压中冷技术   D. 采用颗粒过滤器

10. 50—70dB（　　　）的噪声会引起交感神经的紧张反应和内分泌系统失调，导致（　　　）。

    A. 心率加快　　　　　　　　　　　　B. 血压升高

    C. 记忆力衰退　　　　　　　　　　　D. 消化系统机能变坏

11. 我国现行的在用汽车噪声检测标准和方法的主要依据是（　　　）。

    A. GB 18565—2001　　　　　　　　　B. GB /T 14365—1993

    C. GB /T 1496—1979　　　　　　　　D. GB 7258—2004

12. 声级计的传声器的主要型式有（　　　）。

    A. 晶体式　　　　　　　　　　　　　B. 电容式

    C. 电压式　　　　　　　　　　　　　D. 动圈式

13. 发动机运转时产生的噪声，主要来源于发动机的（　　　）。

    A. 燃烧噪声　　　　　　　　　　　　B. 机械噪声

    C. 进、排气噪声　　　　　　　　　　D. 风扇噪声

14. 客车车内噪声检测时，对测量条件的要求主要包括（　　　）。

    A. 道路条件　　　　　　　　　　　　B. 车辆条件

    C. 车辆运行条件　　　　　　　　　　D. 测点位置

三、简答题

1. 汽油车排气污染物对人类健康和环境有何不利影响？

2. 何谓四气体分析仪？何谓五气体分析仪？两者有何差异？

3. 柴油车排烟的主要构成对人类健康和环境有何不利影响？

4. 滤纸式烟度计和不透光烟度计在工作原理上有何差异？

5. 在噪声测量时为什么不采用"响度级"，而采用"计权级"？

6. 国标在确定喇叭声级时考虑了哪些问题？其规定的喇叭声级范围是多少？

项目七　其他性能检测

项目概述

　　汽车悬架装置是汽车行驶系统中十分重要的组成部分，用以吸收不平路面对车辆造成的冲击，保证汽车具有良好的行驶平顺性、操纵稳定性和安全性，从而提高汽车使用寿命。车身或驾驶室的密封则属于整车质量的一项重要指标，密封性不好，意味着尘土和雨水会浸入车内，影响乘坐舒适性。另一方面，车厢的保温性能下降，将降低空调效果，增大能量消耗。汽车的密封主要是门窗缝隙的密封、管路通过孔的密封、地板的密封等。

　　随着在用汽车使用时间的加长，材料的疲劳、自然老化、腐蚀、减振器油液泄露等原因，都可能导致性能下降，如减振器油液老化，会导致减振效果下降；橡胶密封件弹性下降，会引起密封性能变差甚至失效等。

　　在国家标准《营运车辆综合性能要求和检验方法》（GB 18565—2001）中，规定对营运客车必须进行悬架特性和车身密封性能的检测。

　　本项目主要介绍悬架性能检测和密封性检测两个任务。通过本项目学习，掌握悬架特性的评价依据和一般检测方法；掌握密封性能评判的基本依据和检测方法；熟悉国家相关标准。

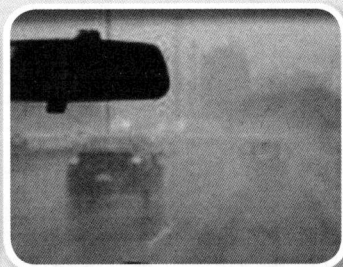

任务1 悬架特性检测

学习目标

1. 了解悬架性能的评价依据。
2. 了解汽车悬架特性检测的一般方法。
3. 掌握检测与评价的基本步骤。
4. 熟悉相关国家标准。

导入

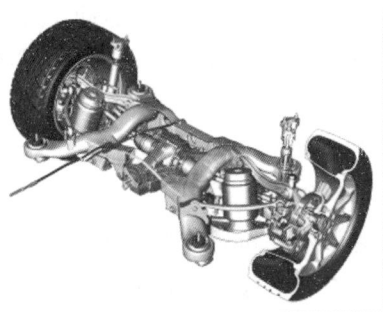

汽车悬架是行走于不平路面的缓冲垫，能够吸收冲击振动，但是，过软或过硬的悬架对车辆有哪些利弊？汽车应该具备怎样的悬架特性？

知识准备

汽车悬架系统是将车身与车轴弹性连接的装置总称，用来缓和由路面不平引起的冲击，吸收振动能量，传递车轮与车身之间的载荷，支承轮胎与地面的贴合。

行驶中由于路面不平和发动机运转振动将导致汽车振动，达到一定程度后，便会使乘员产生不舒适感，增加运输途中货物损坏的可能性。过大的振动会破坏轮胎与地面的接触特性，对行车安全和操纵性能产生不利影响，进而对汽车动力性发挥和燃油经济性能改善带来负面作用。与此同时，振动还会增加车上装置的动载荷，加剧疲劳损坏可能性，降低可靠性，缩短使用寿命。

将汽车行驶过程中的冲击和振动的影响保持在一定界限之内的能力，称为汽车的行驶平顺性，它是汽车体现"品质"的重要因素之一。决定汽车行驶平顺性的因素包括悬架、轮胎、座椅的弹性特性等，悬架特性又是其中最主要的因素。汽车使用过程中，材料腐蚀、疲劳、配合松旷、泄漏、结构变形等因素，都可能导致悬架特性发生改变，进而影响汽车各种性能的发挥。

由于平顺性优劣的判断依据主要来自于乘坐者的舒适感觉，而人体感觉的评价又十分复杂，所以，对平顺性的评价，通常主要由客观参数测量和乘员主观感觉相结合进行，后者需要借助多名具有丰富经验的主观评价工程师，按照主观评价试验流程，通过特殊的试验方法完成。按照国家标准《营运车辆综合性能要求和检验方法》（GB 18565—2001）的规定，对于最大设计车速不小于100km/h、轴载质量不大于1500kg的载客汽车悬架特性的评价主要依赖检测台检测。对不合格的车辆应进行调试、修理，直至检测合格为止。

一、汽车悬架对舒适性的影响

汽车的振动由多种形式构成，为了反映车辆在三维空间的运动，建立基于车辆质心上的$oxyz$直角坐标系（图7-1-1），x轴平行于地面指向前方，z轴通过质心指向上方，y轴则指向驾驶员的左侧。空间运动的汽车除了沿着x、y和z坐标作平动外，还会产生绕x轴的旋转运动——侧倾运动，绕y轴的旋转运动——俯仰运动和绕z轴的旋转运动——横摆运动。

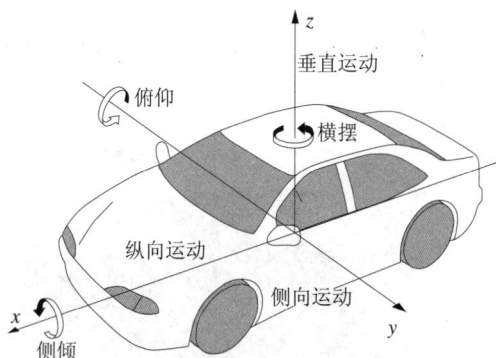

图 7-1-1 车辆坐标系与汽车的运动形式

悬架弹簧刚度和减振器阻尼是构成悬架特性的基本参数。较低的弹簧刚度可以降低车身振动加速度，有利于改善汽车的舒适性。但是，随着弹簧的变软，车轮跳动的幅度加大，就会增加车轮撞击车身的概率。

前后悬架刚度匹配会影响汽车俯仰振动，为了减少车身纵向俯仰振动，一般希望前后悬架系统具有比较接近的固有频率，且让前悬架的固有频率尽可能略低于后悬架。

悬架弹性特性是指其刚度与变形的关系，若弹簧刚度为常数（即线性弹性特性），当车上载荷发生变化时，会导致车身出现剧烈颠簸，舒适性较差；若采用非线性的变刚度弹簧，即让弹簧刚度随载荷增加而变大，将有利于车辆在各种情况下维持较好的舒适性。

为了衰减车身振动和抑制车身共振，选择悬架系统的阻尼也十分重要。合适的阻尼有助于迅速衰减振动，过大的阻尼又会将路面冲击传递给车身。为了协调两者之间的关系，减振器压缩行程选择小阻尼，以减少冲击力的传递；伸张行程选择大阻尼，以利于迅速衰减振动。对于经常行驶于较差路面的车辆，可以选择稍大一些的阻尼，以利于减少悬架撞击限位块的机率。理想的减振器阻尼应该能够随路面和行车状况的改变而变化。

缓冲的另一重要环节——轮胎，若与弹簧匹配合理，可以改善悬架缓冲性能，达到改善舒适性的目的。增加轮胎宽度和空气容量，适当降低胎压，采用子午线结构，提高帘线和橡胶弹性，软化胎冠等措施，都能增加轮胎的径向弹性，提高缓冲减振性能。此外，如果轮胎本身不平衡，会在旋转时形成振动的激励源，破坏汽车高速行驶过程中的平顺性，所以确保轮胎动平衡也是十分重要的。

非悬挂质量的振动对舒适性有一定影响，所以，减小非悬挂质量可以减小悬架下部传给车身的冲击力，比如独立悬架和减轻车轮重量等措施，能够达到改善行驶平顺性的目的。

汽车操纵稳定性与行驶平顺性常存在一定程度的矛盾，改善一种性能的同时可能会忽略另一种性能。比如，提高悬架弹簧的刚度，减小了转向时车身的侧倾，但同时会导致舒适性下降。因此，综合考虑弹簧与横向稳定装置、减振器的匹配特性，协调与平衡各种结构之间的关系极为重要。

二、在用车悬架特性的评价

当悬架弹簧或减振器损坏后，车轮高频振动的位移量增加，使得车轮与路面之间的接触特性变坏。因此，对在用汽车悬架的品质和工作性能实施快速评价主要检测车轮与道路接地力。

车轮与路面之间的接触状态可以用车轮对地面的作用力即接地力来表征。反映接地力变化可以用车轮接地性指数作为指标，其定义为：汽车在行驶过程中，车轮与路面之间最小法向作用力与其法向静载荷的比值。该指标代表了车轮与路面之间最小相对动载荷，也即悬架装置在汽车运动中确保车轮与路面相对接触的最小能力，可用百分比表示，在0%—100%之间变化。

三、悬架特性检测台

悬架特性检测台是快速定量诊断在用车悬架装置工作性能的检测设备，它采用某种方式让悬架产生往复振动，通过记录分析振动过程，对悬架性能作出评价。根据激振方式的不同，可以将悬架特性检测台分成跌落式和共振式两种类型；根据测量信号的差异，悬架检测台又可分为测力式和测位移式。

跌落式悬架检测台通过举升装置将汽车某一车轴托起至一定高度后，突然放松支承机构，让车辆下落并产生自由振动，用位移传感器或压力传感器测量车体振幅或车轮上的冲击压力，通过对信号波形进行分析，获得测量参数[图7-1-2（a）]。共振式悬架检测台主要利用激振机构让某一车轴悬架产生共振，通过对振动过程信号波形的分析，获取测量参数[图7-1-2（b）]。

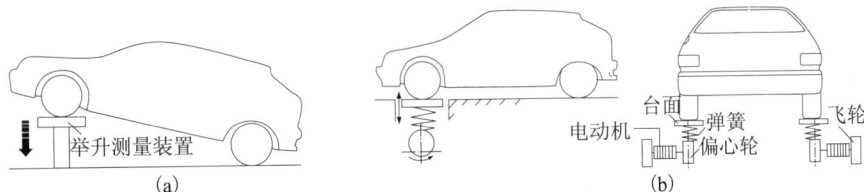

图 7-1-2 悬架检测台的测量原理

共振式悬架检测台激振机构由机械部分和电子控制系统两部分组成，其中机械部分由机架和左右两套相同的振动系统构成，结构由摆臂、支承台面、弹簧、驱动电机、飞轮和传感器等组成（图7-1-3）。上摆臂和中摆臂构成的平行四边形机构能够确保车轮与台面共振时，始终能够保持垂直受载的水平台面上下平动，驱动电机通过惯性飞轮和偏心驱动装置与下摆臂相连，可以带动平台结构上下振动。

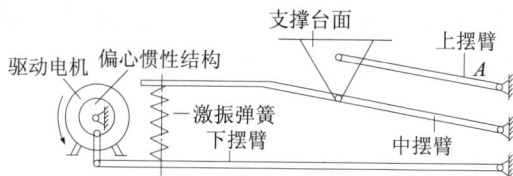

图 7-1-3 共振式悬架检测台的组成

电子控制系统主要由计算机、传感器、A/D转换器、电磁继电器及控制软件等组成，实现对检测台动作的程序控制、数据采集和分析、结果的显示打印等。

测量时，由检测台驱动电机带动车轴产生稳定的振动后，系统电源自动关闭，悬架继续振动的能量来自旋转惯性飞轮储存的能量。由于电机旋转产生的激振频率远高于悬架系统的固有频率，在飞轮振动能量逐渐衰减的扫频振动过程中，总可以扫描到悬架装置的固有频率处，使台面与汽车悬架系统产生共振。通过检测台的测量传感器，将此振动过程的振动频率和振动幅度或压力信号传输给计算机，经处理后可以给出对悬架装置的评价结果。

任务实施

悬架特性检测

一、目的与要求
1. 熟悉相关检测的国家标准。
2. 掌握悬架特性检测方法。
3. 操作完毕后设备工具复位。

二、器材与设备
共振式悬架检测台，性能完好的轿车一辆。

三、操作过程
悬架特性检测在车辆驾驶室无人情况下，在检测台上参照以下步骤进行：
（1）检查轮胎规格和气压，确保其符合厂家规定要求。
（2）将车辆的车轮依次驶上检测台台面，将轮胎置于台面的中央位置。
（3）启动检测程序，让激振器工作，带动汽车悬架产生振动，并使振动频率上升超过系统共振频率。
（4）当振动频率超过共振点后，关闭激振器电源，让系统振动频率自然衰减，通过系

统共振点。

（5）以车轮动态载荷变化值为纵坐标，时间为横坐标，记录振动衰减过程的数据和曲线变化，计算并显示车轮动态载荷。

国家标准中对车辆悬架特性检测的要求是，受检车辆的车轮在受到外界激励振动下测得的吸收率，即被测汽车共振时的最小动态车轮垂直载荷与静态车轮垂直载荷的百分比值应不小于40%，同车轮接地性指数不得大于15%。若检测结果满足标准规定的限值，评定为合格，否则判为不合格。

任务2 密封性检测

学习目标

1. 了解车身密封性能评判的基本依据。
2. 了解汽车密封性检测的一般方法。
3. 掌握检测与评价的基本步骤。
4. 熟悉相关国家标准。

导入

作为交通工具的汽车，遮风避雨是对其基本要求。汽车应该具备怎样的防雨密封性能？这种能力会改变吗？

知识准备

汽车密封性是指车辆在下雨天行驶时，车身、挡风玻璃、车窗等部位抵抗渗水的能力。车辆密封性检测在专用淋雨试验台上完成，主要考核车身、车门、车窗和挡风玻璃等部件的制造质量是否达到防雨密封性要求。在《营运车辆综合性能要求和检验方法》（GB 18565—2001）中规定，客车防雨密封性检验按照《客车防雨密封性试验方法》（GB/T 12480—1990）规定的方法进行，即对处于静止状态的客车，在规定的人工淋雨试验条件下，关闭全部门、窗、孔盖后，防止雨水进入车厢的能力进行检测。标准中依照由小到大的顺序，将雨水渗漏程度分成四种级别：

渗——水从缝隙中缓慢出现，并沿内护面蔓延；

慢滴——水从缝隙中出现，并以小于等于60（滴/分）离开车身内护面，断续落下；

快滴——水从缝隙中出现，并以大于60（滴/分）离开车身内护面，断续落下；

流——水从缝隙中出现，并沿着或离开车身内护面连续不断地向周围或向下流淌。

淋雨试验时，气温应在5—35℃，气压应为99—102kPa范围内。若在室外淋雨试验台上检测时，应该选择晴天或阴天进行，风速不得超过1.5m/s。

汽车防雨密封性检测设备为人工淋雨试验台（图7-2-1），淋雨设备主要由水泵及其驱动电机、底阀、压力调节阀、截止阀、水压表、流量计、输水管路、喷嘴、蓄水池、支架和喷嘴架驱动装置等组成。经电机驱动的水泵将水从蓄水池内不断地泵入主管路，经压力和流量调节后，进入淋雨管路，由喷嘴射向车身表面。喷射出的水被收集流回蓄水池，经多级沉淀和过滤后，循环使用。

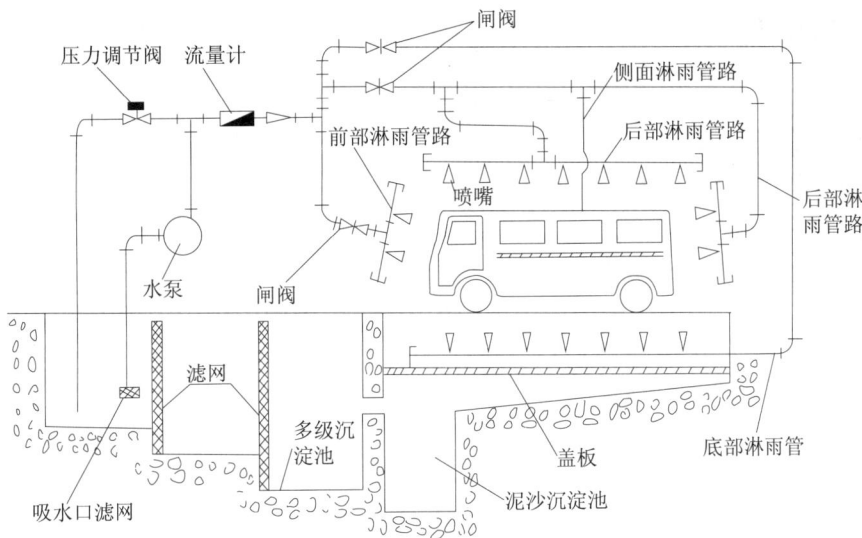

图 7-2-1 淋雨密封性检测台示意图

水泵最大流量的选择应该考虑被检测车型的范围，在考虑管路系统渗漏的前提下，应不低于所有喷嘴规定流量的总和，即要求所选水泵额定流量比在实际最大需求流量基础上增加5%—10%。为了避免因管路流动阻尼引起的水压降，导致喷射压力达不到规定的60—147kPa，水泵扬程应大于40m。

国家标准规定，被检测车辆的车身各部分需要经受足够强度的雨水冲刷，车身各部位的降雨强度必须达到表7-2-1的要求。进行淋雨试验之前需要测定降雨强度，以验证试验条件是否满足标准的规定。

表 7-2-1 车体受雨部位及降雨强度

车型	受雨部位	降雨强度（mm/min）
不设行李箱的客车	前围上部	8—10
	侧围上部、后围上部、顶部	4—6
设行李箱的客车	前部	8—10
	侧部、后部、顶部	4—6
	底部	6—8

注：前围上部是指车体前部风窗下周边密封胶条下沿至车顶部分，侧围上部是指车体侧面侧窗窗框下沿至车顶部分，后围上部是指车体后部后窗下周边密封胶条下沿至车顶部分。

为了模拟自然降雨条件，国家标准规定淋雨试验台喷嘴轴线与竖直方向的夹角为30°—45°，喷嘴朝向车身。车辆前部、后部、顶部的喷嘴至车身表面距离为500—1300mm，底部喷嘴至车身表面的距离为300—700mm。

任务实施

一、目的与要求

1. 熟悉相关检测的国家标准。
2. 掌握淋雨密封性测量方法。
3. 操作完毕后设备工具复位。

二、器材与设备

淋雨试验台，性能完好的客车一辆。

三、操作过程

淋雨密封性检测按照以下步骤进行：

（1）检查试验台降雨强度和喷射压力，并借助压力调节阀调整至符合标准规定值。

（2）将被检测车辆按规定停放在淋雨场地的指定位置上，检测人员进入车厢或驾驶室。

（3）关闭全部车门窗和孔盖。

（4）启动淋雨设备，待进入稳定的工作状态（一般为2min）后，开始检测。

（5）记录开始时间，5min后开始观察并记录车厢内渗、滴、流水的部位和程度。

（6）检测持续15min后，关闭淋雨设备，结束试验。

（7）将车辆驶出检测区域，并安全停放。

国家标准中，对车辆的防雨密封性检测指标限值是根据车辆类型制定的，以渗漏严重程度扣分，即发现一处"渗"扣1分，出现一处"漫滴"扣3分，出现一处"快滴"扣6分，发现一处"流"扣14分。规定试验总分为100分，采用倒扣分方式评判检测结果，以总分减去全部扣分值即为车辆的实得分数，若出现负分值，则以零分计算。客车密封性允许的限值标准如表7-2-2所示。

表 7-2-2 客车防雨密封性限值

客车类型		限值/分
轻型客车		≥93
中型客车	旅游客车	≥92
	团体客车	≥90
	城市客车	≥88
	长途客车	≥88
大型客车	旅游客车	≥90
	团体客车	≥88
	城市客车	≥87
	长途客车	≥87
特大型客车	单铰接客车	≥84

项目小结

1. 汽车悬架用来吸收冲击，吸收振动能量。过大的振动会导致乘坐舒适感下降，轮胎接触特性变差，货物损坏的可能性增加，车上装置故障率增高，并影响动力、燃油经济、操纵稳定等性能的发挥。
2. 在用汽车悬架特性的评价指标是"车轮接地性指数"，它是汽车在行驶过程中，车轮与路面之间最小法向作用力与其法向静载荷的比值。
3. 受检车辆的车轮在外界激励振动下测得的悬架吸收率应不小于40%，同轴左右车轮吸收率之差不得大于15%。
4. 国家标准规定要求，目前只对最大设计车速不小于100km/h、轴载质量不大于1500kg的载客汽车的悬架特性进行评价。
5. 车辆密封性检测在专用淋雨试验台上完成，主要考核车身、车门、车窗和挡风玻璃等部件的制造质量是否达到防雨密封性要求。
6. 国家标准将车身雨水渗漏程度分为四级，从小到大的顺序依次为：渗、慢滴、快滴和流。
7. 淋雨试验应在5—35℃气温，99—102kPa气压的环境中进行；室外试验还应选择在晴天或阴天进行，风速不得超过1.5m/s。
8. 淋雨密封性检测需要检查试验台降雨强度和喷射压力。

测试题

一、判断题
1. 最大设计车速不小于100km/h的车辆，应检测其悬架特性。　　　　（　　）
2. 悬架装置性能损坏的汽车，不仅影响平顺性，也会使操纵稳定性下降，安全性变坏。（　　）
3. 汽车悬架装置的工作性能可以用轮胎接地性指数表征。　　　　（　　）
4. 汽车密封性是指车辆在雨天行驶时，车身、挡风玻璃、车窗等部位抵抗渗水的能力。（　　）
5. 防雨密封性检测中，出现一处"慢滴"扣1分。　　　　（　　）
6. 密封性检测中，记录开始时间后3min开始观察并记录车厢内渗漏部位和程度。（　　）

二、单项选择题
1. 汽车悬架检测台主要用于检测汽车（　　）性能。
   A. 悬架导向元件　　　　B. 悬架横向稳定元件
   C. 悬架橡胶限位块　　　D. 弹性与阻尼元件
2. 悬架检测时所测得的"吸收率"是指（　　）。

A. 最小动态车轮垂直载荷与静态车轮垂直载荷的百分比

B. 最大动态车轮垂直载荷与静态车轮垂直载荷的百分比

C. 静态车轮垂直载荷与最小动态车轮垂直载荷的百分比

D. 静态车轮垂直载荷与最大动态车轮垂直载荷的百分比

3. 用悬架装置检测台检测时，受检车辆的车轮在受到外界激励振动下测得的吸收率应不小于40%，同轴左右车轮吸收率之差不得大于（　　　　）。

　　A. 10%　　　　　　B. 15%　　　　　　C. 20%　　　　　　D. 25%

4. 车辆防雨密封性检测中，若发现一处"流"扣（　　　　）分。

　　A. 5　　　　　　　B. 10　　　　　　　C. 14　　　　　　　D. 15

5. 汽车防雨密封性检测前，选择水泵额定流量应比实际最大需求流量大（　　　　）。

　　A. 3%—5%　　　　B. 5%—10%　　　　C. 15%—20%　　　　D. 25%—30%

6. "慢滴"定义是缝隙中出现的水滴以不大于（　　　　）滴/分离开车身内护面落下。

　　A. 30　　　　　　　B. 40　　　　　　　C. 50　　　　　　　D. 60

三、简答题

1. 简述汽车悬架特性的检测方法。

2. 如何称呼汽车车身空间运动的六种方式？

3. 从悬架参数出发，如何理解"汽车操纵稳定性与行驶平顺性之间的矛盾，改善一种性能的同时可能会牺牲另一种性能"？

4. 车辆密封性检测主要考核哪些部件的质量是否达到防雨密封性要求？